中国少数民族设计全集

The Design Collection of Chinese Ethnic Minorities

门巴族

中国少数民族设计全集编纂委员会 编

图书在版编目（CIP）数据

中国少数民族设计全集. 门巴族 / 中国少数民族设计全集编纂委员会编；单芳霞等著. —太原：山西人民出版社，2019.9
ISBN 978-7-203-11014-9

Ⅰ.①中… Ⅱ.①中… ②单… Ⅲ.①门巴族 – 民族文化 – 研究 – 中国 Ⅳ.① K28

中国版本图书馆 CIP 数据核字（2019）第 153874 号

中国少数民族设计全集. 门巴族

编　者：	中国少数民族设计全集编纂委员会
著　者：	单芳霞　等
责任编辑：	秦继华
复　审：	武　静
终　审：	阎卫斌
装帧设计：	谢　成

出　版　者：	山西人民出版社　人民美术出版社
地　　址：	太原市建设南路 21 号
邮　　编：	030012
发行营销：	0351 – 4922220　4955996　4956039　4922127（传真）
天猫官网：	https://sxrmcbs.tmall.com　电话：0351 – 4922159
E — mail：	sxskcb@163.com　发行部
	sxskcb@126.com　总编室
网　　址：	www.sxskcb.com
经 销 者：	山西出版传媒集团·山西人民出版社
承 印 者：	山西出版传媒集团·山西新华印业有限公司
开　本：	889mm×1194mm　1/16
印　张：	14
字　数：	164 千字
印　数：	1—1 000 册
版　次：	2019 年 9 月　第 1 版
印　次：	2019 年 9 月　第 1 次印刷
书　号：	ISBN 978-7-203-11014-9
定　价：	210.00 元

如有印装质量问题请与本社联系调换

中国少数民族设计全集编纂委员会

总 主 编（按年龄排序）
张夫也　王立端　戴晋明　廖　军　王　琥　李豫闽　过伟敏　顾　平
王　强　李　岗

执行主编　王　琥
编务统筹　张明山

中国少数民族设计全集编辑工作委员会

主　任　刘伟冬
编　委（排名不分先后）
王　琥　王　峰　王　强　王立端　王浩滢　白　波　过伟敏　许　星
许边疆　李　岗　李　丽　李豫闽　成光虎　肖　飞　余　强　汪传跃
罗　力　杨明朗　陈　述　陈见东　邱　珂　胡万明　顾　平　郑　静
郭立忠　姬　莹　张夫也　张泽国　张明山　张秋平　张耀引　梁盛平
樊　进　谢　玮　熊　伟　熊　微　熊建新　蔡克中　葛　芳　鞠　斐
魏　洁　廖　军　戴晋明

中国少数民族设计全集出版工作委员会

主　任　胡彦威　周　伟
执行主任　姚　军　欧京海
编务统筹　阎卫斌　周小龙
编　辑（排名不分先后）
王新斐　史美珍　冯　昭　冯灵芝　吉　昊　吕绘元　刘小玲　任秀芳
孙　琳　孙宇欣　李广洁　李建业　李　靖　员荣亮　张小芳　张志杰
张书剑　何赵云　陈俞江　吴春华　武　静　周小龙　柳承旭　郝文霞
赵　玉　赵晓丽　席　青　秦继华　高　雷　郭向南　阎卫斌　崔人杰
傅晓红　蔡咏卉　翟丽娟　樊　中　薛正存　魏　红　魏美荣

整体设计　谢　成

中国少数民族设计全集·门巴族

本册著者　　单芳霞　刘　佳　张明山　多布杰（门巴族）　司继琳
参与撰写　　李胜涛　张孙晨　龚　滢　刘　艺　肖　劼　陶　琨
　　　　　　　李绮雯　巩　聪　耿志勇　曹莉莉　马　燕　牛彧男
　　　　　　　杨伟昊　孙　琨　多吉索朗（门巴族）　周正飞　朱红杰
　　　　　　　韩会霞　卢慧敏　刘艳斌　杨　阳

求同存异　和合共荣

刘伟冬

中华民族，是一个由56个民族组成的大家庭。在漫长的文明发展史中，汉族和各少数民族都为中华文明的繁荣发展贡献了自己的聪明才智。纵观中华文明史，其实就是一部各族群之间"求同存异，和合共荣"的文化演进史。

从根子上讲，4000年前的"中国"，仅指北方中原地区，居住在这里的相传是上古时期黄帝部落和炎帝部落的后裔，故而自称"炎黄子孙"。其时的"中国"，不过是黄河中下游（西起陇山，东至泰山）区域。在千年发展与民族融合之后，尤其是晋末"衣冠南渡"，南迁的中原汉族与南方百越民族彻底融合，来自北方的鲜卑等民族融入汉族，使汉族前所未有地壮大发展，逐渐形成后来疆域辽阔、人口众多、物产繁盛、文化昌明的中华民族的主体族群。特别值得强调的是，自从作为一个民族整体之后，中华民族就从未中断过自己的民族发展史——这在世界历史上是硕果仅存、独一无二的。

中华民族具备兼容并蓄、虚心好学的民族天性。仅以设计学范畴的事例讲：在数千年文明发展历史中，中华民族在不断向外输出优秀的文明成果（如烧造之陶瓷砖瓦、营造之榫卯斗拱、织造之丝绸刺绣、锻造之"失蜡"分模等），影响全人类的日

常生活与生产方式的同时，也不断地吸纳域外各民族的优秀文明成果，如汉魏之印度佛教和西域音乐、隋唐之西亚服饰和家具、宋元之东洋印染和漆艺、明清之西洋机器与建筑……在中华民族内部，这样的文化交流更是从未停止过，而且是风生水起、枝繁叶茂，愈发流畅、深入，中华民族各族群之间"求同存异，和合共荣"的文化大演进，共同创造了中华民族极为灿烂辉煌的造物文明历史。仍以设计学范畴为例：原本是匈奴人发明的单足绳圈，被晋代的汉族人设计成铁质双镫；最早是鲜卑人原创的毡毯卷边，被晋代的汉族人改造成"高桥马鞍"，这宗中国式马具设计案例，被誉为"13世纪中国传入欧洲的最重要文化成果"（李约瑟语）。再如，西域（今新疆地区）是全世界最早的皮靴生产地，哈尼族为主的红河地区出现了全世界最早的梯田。再如，全世界最早的"干栏式建筑"和全世界最早的稻米人工育种、栽培，均起源于长江中下游的百越地区；全世界最早的竹藤编结器物起源于闽越地区……由中华民族共同创造、发明，后来又影响了全人类文明进程的优秀造物设计案例很多，不胜枚举。几千年中华民族的文明史，就是各种文化多元融合、共同发展的最好例证。不了解中华民族内部各族群的文明交流史，就无法真正理解中国文化史，也不能理解为什么中华民族总是能在逆境中成长强大。甚至可以说，能否完整地理解中华民族的文化史，是检验每一个当代中国知识分子（特别是文史哲专业的学者）文化立场的"试金石"。

随着改革开放的逐渐深入，各民族地区的经济与社会状态已发生了天翻地覆的变化。令人遗憾和担心的是，由于各地区政策执行力度不平衡，保护措施不得力，少数民族的文化特性正在逐步衰退，有些地区的少数民族文化特征甚至已经消失殆尽，仅仅存在于徒具形式，充满口号、标语的民族文化村旅游景点中。有学者预言，再不加快整理抢救工作，中国的少数民族可能在物质形态和文化内涵的特征上，若干年后将不复存在。

从少数民族地区反映古代中国社会某些面貌的文化遗存看，这些少数民族之所以一直与汉族地区差距巨大，存在多方面的原因，其中历代汉族统治者对少数民族的歧视政策是主要原因。此外这些地区本身就处于偏僻荒地，不是沙漠就是山区，自然条件远不及汉族聚集地区，社会发展水平滞后。20世纪50年代，有相当比例的少数民族在当时仍处于原始农耕社会或奴隶制社会，不要说通电、通水、通汽车，不少人一辈子连铁器长什么样都没见过。部分少数民族聚集地的各种自然条件也较差，缺肥少水，基本生活来源，一靠老天爷恩赐的"望天收"农作物；二靠家庭手工作坊制作些竹藤编结物和土织、土陶等土特产来换取粮食；三靠养猪、兔、羊和鸡、鸭、鹅等家禽来换取日用品，如灯油、农具、衣物和油盐酱醋等；四靠为土司、头人和大户们出卖劳力（社会底层奴隶身份），年老即被抛弃。中华人民共和国成立后，党和政府在这些地区实行社会主义改造，打倒以土司、巫师和头人为首的剥削阶级，将土地和生产资料一律收归集体所有，解放了全体少数民族民众，使他们历史上第一次有了自由劳作和生活的权利。

中华人民共和国成立之初，党和政府就高度关注民族事务问题，为如何保护、关心各少数民族制定了一系列方针、政策，也为当代中国社会处理民族问题、保护民族文化树立了光辉典范。中央人民政府政务院于20世纪50年代初发布了《关于民族事务的几项决定》，为新中国民族政策奠定了最初的思想基础，其主要内容是：一、各大行政区军政委员会（人民政府）须指导各有关

省、市、行署人民政府认真推行民族区域自治及民族民主联合政府的政策和制度，并随时向政务院报告推行经验，请示者须事前向政务院请示。二、各大行政区军政委员会（人民政府）须指导各有关省、市、行署人民政府认真并有计划地实行政务院在1950年颁发的《培养少数民族干部试行方案》，并将该项工作进行情况定期加以检查，每半年向政务院报告一次。中央民族学院及西北、西南、中南各军政委员会和新疆省人民政府的民族学院，必须依计划实行，并向政务院报告。三、政务院于1951年下半年适当时间将同时召开有关少数民族的卫生、教育及贸易三个专业会议，责成政务院文教委员会、中财委指导中央卫生部、教育部、贸易部开始筹备，并责成中央民族事务委员会协助进行。有关部门如农业部、文化部也须派人参加。四、责成中央人民政府各委、部、会、院、署、行注意建立有关民族事务的业务。五、在政务院文教委员会内设民族语言文字研究指导委员会，指导和组织少数民族语言文字的研究工作，帮助尚无文字的民族创立文字，帮助文字不完备的民族逐渐充实其文字。六、扩大中央民族事务委员会委员名额，责成中央民族事务委员会提出补充名单的建议，并于1951年下半年召开中央民族事务委员会扩大会议，检查与总结关于推行民族区域自治及民族民主联合政府的经验。

20世纪50年代，中央人民政府和政务院，曾多次组织"中央慰问团""土改工作队"和"普查工作队"等，花费大量人力和物力，深入各少数民族地区，进行了大量较为翔实的社会历史调查。50年代这轮由政府统筹、由中央民委组织行政领导和人类学、社会学专家学者以及民族同志组成工作队与考察队的少数民族大考察活动，1953年正式启动，1956年结束（个别地区延期至1958年才结束）。直接成果之一，就是为1956年国务院公布的55

个少数民族的正式定名和划分，提供了可靠的依据。

从当时考察的资料看，各少数民族的社会发展水平参差不齐，不少民族呈现类似汉族曾经历过的各种历史发展状况，为我们今天考察、了解并研究过去的历史以及各学术分支问题，提供了绝好的活体范本。比如以"设计发生学"研究为例，以山寨（村落）为主的初级社会组织形态，原始手工业在农耕环境中的地位，原始造物的手工技艺与设备、工具等，都是我们极感兴趣的研究对象。

在西北、西南和东北各少数民族聚集地区，有些古时流传下来的本民族手工造物技术，迄今仍保存良好。其吸收了汉族和其他兄弟民族的技术长处之后演变出来的各时段手工造物技术，则印证了各民族互相融合、取长补短的史实。更有些原始手工艺，特别具有艺术和历史研究价值。以维吾尔族人为例，本世纪初，笔者在新疆喀什城艾格孜艾日克老街看到几样手工艺绝活：其一是整条街的维吾尔族乐器店，除了热瓦普、曼陀林和冬不拉等少数维吾尔族知名乐器外，全是些笔者叫不上名来却似曾相识的弹拨乐器和拉弦乐器，于是从心里认可了"西域古乐成就了中国传统民乐"这句话所言不谬。其二是亲眼所见一个拖着鼻涕的不到10岁的维吾尔族小男孩，拿着电砂轮在铜壶上信手飞快地刻着精美细腻的图案，一不要底稿，二没有图纸，真是佩服得五体投地，也相信了"汉族人长于热铸，西域人长于冷锻"这个说法。其三是在喀什近郊著名的大巴扎"金器一条街"上看见近百家金店生意红火，家家门前毡毯上都围坐着一群金店伙计和顾客，正在热烈讨论、共同设计着花样繁多的未来金饰嫁妆，感受到了"中国传统样式的金银首饰工艺，最富有创意的设计和最先进的工艺制作，原来在维吾尔族人手里"这句大实话。还有，笔者

求同存异　和合共荣

在云南景洪县城集市上，曾亲眼见过景颇族老乡用古老的"焖烧法"烧出的红彤彤的土陶——跟笔者一知半解的仰韶彩陶的烧制工艺几乎一模一样。还有，笔者在大西北甘陕宁各省亲眼所见的回族、保安族、裕固族和东乡族老乡巧手做出的那些花样繁多、样式复杂的面塑造型，真是个个精妙绝伦。这方面的事例实在太多了。

50年代的少数民族地区社会大普查，以及半个多世纪以来社会各界对其丰富而珍贵的考察、研究，意义深远，价值极为重大。这些地区客观上保存的较为完整的、与数千年前中国原始社会最初形态近似的许多社会特征，为我们研究社会的最初形态形成和当时的经济、文化、政治的基本状况以及"设计发生学"的相关课题，提供了珍贵的类型学"活化石"范本，价值非凡。改革开放以来，这些少数民族地区也获得了前所未有的巨大发展，人民生活日新月异；但与此同时，少数民族地区的民族性在不可避免地愈发衰减、退化，甚至消失。如果我们再不采取保护措施，若干年后，各少数民族的许多宝贵民族文化遗产将无法挽救地彻底消亡，这部分同属于全人类精神财富和中华民族集体智慧的宝藏，我们将再也看不到了。

在"设计发生学"问题上，我们一向秉持文化多元论的观点，认为人类文明是全世界人民共同创造的，各国家、地区、民族均做出过大小不一、形态各异的贡献；同理，中华民族的灿烂文明是中国的各族人民共同创造的，每个民族都对中华传统文化做出过贡献，也都应当得到尊敬和肯定。中国的各少数民族在中华文明漫长的演化过程中，都曾经以自己独特而充满智慧的文明成果，补充、完善甚至改良着中华文明。比如，古代西域的龟兹古国各民族创造或引自西亚的弹拨乐器和拉弦乐器以及音律、曲式，彻底改造了中国古代音乐，新创作出代表中国古乐精髓的江南丝竹；南疆的维吾尔族和北疆的哈萨克、塔塔尔、塔吉克等族首创了制革术，并引进古波斯革皮书籍装帧术和制靴术、制毡术、毛衣编结术；海南岛的黎族率先种植棉花并纺织棉布，传入内地后棉织业逐渐形成中国古代手工行业的"天下第一营生"……保护少数民族的民族文化特性，就是保护我们的历史遗产，就是传承我们的文明。我们应进一步发扬文化兼容的优良传统，把振兴中华的百年民族复兴梦，逐步落实为将大中华建设成为中国各民族共同拥有的美好家园。

由上千名来自全国各高等艺术院校的教授、研究生组成的55支团队参与编撰的《中国少数民族设计全集》（55卷），正是有识之士基于对各少数民族的民族文化特性正在快速衰减、消亡的严重现实问题的深切忧虑而进行的抢救、发掘、整理中国少数民族文化遗产的重要文化工程。经过两年精心筹划，六年努力写作，在国家出版基金管理部门的支持下，在山西人民出版社和人民美术出版社的策划和组织下，目前《中国少数民族设计全集》的书稿编撰工作已基本完成，即将付梓。在长达八年的漫长过程中，全国兄弟院校各团队涌现出的各种可歌可泣的事迹经常感动着笔者，并不时鞭策着全体作者克服千难万险，一路向前。有的分卷作者身患绝症仍不眠不休地忘我工作，有的分卷作者遭遇各种意外仍坚持工作。特别是，很多民族同志公而忘私、不计较个人得失，有人不惜将自己赚钱的企业关张歇业，全身心地投入各自所负责分卷的繁重编撰工作中；有人义无反顾地将自己珍藏多年的本民族实物、资料和研究成果无偿提供给相关分卷作者。大家万众一心，克服各种复杂得难以想象的困难，以确保这部凝聚了众人八年心血的巨著，能按计划如期完成。借此机会，笔者谨

代表本丛书编委会全体成员,向领导、编辑和作者们表示衷心的感谢!

作为一项文化创举,笔者深信《中国少数民族设计全集》必将在未来岁月的长期检验中,愈发显现其非凡的、独特的文化价值。

2017年夏季于南京

前言

一、门巴族传统造物历史概述

门巴族是我国人口较少的几个少数民族之一。"门巴",是藏族对门隅地区居民的传统称呼,也是门巴族的自称。不同地方的门巴族,还有一些不同的称呼。

门巴族比较集中地分布在喜马拉雅山东南坡的两个地区:一个是西藏的门隅地区,另一个是雅鲁藏布江南下拐弯处的墨脱县,面积都有约一万平方公里。若要进入门巴族居住地区,须得穿越人迹罕至的原始森林,其路途之险,非常罕见。这也使得门巴族与外界交流甚少。门巴族没有本民族文字,且各地方言差距较大,通用藏语、藏文。

门隅和墨脱有着极其丰富的自然资源,当地特殊的地理环境使得人们在造物材料上首选藤、竹、石、木,体现出门巴族先人造物遵循客观规律,充分考虑材料的品质、加工、成本等条件。西南地区山高林密,谷深流急,形成了门巴族以高山农牧业为主的生产、生活方式,创造了独特的门巴族生产、生活文化。门巴族的各个分支由于所处的自然环境不同,生产、生活方式不同,在风俗文化方面也产生了一些差异。门巴族在漫长的发展过程中,其经济、文化、宗教信仰、生活习俗等多方面受到藏族文化影响。

从历史学、人类学等角度,对门巴族的基本概况、历史沿革、宗教信仰、文化艺术等的研究著述颇为丰富。本卷基于设计学的角度,专门研究"门巴族传统造物思想"范畴之内的设计成分,以"图文并置、图解文论"的形式对个案进行解构分析,更为直观、清晰地表达门

巴造物的设计魅力。针对门巴族日常生活、生产中较具代表性的各类器具从设计学的本体语言（功能、选材、工艺、形态）展开，即从门巴族传统造物可视觉感知的物质化的部分，包括各类器具的材料选择、工作原理、结构形态、操作方式、应用范围及制作工艺等方面展开。结合门巴族历史文化背景，借鉴已有研究成果，共收录门巴族衣、食、住、行、用方面具有典型意义的案例50个，具体包括：建筑、服饰、餐饮、生活器物、生产工具，以及宗教民俗等。

二、门巴族生活方式与造物设计

1. 传统建筑

门巴族的建筑选材以石材和木材为主。传统建筑多为单体，无院落，散点式分布于自然环境中。单体建筑自由摆布，灵活多样，不追求统一有序。围绕两种质地的民居又延伸出火塘、独木梯、畜栏、围栏等附属设备，进一步完善居住方式。石砌碉屋和木板房建筑是门巴族人充分利用自然资源的结果。其选材范围、房屋结构、建筑工艺也形成了门巴族特有的技术风格。

2. 传统服饰

门巴族的生活习俗受藏族影响较大，同时又独具特色。经过长期的发展变化，在服饰原料、色彩、式样、图案、文化内涵等方面，形成了鲜明的个性。门巴族的服饰多采用氆氇为原料，涉及服装、帽饰、床毯等生活用品。门隅地区的门巴族人都穿氆氇袍和绛红色的长袍、白色氆氇裙，腰间系一条赭色或红色腰带。妇女在外穿氆氇袍服的基础上，习惯在背上垫一张羊皮或小牛犊皮。男式戴的帽饰称为"巴尔霞"，女式则称"色尔霞"，墨脱地区的女士条形大褂"郭修"也较为典型。各分支的门巴族妇女颈上都佩戴着用松耳石、红珊瑚、玛瑙等串成的装饰品，并且喜欢戴手镯和戒指。门巴族毡靴和藏族毡靴形制基本相同，防水防潮，实用与美观兼具。

3. 传统餐饮

门巴族的传统食物以荞麦、青稞、鸡爪谷、玉米等粮食类作物为主，辅以奶制品、牛肉等。勒布地区的门巴族善吃荞麦。墨脱地区的门巴族习惯把玉米碾碎，然后掺入大米和鸡爪谷做成饭，并用石锅来煮菜。门巴族饮品以青稞酒、酥油茶为主。勒布和邦金地区的门巴族制酒多以青稞酿成，而墨脱地区的门巴族制酒多以大米和鸡爪谷酿造。酿成的酒液多用竹酒筒盛放。

4. 传统生活用具

门巴族的手工业还没有从农业中完全分离出来，手工业者大多从事农业生产。繁茂的黄竹和各种林木，为门巴族发展竹木手工业生产提供了充足的原料。门巴族木器制作多种多样，有木桶、木箱、木盒等，其中木碗的名气最大。门隅北端的麻玛村，是闻名的"木碗之乡"，尤以民间老艺人噶尔拜白马制作的木碗最为出名。门巴族木碗选料考究，做工精巧，器壁厚薄均匀，造型美观，纹路清晰，加上鲜艳的颜色，更显别致。由于木碗独特的材质，用其饮茶、喝酒，能增加香气，同时还有防毒功能。木碗作为门巴族最有影响力的一项生活品设计，近年来，深受海内外人士的青睐。门巴族人大部分都掌握了竹器编制技术。编制的器物有竹筐、竹篓，各种形状的竹盒、竹席、竹筛，等等。从生活用品到生产工具应有尽有。常见的藤竹制品有"邦穹""索贡"、甲桶、竹扁背"丹田"、盛酒用具"休差巴囊"、竹斗笠"巴吓"、藤杖及藤绳等。其中尤以"邦穹"和"休差巴囊"最具代表性。门巴族的石作工艺也值得称道。其中，石锅制作工艺最为典型。过去，门巴族人大量使用石器制作石锅，用其煮饭、炖肉，味道极佳。

三、门巴族生产方式与传统造物设计

直至中华人民共和国成立，门巴族的传统农耕仍带有鲜明的原

始特色，所用农具以竹、木工具居多，如播种用尖木棒、翻地用木权、平地用木锄等。畜牧业在门巴族人的生产生活中占据重要位置，家畜家禽饲养普遍。另外，由于当地林木资源丰富，许多家庭都生产不同种类的手工制品，从选种用的筛子、收获用的背篓、晾晒谷物用的竹席，到日常生活中使用的竹方盒、藤斗笠、竹提篮等，无一不是他们用灵巧的双手，选用细密的竹篾或藤条编制而成的。门巴族的劳动工具现以铁制工具为主，但还保留有相当数量的木制劳动工具。常见的木制工具有踏犁、木犁、木耙、小木锄、竹刮、木权、舂米棒、木臼等。铁制工具包括大小铁锄、大小砍刀、大小弯刀、小刀和斧头等。

四、门巴族礼俗宗教与传统造物设计

1. 传统民俗及用物

民俗是一个民族在长期的生产和生活过程中形成的，往往与当地的自然环境和文化环境紧密联系，成为当地民俗风情的重要组成部分。本卷主要从门巴族婚俗、门巴族节俗两个方面探讨其传统民俗特色。在现代文明影响下，门巴族的婚恋观念和礼俗也在不断发生变化，婚礼的烦琐礼节正日趋简化。研究门巴族不难发现，其在经济、文化、民俗、信仰等各方面都受到藏族的影响，深远而长久。一年当中主要的三个节日，藏历新年、曲科节、晒佛节，都与宗教有着密切关系。这与藏区其他民族相似，也反映了民族间相互交流和相互影响，以及门巴族人民的宗教信仰和精神寄托。

2. 传统宗教及用物

门巴族宗教信仰的显著特征是原始宗教信仰、本教信仰和藏传佛教信仰的互融共生、杂糅并存。墨脱门巴族人信教的方式有自己的特点，转经楼就是其中之一。门巴族的生殖崇拜，比较集中地反映在"房脊神"传说及请神的仪式上。门巴戏由于源自宗教仪式，戴假面具演出者在"拔羌"和"额"的伴奏下，说、唱、舞错落穿插，

交替配合，常常会产生令人震撼的艺术效果。门巴戏是在藏戏的基础上，根据本民族的审美需要和审美心理进行吸收和创新，成为门巴族民族文化的重要组成部分。

五、门巴族造物设计研究价值

丰富的自然资源、怡人的气候条件是门巴族赖以生存的物质基础。以围栏畜养和农耕种植为代表的生产方式是门巴族人的主要食物来源。为了获取更多的生活资料，人们从野生植物中选出适合的品种，进行播种、收割、加工；并对牲畜进行圈养，一部分充当反季节肉食来源，另一部分提供生产生活所需的动力来源。

生产方式的多样化，大大丰富了食物的供应，这一点对整个门巴族社会生产、生活方式的飞跃进步，具有特别重要的意义。同时，与此相关的专属用具被设计制造出来：进食用的木碗、盘、盆、勺，具有存储功能的木桶，煮食物用的石锅，粮食精细加工时用的石磨盘等。门巴族的衣食住行用以及婚丧节俗、宗教信仰等，都反映了门巴族人适应自然环境、利用自然条件、改善自身生存状况所做出的种种努力。

门巴族所处地区的温湿气候，适合各类植物生长，并孕育出以农耕为主的生产方式；繁盛的植物种类，使门巴族人在造物用材方面具有多重选择；竹木藤麻的简便易得，促成各种以生产生活为目的的设计器物的普及。而组成门巴族文明的各类设计事物，其设计动机都体现出该民族生产、生活方式的生理和心理需要，设计手段都是该民族生产、生活方式的直接反映，设计目的都是对该民族生产、生活方式的改善和提升，反映了这些器物出现在其生活生产中的必然性，也能折射出门巴族人的造物、设计智慧：简洁的构造、简朴的选材、简易的操作、简便的功能，凸显出门巴族传统设计思想的简单实用的特征。

首先，适应当地自然条件是门巴族传统造物的前提。各设计用具的呈现，必然是完全适应该地域特殊的经济水平、自然状况、人文习俗，才得以形成和传承下来的。包含了材质的选择，资源的利用，工序的设置，操作的方式，关键技术、工具的使用，成果的流通等各个方面。综合来看，在顺应自然环境、利用自然条件前提下，门巴族传统造物以功能实用、造价低廉、材质易得的特点，尽可能地服务更大数量的使用人群。

其次，门巴族传统造物的优良功能体现。材料、功能、结构、工艺应该是一种器具被制作之初的首要考虑要素。本卷列举的各个典型案例中，每种器具的设计都是根据其使用功能提出的，即该物品具体是用来做什么的。同时，从设计角度讲，每件设计物从材料选择的质朴（竹制、木制、石制选材）、结构设计的灵活（运用编织、削挖、榫卯、石凿手段）、动力来源的方式（人力、畜力、水力），来体现门巴族传统造物设计结构合理、省工高效、操作便捷的优良功能，对于现代设计仍具有重要的启迪价值。

第三，改良和革新使传统造物水平提高。门巴族各类传统造物的发展根植于传统农业，后期创新器具的出现是在已有器具体系的基础上进一步改良、发展的，体现的仍然是农业文明精耕细作的传统。各类器具的设计、使用、演变、发展，很好地体现了门巴族人所喜闻乐见的生产、生活方式，创造出特殊的自然条件和人文条件下器具设计的经典案例，为门巴族的造物、设计传统，烙上了无法磨灭的特殊印记。

门巴族各类器具的制作、使用以手工操作为主，且完全可以满足山区人们生产、生活方式的需要。同时，各器具除了材质、体量、功能、制作等必要的功能考量，设计者的设计还十分人性化，使其更适合操作，使用更加舒适。因而，门巴族造物的各种构件、材质、形式在安全范围内并没有过多限制，全依设计者个人素养、当地地貌及当时所拥有的技术水平和条件。在艰苦的环境中，各类造物器具的呈现，显示了门巴族各地人们对于生活的巧妙适应和智慧创造。我们研究门巴族传统造物设计，吸取其精华去除其糟粕，有助于将门巴族造物精神和设计传承进一步发扬光大。

著者
2015 年 4 月 12 日

参考文献：

[1] 门巴族简史编写组编写.门巴族简史.北京：民族出版社，2008.

[2] 西藏社会历史调查资料丛刊编辑组编写.门巴族社会历史调查.北京：民族出版社，2009.

[3] 吕昭义，红梅主编.门巴族：西藏错那县贡日乡调查.昆明：云南大学出版社，2004.

[4] 王丽平主编.墨脱村调查.北京：中国经济出版社，2011.

[5] 王琥著.设计史鉴·中国传统设计思想研究（思想篇）.南京：江苏美术出版社，2010.

目录

第一章 门巴族传统建筑
门隅勒布门巴族石砌碉屋 002
墨脱门巴族木板房 007
墨脱门巴族仓房 011
门巴族火塘 017
门巴族木板房围栏 021
门巴族独木梯 024
门巴族畜栏 028

第二章 门巴族传统服饰
错那门巴族氆氇服装 034
墨脱门巴族女式条纹大褂"郭修" 039
门隅门巴族"巴尔霞"帽饰 044
错那门巴族小牛皮"巴布"背饰 048
门巴族毡靴 051
门巴族首饰"嘎乌"与项链 056

第三章 门巴族传统餐饮
门巴族石烙荞麦饼 062
门巴族鸡爪谷黏坨 065
门巴族青稞酒 068
门巴族酥油茶 072

第四章 门巴族传统生活用具
门巴族木碗 076
门巴族石锅 079
门巴族"嗦啰"石臼 083

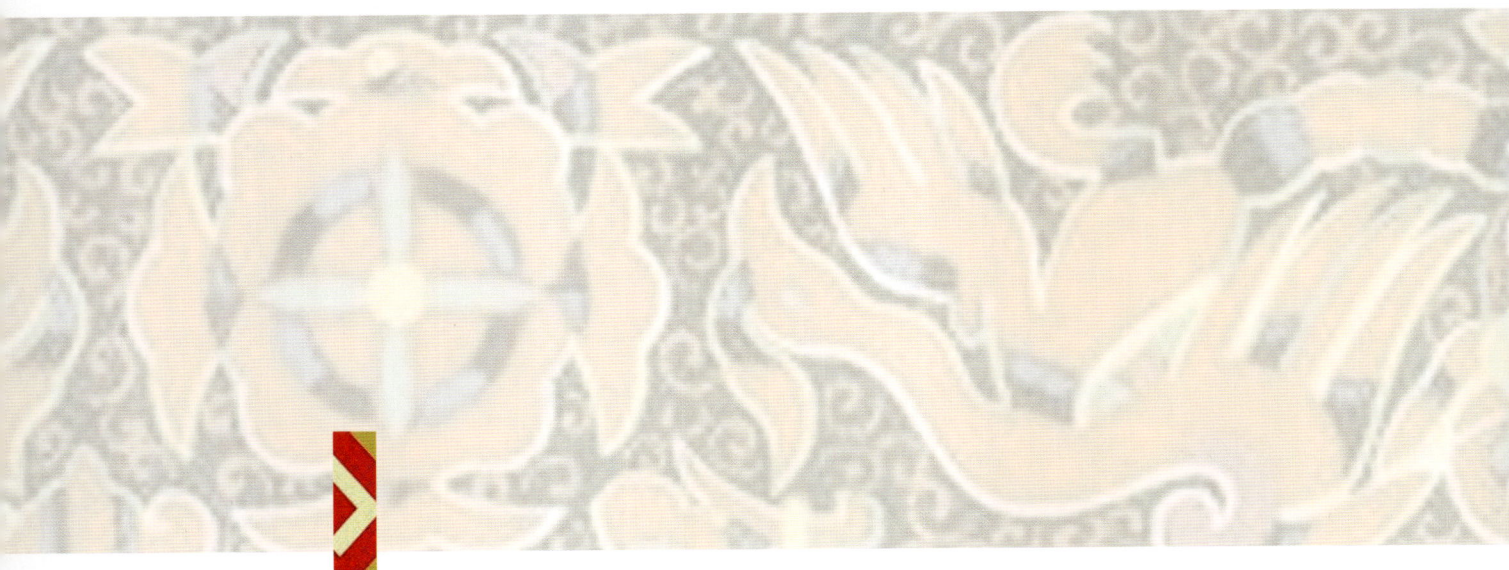

门巴族竹编"邦穹"　087
门巴族藤竹编酒具"休差巴囊"　090
门巴族酥油桶　094
门巴族酥油茶壶　098
门巴族竹扁背"丹田"　102
门巴族竹斗笠"巴吓"　106
门巴族手摇纺织机　109
门巴族溜索　113
门巴族藤网桥　117
门巴族木桥　121
门巴族背夫　124

第五章　门巴族传统生产工具

门巴族砍刀　128
门巴族农具"如"与"厄"　132
门巴族木犁"二牛抬杠"　136
门巴族农具"汪阿"　140
门巴族木舂臼　143
门巴族手推石磨　147
门巴族水磨　151
门巴族弓箭　155
门巴族"呛棕姆"　160
门巴族"邦达"　163
门巴族竹筐　166
门巴族木桶　170

第六章　门巴族传统民俗和宗教造像

　　门巴族婚俗　176

　　门巴族节俗　179

　　墨脱门巴族转经楼　182

　　门巴族房脊神"辛基白列"木偶　185

　　错那门巴戏服饰　188

　　门巴戏之牛头面具　192

　　门巴戏之乐器"拔羌"与"额"　196

第一章 门巴族传统建筑

门隅勒布门巴族石砌碉屋

图一　门隅勒布门巴族石砌碉屋主图

门隅勒布地区传统的住宅是一种石砌碉屋（门巴语称"欶"），与藏族的"宗出式"建筑形式相似。房屋建筑大都坐西朝东，其特点是房高而坚固，呈四方形。石砌碉屋的四周墙壁基底较宽，向上逐步收缩，"人"字形双斜面屋顶薄板瓦上加压木板或石块。本案例中的门巴族石砌碉屋根据吕昭义、红梅主编、云南大学出版社出版的《门巴族：错那县贡日乡调查》中的图片改绘。

石砌碉屋的结构大多分三层：底层（门巴语称"沙笼"）用作冬季圈养牲畜。一般从9月底开始，白天在草地上放牧牲畜，夜间赶回关进房屋的"沙笼"。顶层（门巴语称"棒"）用以堆放冬季喂养牲畜的干草料、柴草、杂物等，顶棚覆盖木板防雨。同时，室内火塘产生的烟气也可以通过顶层的多个窗洞散出。中层（门巴语称"米珠度庆"）为主人的居室，铺有木板，家庭的一切室内活动均在此进行。室内以木板隔出单独的房间，屋门一般朝东、南方向打开，门前设有用木杆铺搭的晾台，用石砌或木板做成的阶梯与楼下相通。在建房时，要先挖地基，砌基石，在基石上立支柱，砌石墙。石墙的基脚较厚，从下往上逐渐内收。传统屋顶铺木板，再压上石片。房屋内部的梁、柱子、椽子等用竹绳藤条联结，基本不用铁钉。房屋内部各层之间无楼梯，上下楼需从屋外爬独木梯（另作单独分析）。

门巴族使用石料建造房屋，劳动强度相对较大，因此，建屋时需要全村劳动力帮忙，而房屋主人也会热情款待前来帮忙的村民。此种石砌碉屋冬暖夏凉，功能分层合理，利用充分。通过借鉴藏族的"碉堡"建筑，结合本地畜牧业以及生活需要，将各层进行不同功能的划分，也可见门巴族人的建筑智慧。

图片来源

图一至图五　李胜涛　制图
图六　普巴　摄影
图七　多布杰编著. 中国门巴族. 银川：宁夏人民出版社，2012.

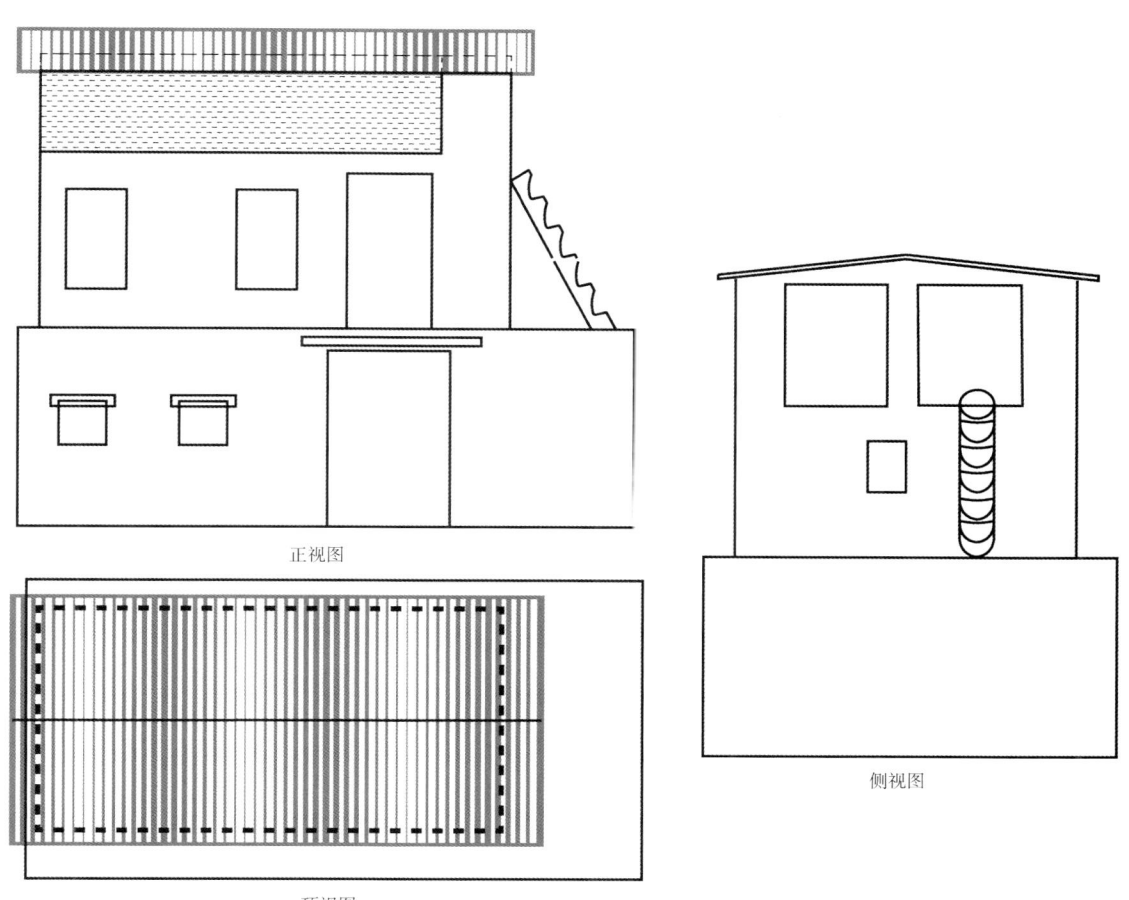

图二　门隅勒布门巴族石砌碉屋三视图

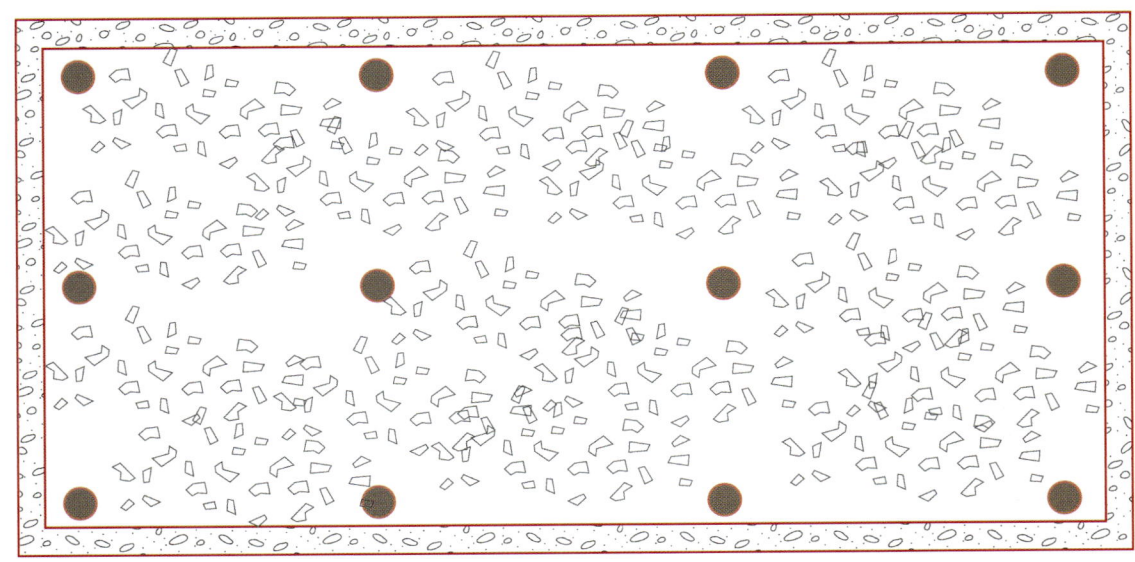

门巴族建房时要挖地基,砌基石,并有立柱作为支撑点,砌石作为墙体,石墙为层层堆砌

图三 门隅勒布门巴族石砌碉屋地基柱子分布示意图

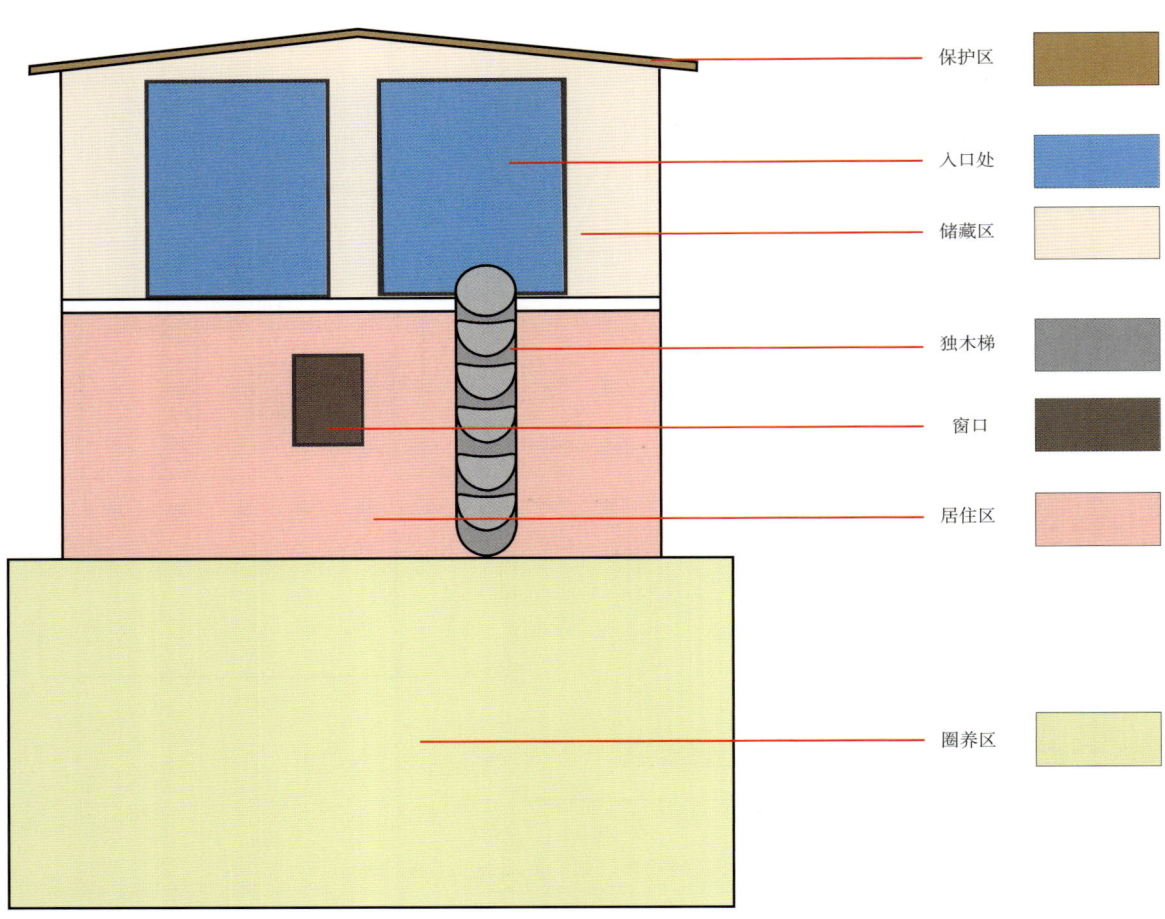

图四 门隅勒布门巴族石砌碉屋功能分区图

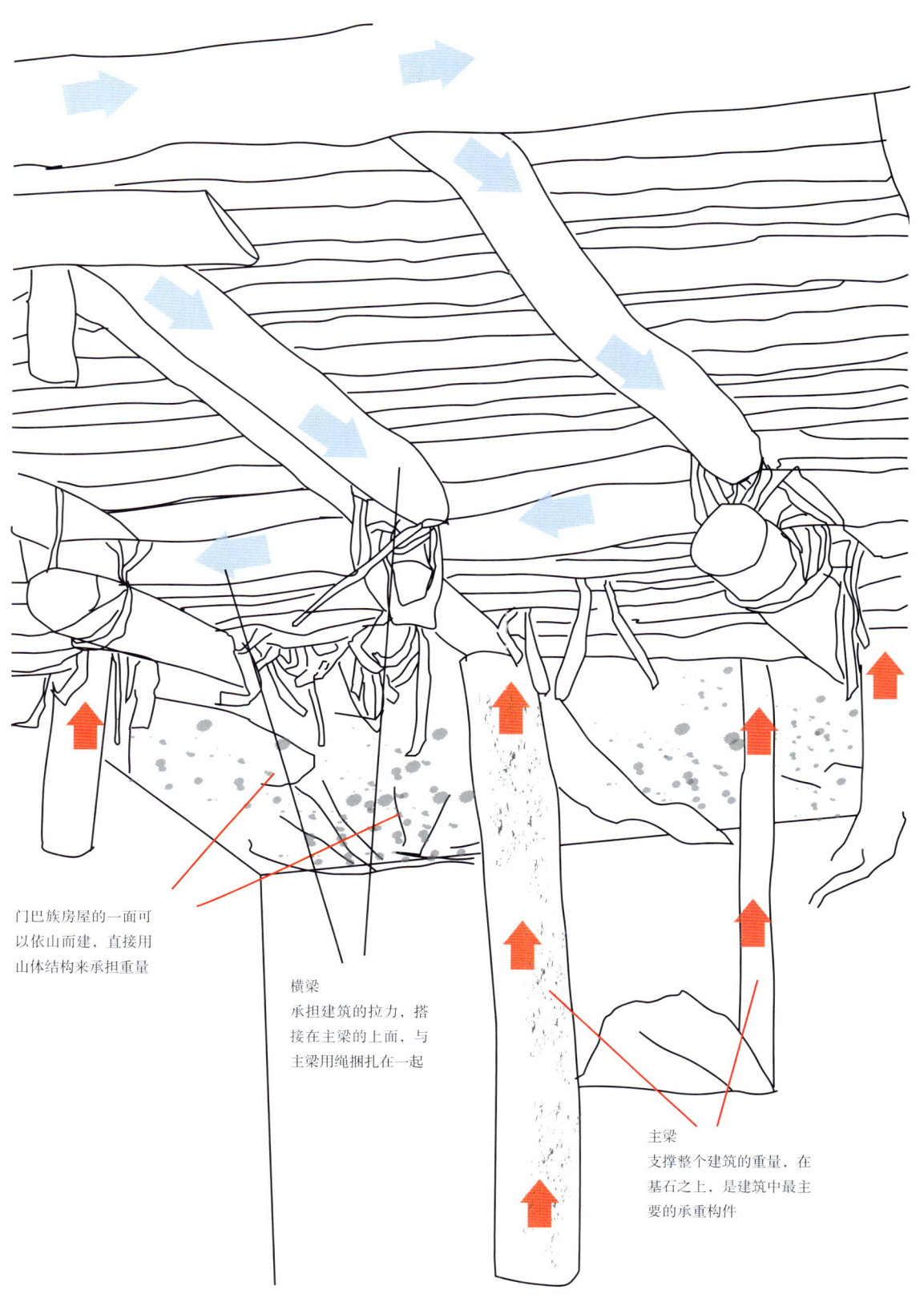

图五　门隅勒布门巴族石砌碉屋内部结构图

图六　门隅勒布已有600多年历史的门巴族碉楼式民居图

图七　门隅勒布门巴族现代石砌碉屋图

墨脱门巴族木板房

图一　墨脱门巴族木板房主图

墨脱门巴族建房子是比较讲究的，修建房屋时一般以坚固的石头作为基底，用槭树和松树作为横梁，用其削成一定数量的木板拼接组合形成房屋的立面墙。本案例木板房根据墨脱县墨脱村门巴族木板房进行绘图。房屋结构分为三层，下层由石块砌成，高120厘米左右，是堆放物品及圈养家畜的场所。中层用于人居住。该层室内空间一般分为三室一厅，各家根据喜好会有些微调，但变动不会太大。中层住室的外侧设有走廊，宽约100厘米，走廊左侧砌有台阶。顶层用于存放杂物。

就居室内部结构而言，墨脱门巴族木板房大致包括四个部分：一、"果干"，是专门用于煮酒的场所；二、"马拍"是主室，占地面积较大，主要用于取暖、休憩及就餐；三"绕塞"，靠近木板房入口台阶，供人休息使用；四"哉"，是一方形小仓库，从"马拍"进入，专放衣物和比较贵重之物。门巴族的建筑，一般是门朝东，寓意太阳出来照进家中，象征吉祥如意。门巴族建造房屋，从选择地基、开工到落成竣工，需要遵循许多习俗和礼仪，过去新房竣工后，要在房屋上悬挂木制男性生殖器（另作个案分析）。本案中的墨脱门巴族木板房，采用典型的石质底层和木质上层结合的形式，中层和顶层木板墙的木板横向排列，这是其特点之一。

木板房建筑是门巴族人充分利用自然资源的结果。墨脱地区的林木资源十分丰富，使门巴族人在建筑功能上形成了自有的一套独特的运作方式和价值评估体系。同时，其建筑的选材范围、结构功能、营造工艺也形成了门巴族所特有的技术特色。但显然，此种木制建筑也有着我们不可忽略的缺点：一是木质结构作为生物体材料，有虫咬、水浸、风蚀之虞，比不得石质材料稳定性高、耐久

图二　墨脱村寨中的门巴族木板房

图三　墨脱门巴族木板房线稿图

性长；二是防火性相对较差，需注重防范。总之，以客观、平衡、科学的视角看待，土木之低廉成本、高效功能，亦不失建材佳选。

图片来源

图一、图三至图七　李胜涛　制图

图二　多布杰　摄影

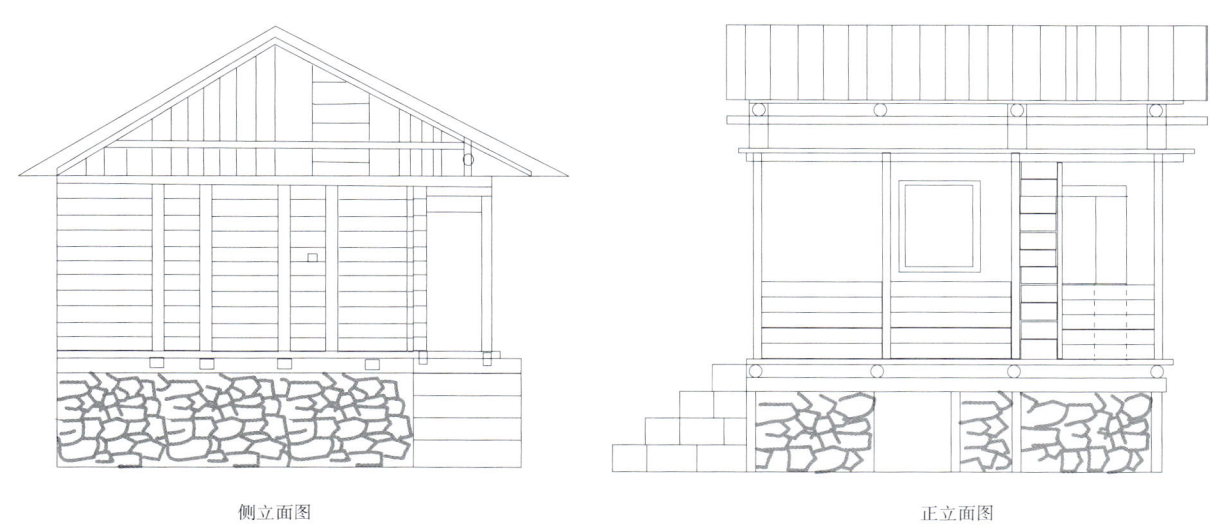

侧立面图　　　　　　　　　正立面图

图四　墨脱门巴族木板房立面图

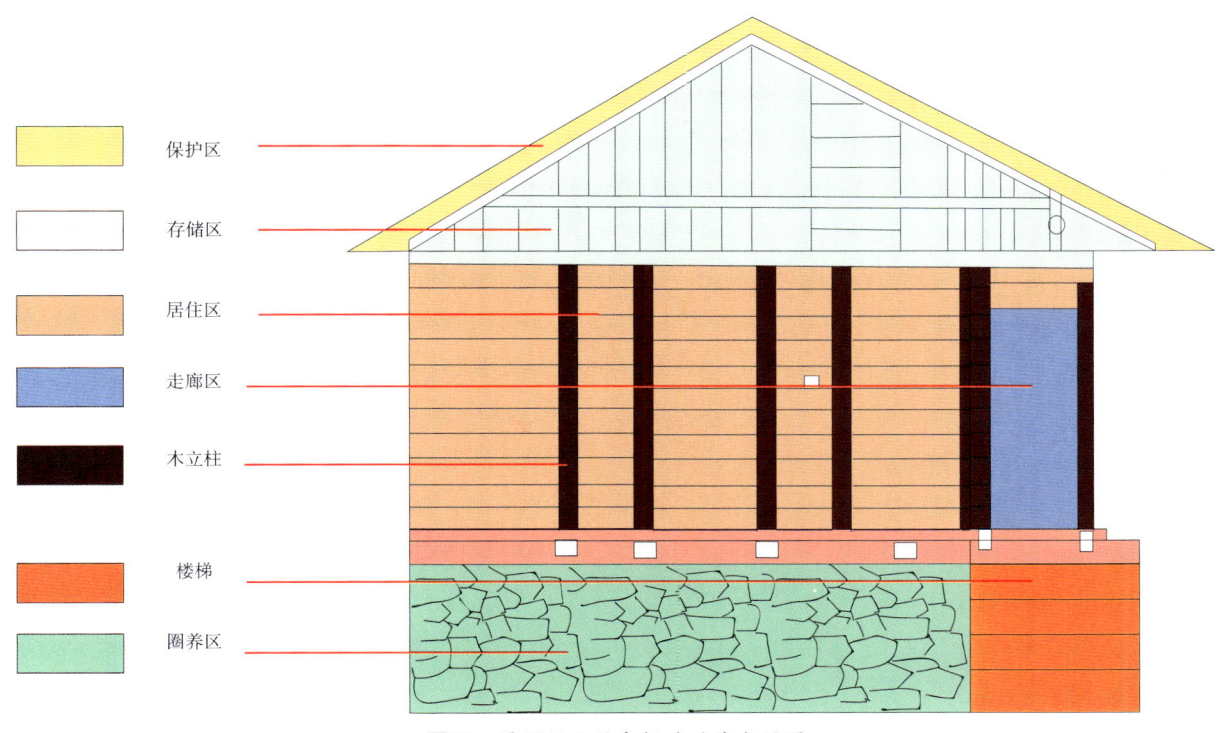

图五　墨脱门巴族木板房功能分区图

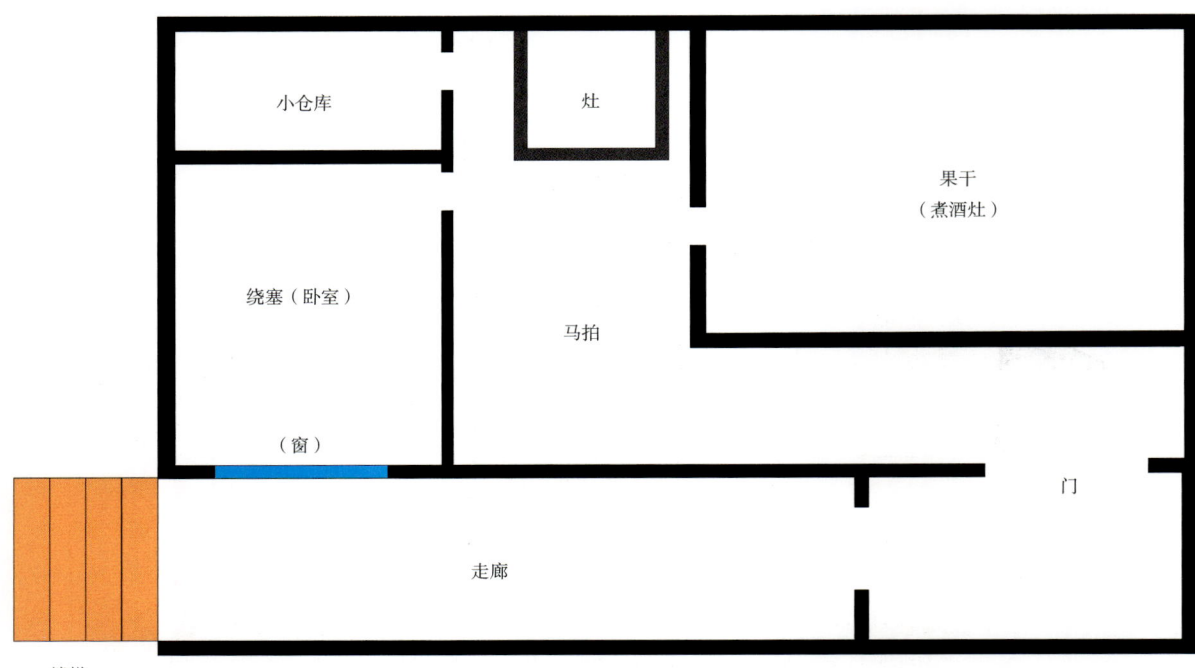

图六 墨脱门巴族木板房居住区平面布置图

图七 墨脱门巴族木板房结构图

墨脱门巴族仓房

图一　墨脱门巴族仓房主图

门巴族的民居建筑形式主要包括两种，即碉堡式石质建筑和干栏式木质建筑。传统碉堡石屋的分布区域主要集中在错那县的各个门巴族聚居地，墨脱地区以干栏式建筑作为支撑。其中，建筑的顶部覆盖物多以木板和稻草为主。本案例根据墨脱县墨脱村的门巴族仓房形式进行绘制。门巴族仓房是门巴族人用来储存粮食的小型独立仓库，建筑结构除底部立柱外，房屋主体由木板构成，底层无围墙，四面敞开，屋顶为"人"字形结构，用木板覆盖。

干栏式建筑的主要功能是防潮抗湿，长脊短檐式的屋顶以及高出地面的底架，都是为了适应多雨地区的潮湿气候，各部件的连接用榫卯和竹篾绑扎，为单幢建筑。底层木柱分布共12根，横向三排，纵向四列，整个底部空间可稍作设计用以饲养家畜、家禽。另外，底部架空形式的设计，尤其是每个立柱顶端略有弧度的挡板设计尤为重要，可有效防止野兽、虫蛇、老鼠等动物长驱直入偷食仓库中的粮食。此建筑必不可少的外部附属装置便是梯子，且此种梯子是活动式的，可以随时阻断外面与建筑内部的一切联系，具有较强的防御功能。建筑主体采用木板围合，靠近底面立柱的部分以长条形木板横向围合，不留缝隙。中间以长条形木板进行固定，四角采用榫卯形式连接。靠近房顶部分则以短条木板竖向排列围合，稍留有缝隙，用来保证仓房内的通风设计。房顶为"人"字形结构，遇雨时，雨水可沿屋脊从两侧流下。

门巴族仓房是墨脱地区干栏式建筑样式的典型代表，核心技术便是"榫卯结构"设计和木作工艺，建筑各个角度和细节的设计，折射出门巴族人在建筑设计方面的极高智慧。无论在结构功能、制作方式，还是在使用的便捷程度、安全性上，都具有无可比拟的优势。且其搭建选址的限制性很小，无论平地、坡地，只要底部立柱的牢固性能够保证，此类干栏式建筑便可牢固"安身"。门巴族人依赖大自然的赐予，实现了对建筑设计的功能实用、操作轻松、结构简易、成本低廉等几大要求，是较为经典的设计之一。

图片来源

图一、图三、图五至图八　李胜涛　制图
图二　多布杰　摄影
图四　单芳霞　制图

图二　墨脱门巴族仓房细节图

图三 墨脱门巴族仓房线稿图

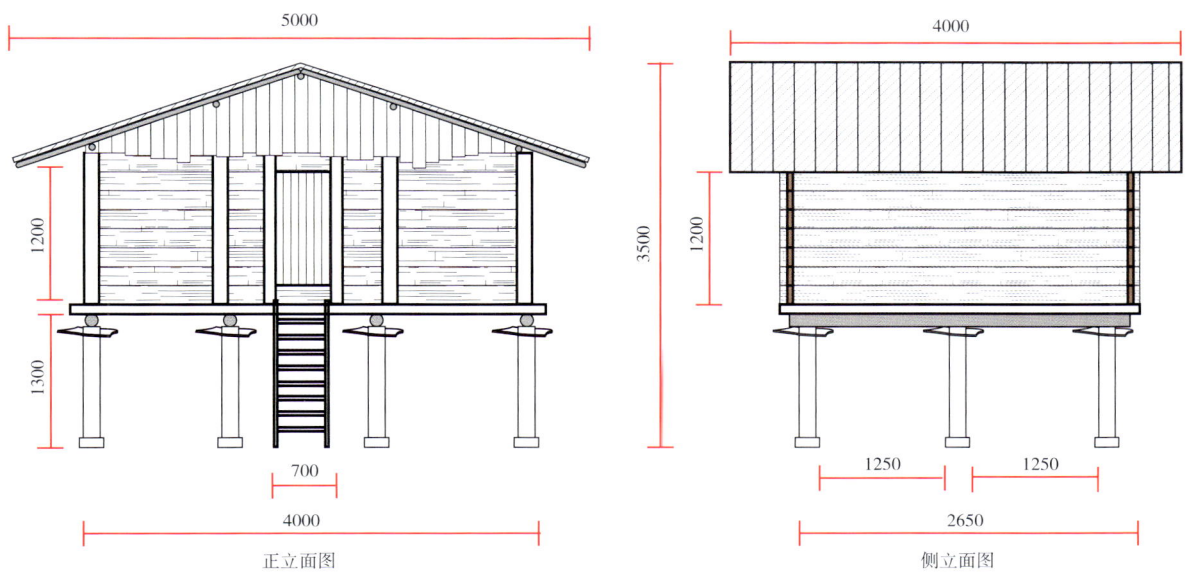

图四 墨脱门巴族仓房尺寸图（单位：mm）

正立面图

侧立面图

第一章 门巴族传统建筑

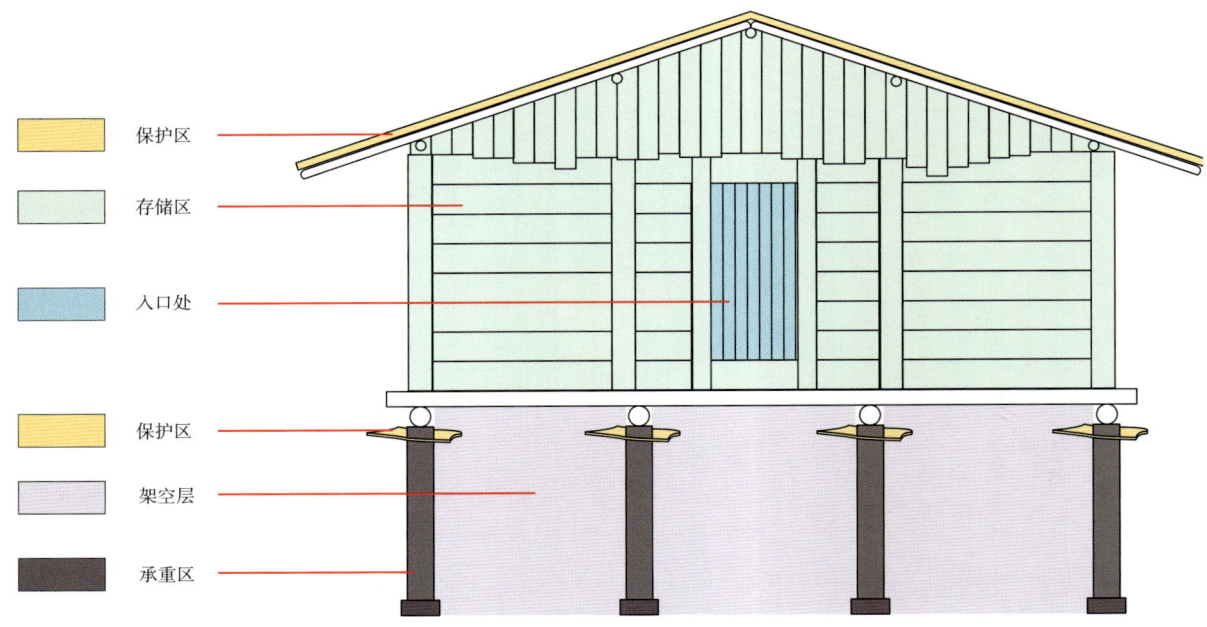

图五 墨脱门巴族仓房功能分区图

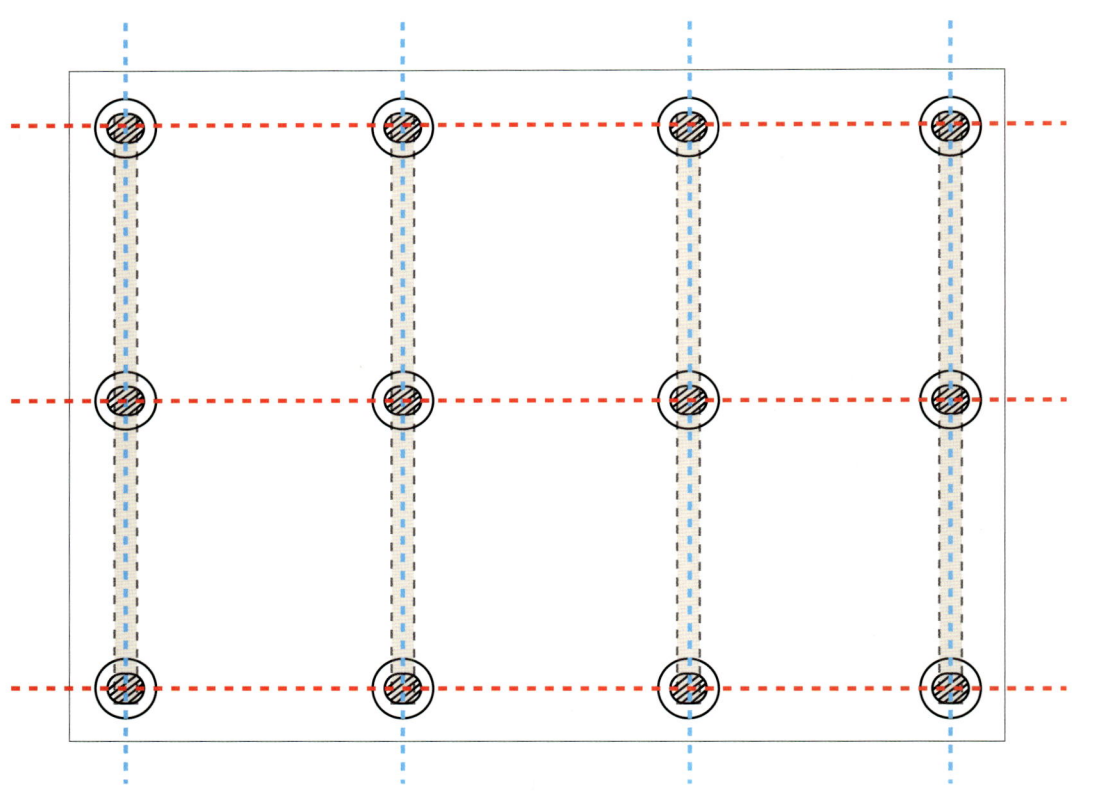

架空支柱平面分布采用九宫格式，共有 12 根支柱。
横向三行，每行四柱；纵向四列，每列三柱

图六 墨脱门巴族仓房支柱平面分布示意图

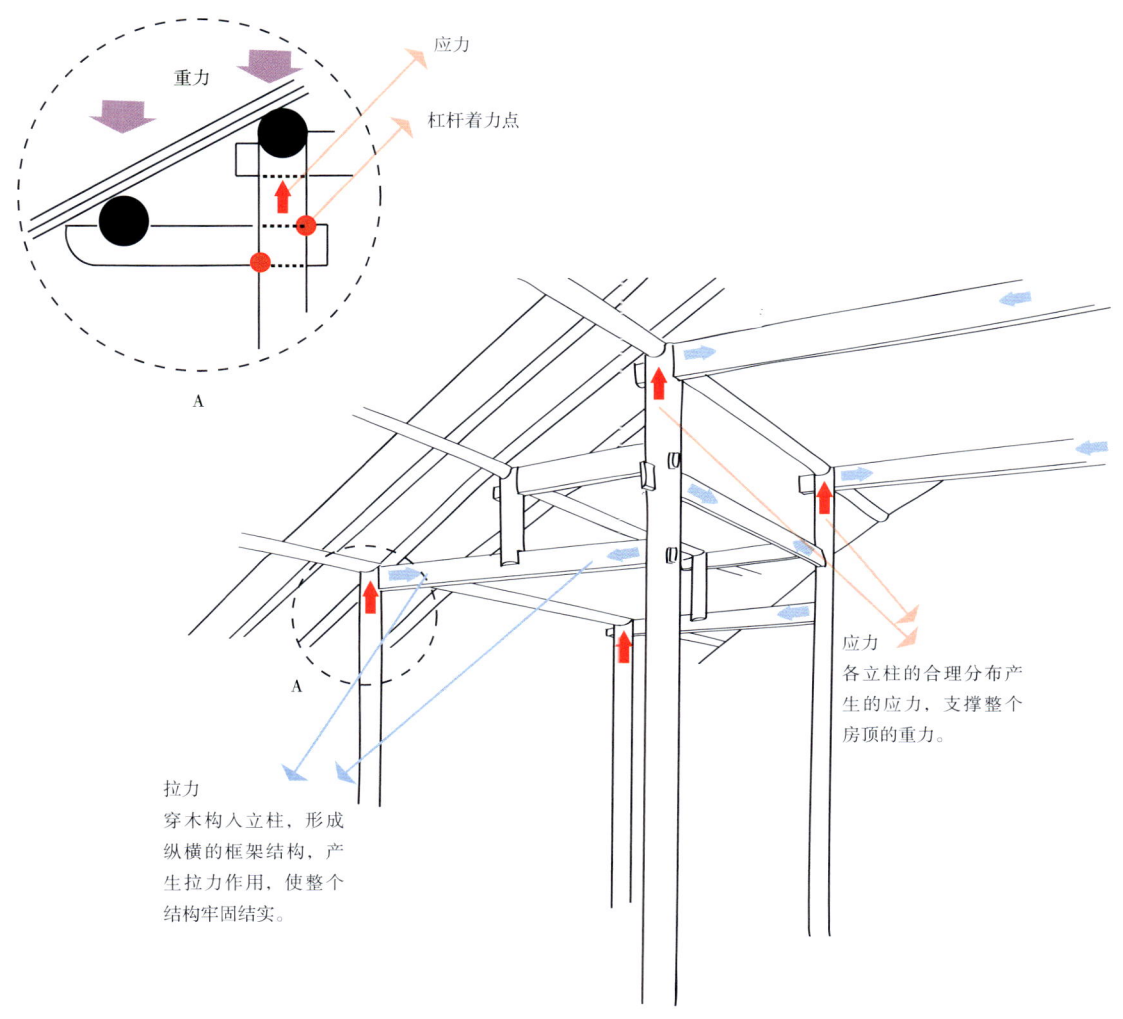

图七　墨脱门巴族仓房内部构架力学分析图

木板搭接

支柱挡板

屋顶结构

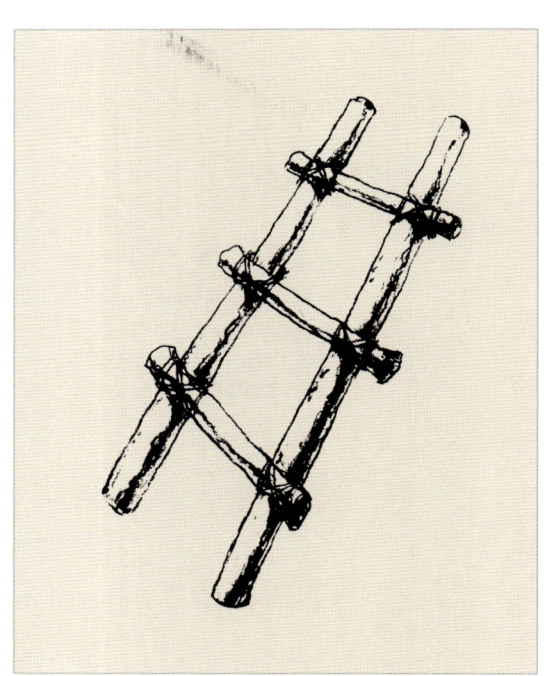
木梯临时架设

图八 墨脱门巴族仓房局部结构分析图

门巴族火塘

图一　门巴族火塘主图

门巴族家庭中，炊事器具以木制、石制居多，也有少量铁制器具。与南方大多数少数民族相似，火塘成为家庭生活的中心。传统的门巴族人家里，火塘中间是由三块弧形石块构成的固定锅桩。而今，随着门巴族与藏族、珞巴族等周边民族的频繁交流，大多数家庭都选用铁质锅圈，可随意移动，且功能全面，而传统的石锅桩已很少见。本案例采自错那县基巴乡让村。

火塘外围以矮石条搭建，为边长约1500毫米的四边形，石条高80毫米左右。由于门巴族人烧火做饭的常用燃料是木柴，而其室内铺设材料均为木板，因此，火塘四周围有石质边框可以防止将周边木板点燃。待要用火时，把木柴搭好，用吹火筒一吹，升起明火。火塘内架设三角铁锅圈（门巴语称"劣炭木"），其顶部为圆环形，外部直径约600毫米，内部直径约450毫米，高度约

280毫米，三支腿向外斜弯。门巴族房屋不设烟囱，燃烧木柴时产生的烟气通过周围木板缝隙以及顶层的敞开空间散出。火塘上方一般悬吊有搁板，可放置杂物，包括日常食用的苞谷、烧火时需用的燃料，使用起来非常便捷。方形的四条石条边上开有小洞，这些洞口通向房屋底层，火塘灰可从这些洞口直接扫下去，保持室内的清洁。传统的门巴族家中仅在火塘周围铺设兽皮，困倦时，人们就在火塘边和衣而卧。而今，各家各户都有藏式的木坐床，摆在火塘右侧，供人就座。围坐火塘的次序有所讲究，通常开窗户的一面不坐人，主人则分别坐在靠窗的主位（男左女右）。客人紧挨着男主人坐，根据其地位、年龄依次排位。火塘内不得烧毛、发、肉、骨头等东西。

从功能性来说，室内火塘的设置与门巴族的居所条件、房屋结构、生活方式、操作习惯有很密切的关联。一方面满足了门巴族人日常生活中对各类食物的制作需要，可煎饼、煮汤、烧水、烘烤食物，等等；另一方面火塘在使用的过程中，燃烧时产生的热量能够为室内持续供暖。门巴族生活地区地处高山密林，空气湿度大、温度低，室内潮湿，火塘能源源不断地提供热源，排出湿气，保持室内干燥。可以说，火塘的设计实现了其功能的最大化，因而长久以来，仍有大量的门巴族家庭在使用。

图片来源
图一　多布杰　摄影
图二、图四、图五、图六　单芳霞　制图
图三、图七　韩会霞　制图

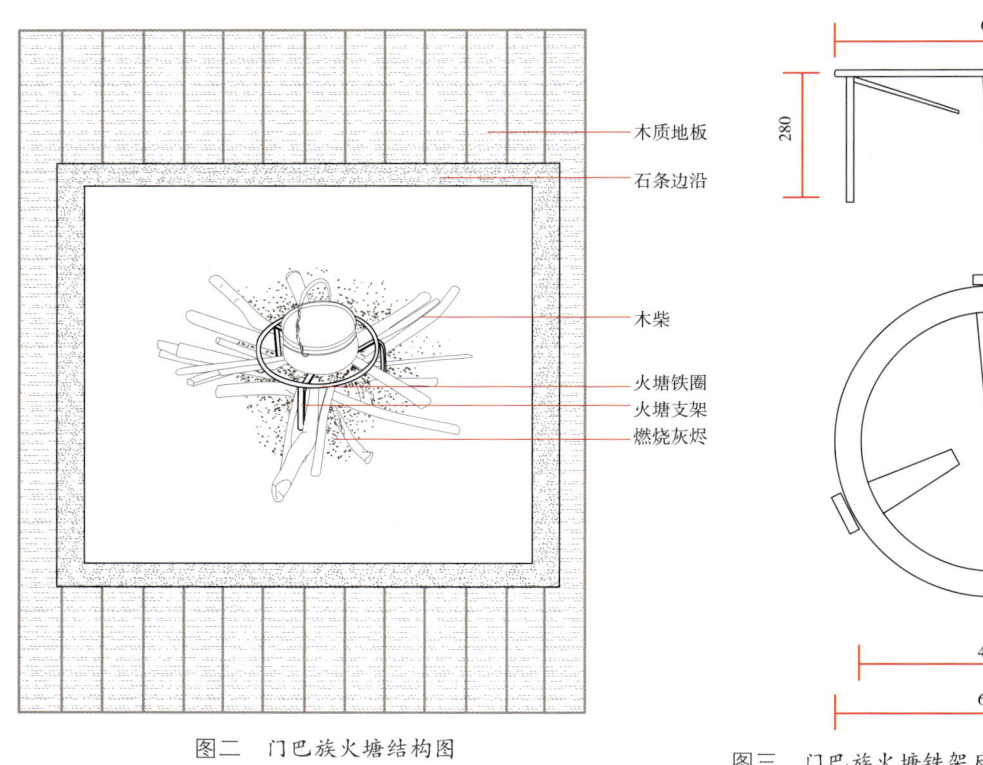

图二　门巴族火塘结构图

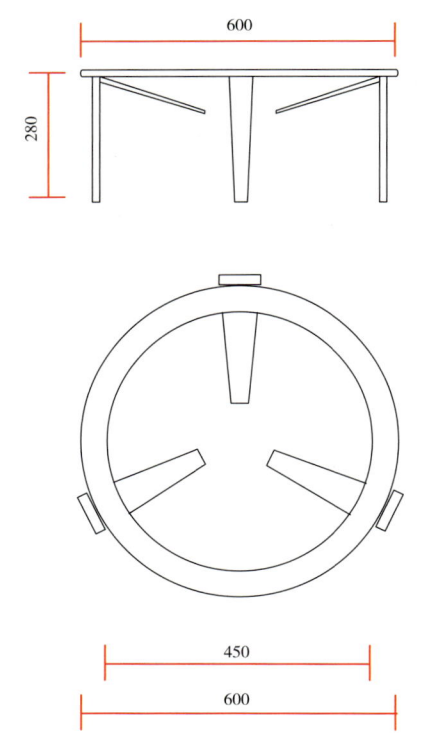

图三　门巴族火塘铁架尺寸图（单位：mm）

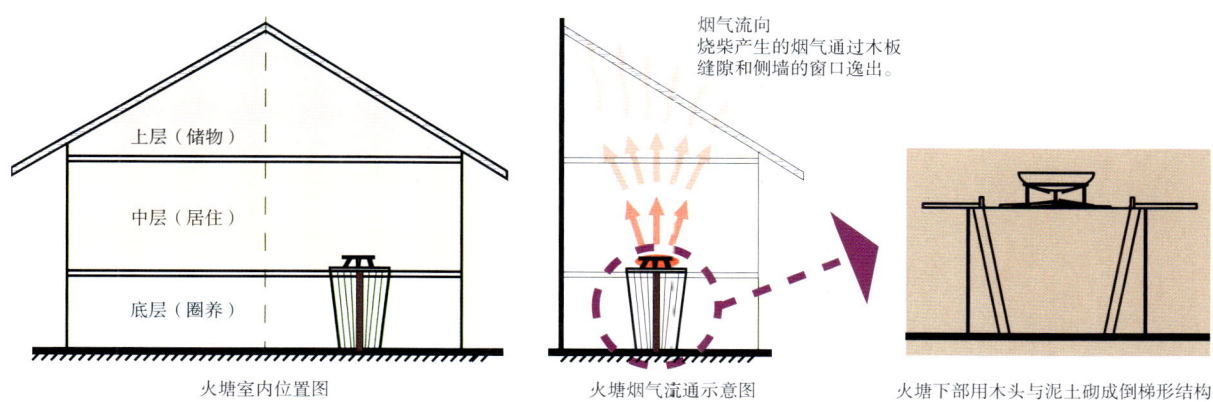

图四　门巴族火塘设计分析图

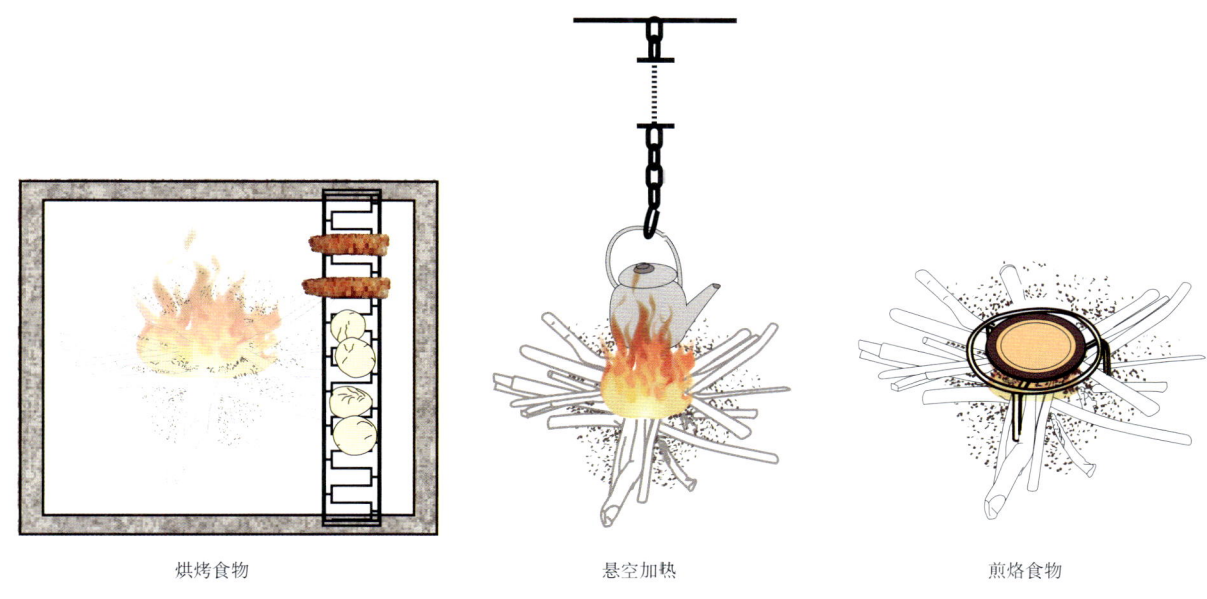

图五　门巴族火塘三脚铁架使用功能示意图

第一章　门巴族传统建筑

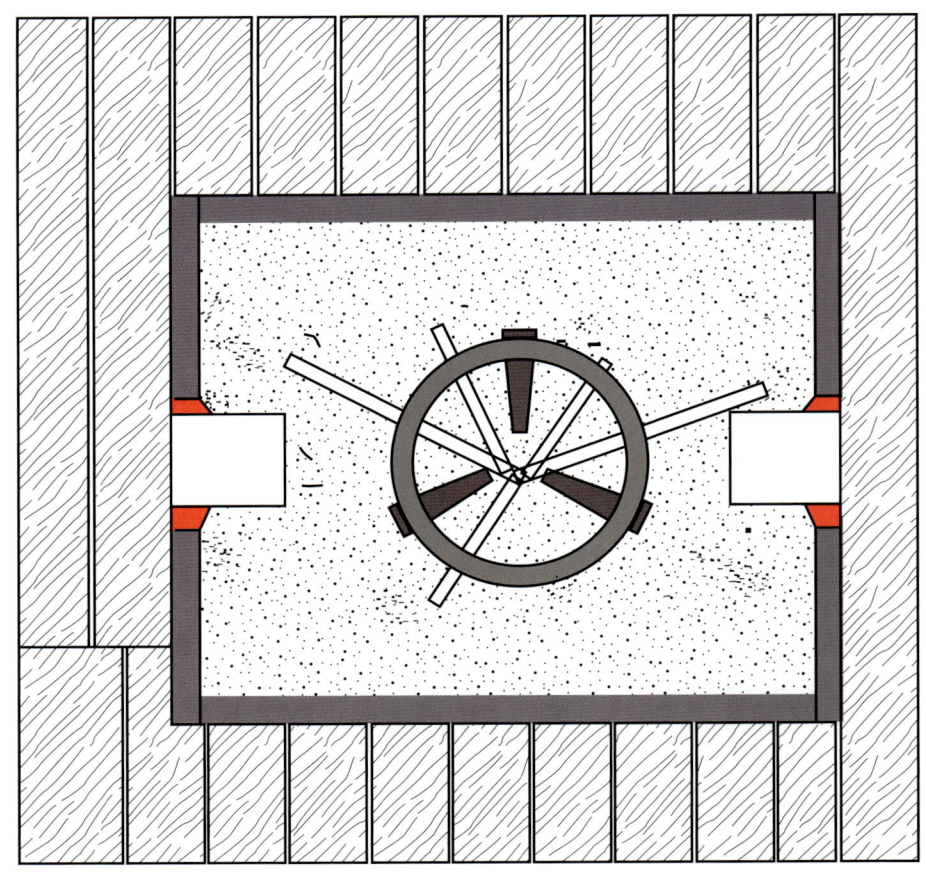

火塘两边有洞口（红色），可将燃灰等其他细小的杂物扫进去

图六　门巴族火塘局部分析图

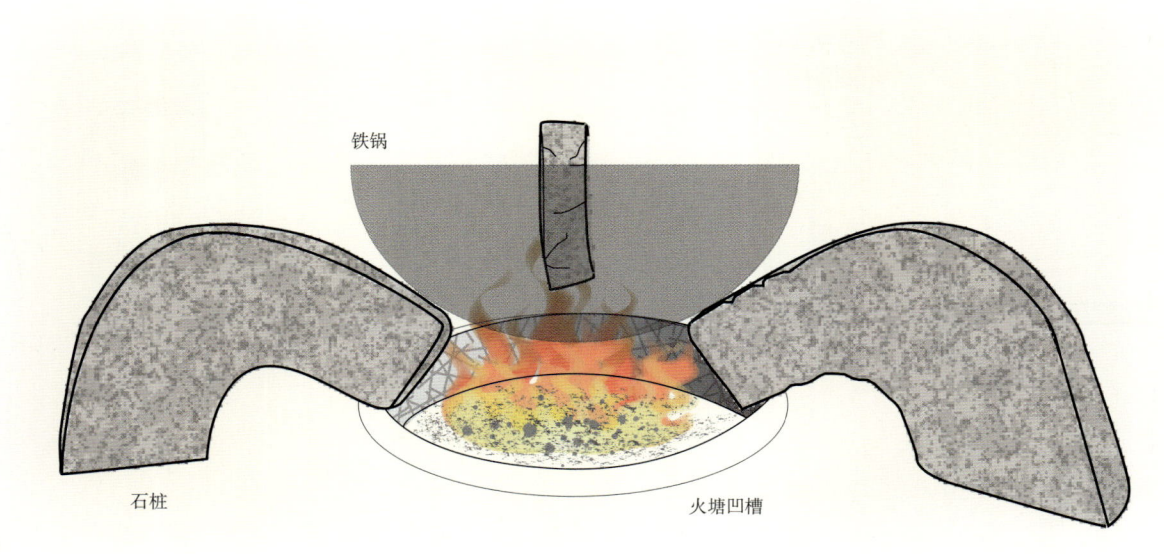

图七　门巴族传统的石锅桩图

门巴族木板房围栏

图一　门巴族木板房围栏主图

每一个完整的建筑都包含多个局部结构和节点，包括门窗、走廊、围栏、独木梯，等等。门巴族传统木板房设计有三层：即底层的圈养区，中层的居住区，顶层的储存区。在中层居住区的室外部分，门巴族家庭通常会设置宽约1000毫米的走廊。而基于安全性考虑，走廊的外沿一侧通常设有围栏，围栏的材料仍以木料为主。设计围栏时除了安全性考量，还会考虑到其美观性、实用性。因此，各个家庭的围栏结构相似，但造型、图案形式各有不同，配合简单的色彩涂饰，每栋建筑上的不同形式围栏便成为引人注目的独特风景。本案例木板房的围栏是根据中央电视台中文国际频道"远方的家"栏目中门巴族建筑围栏影像资料绘制而成的。

该围栏两个立柱连同中间的造型部分形成一个"单元"，两立柱间的距离约为1500毫米，每个建筑根据其体量大小确定围栏单元的数量。就本案例中的围栏而言，"单元"内的构成包括：横向5条宽约50毫米的木条连接两侧立柱，由木条又分隔出四个区域。最高层的图案形式是对称的菱形云纹结构，中间两层是木条交叉横向排列，而最底层则是两个对称的椭圆形云纹造型。所有的图案均是镂空构成，这一点也体现出门巴族人设计的高明之处。连续的、简洁的图案运用增加了建筑的整体美观度。而采用镂空形式的造型，可以充分利用镂空空间。例如玉米的晾晒、木材的堆积，等等。房顶外檐向外延伸，保证了晾晒物品时不被雨水淋到。连续的图案形成细密的构成空间，即便是儿童，也可以完全保证其在走廊活动时的安全性。

门巴族木板房的围栏设计，反映其建筑领域优秀的文化品质，即设计思路简明、设计选材简易、设计功能简捷、设计结构简约、设计操作便捷、设计装饰简朴。

图片来源
图一至图五　周正飞　制图
图六　多布杰　摄影

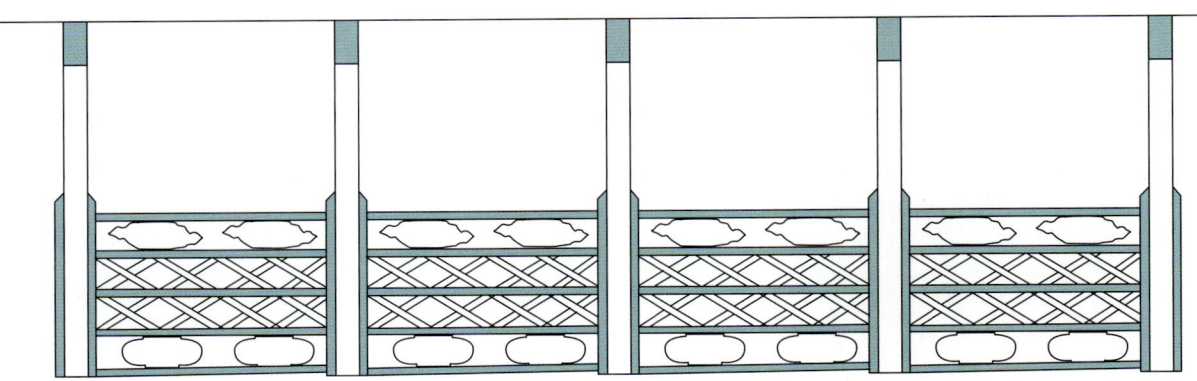

图二　门巴族木板房围栏立面图

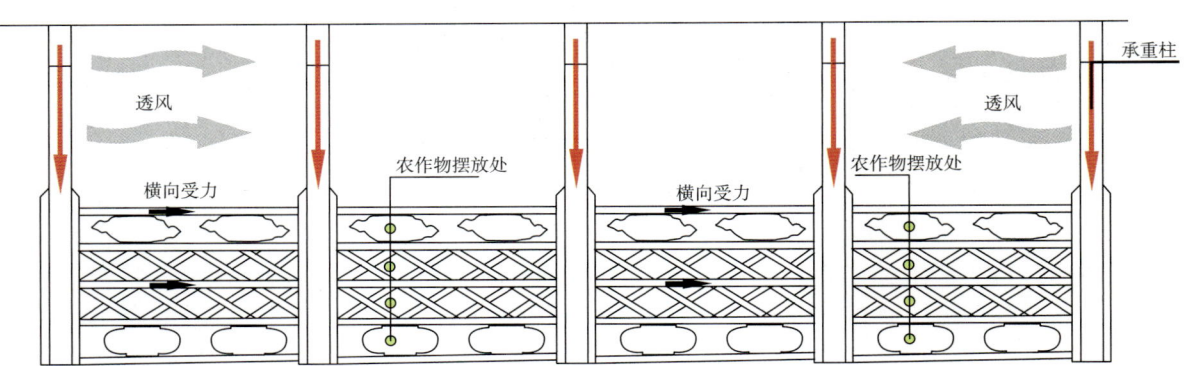

图三　门巴族木板房围栏功能分析图

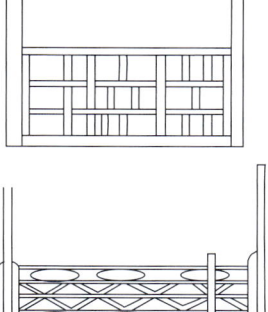
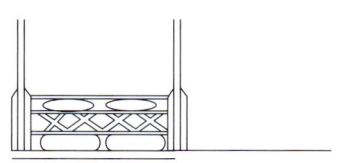

图四 门巴族木板房走廊侧面氛围图　　　　　　图五 门巴族建筑不同形式的围栏图

图六 墨脱门巴族改造后的现代建筑局部围栏结构图

门巴族独木梯

图一 门巴族独木梯主图

传统的门巴族民居均为二层或三层独栋建筑结构，或石砌房，或木板房，或两者结合（底层石砌，中层和上层用木板做围墙），各楼层由独木梯衔接。独木梯由整根原木做成，一面砍平便于平稳摆放，一面凿出梯槽。独木梯作为门巴族民居建筑的一种附属设施，是门巴族人进入房屋、登上高层的主要生活工具。使用时约呈60度角斜搭于室内或室外平台与地面之间，通常每次仅供单人上下，由独木梯到达底层架空的室外平台后才能进入居室。本案例采自错那县基巴乡让村。

门巴族人聚居的门隅、墨脱及其附近地区，群山环绕，木材资源十分丰富，独木梯的制作材料就选用当地不同种类树木的树干。独木梯的长度在1500~3000毫米不等，直径约200~400毫米。制作时先将树干砍成所需长度，再削枝去皮磨圆，在圆木上用砍刀砍凿出一级级凹陷的踏步。踏步的级数由室内外平台与底层地面的高差决定。最后将梯子斜搭于室内外平台的一角。制作独木梯采用的树干长度和直径不一，粗细不一，因而每根梯子的踏步高度与宽度也各不相同。总体而言，独木梯的每级踏步空间至少应容纳成年人单只脚面的高宽，即200~300毫米高，150~200毫米宽。其中踏面内侧向下倾斜，外侧向上倾斜。这样的设计既向内借用空间，又能使踩踏更稳当。踢面与踏面相接处以及其他尖角处都做磨圆处理，防止赤脚踩踏时受到伤害。

独木梯是门巴族建筑中重要的垂直交通附属设施，既可以随意移动，又可以迅速撤除，以切断进入居室的通路，从而自卫防盗。独木梯在树干直径的限制下踏步较窄，单人上下需十分小心，对于老弱病残者使用较为不便。但这种由一根圆木砍凿而成、自成一体的独木梯，与地面和室外平台没有采用任何榫接和捆绑的连接方式，易于在室外平台的不同边缘移动，是非常灵活实用的设计。尽管现在门巴族人也开始运用新材料、新技术设计其他不同样式的扶梯，但独木梯这种传统的样式仍被大量沿用。

图片来源
图一　多布杰　摄影
图二至图五　单芳霞　制图
图六　李胜涛　制图

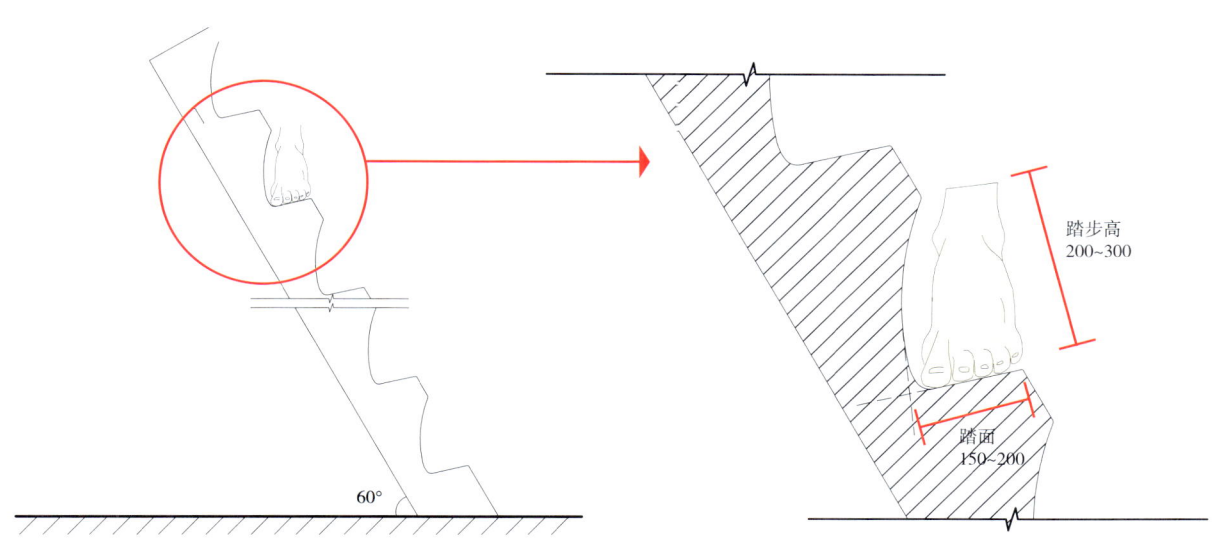

图二　门巴族独木梯细部结构图（单位：mm）

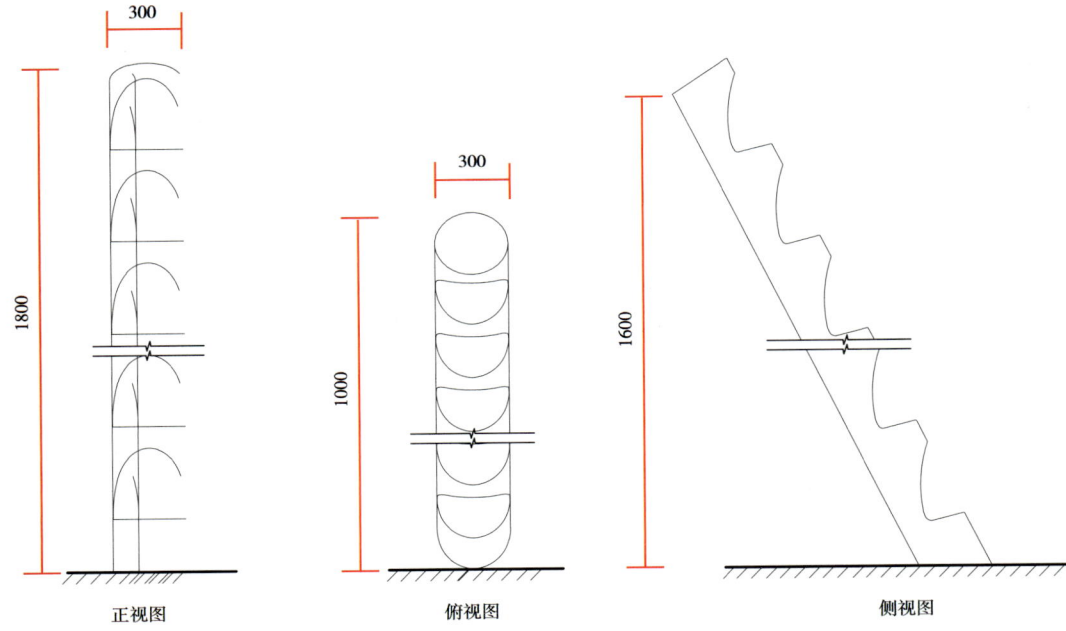

图三　门巴族独木梯尺寸图（单位：mm）

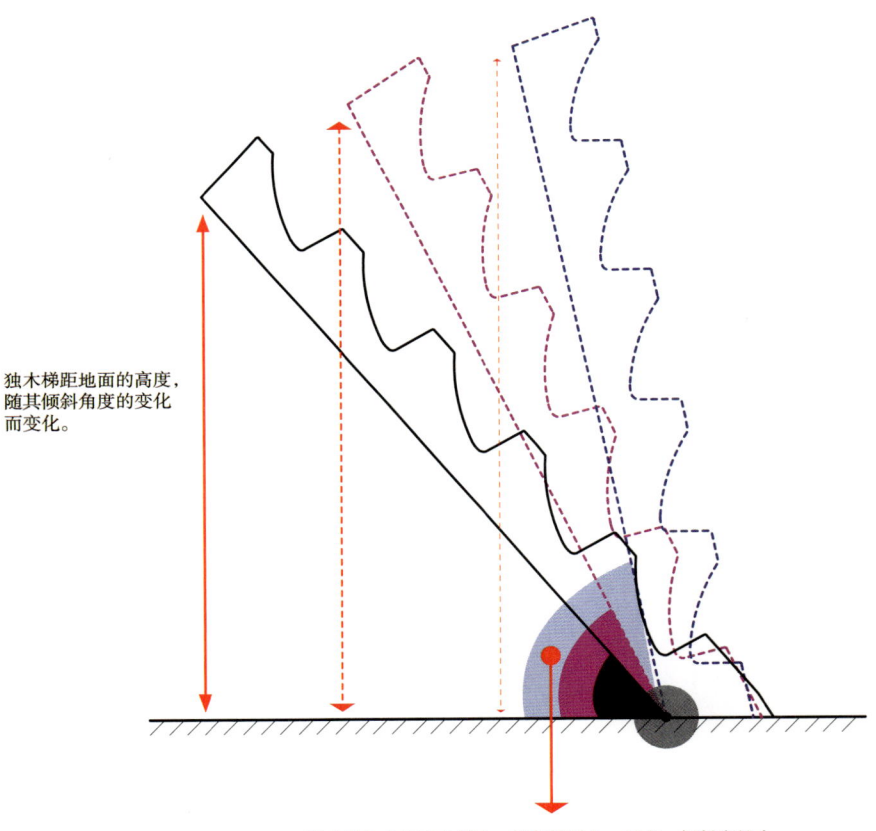

独木梯距地面的高度，随其倾斜角度的变化而变化。

独木梯与水平夹角越大，倾斜度越大；反之，倾斜度越小

图四　门巴族独木梯摆放原理分析图

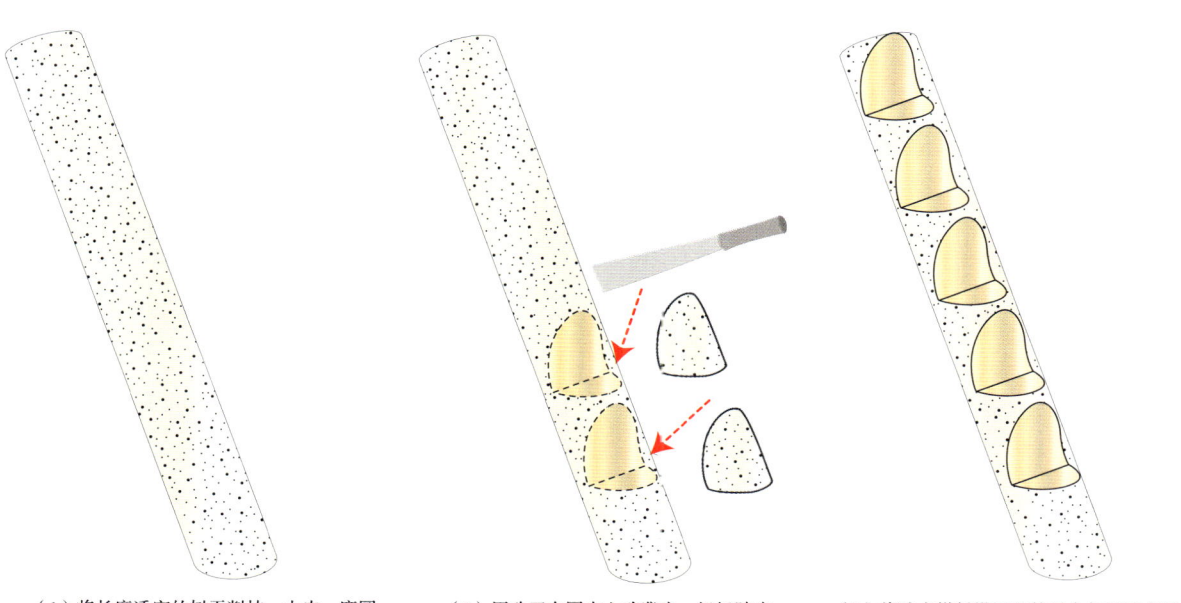

（1）将长度适宜的树干削枝、去皮、磨圆　　（2）用砍刀在圆木上砍凿出一级级踏步　　（3）将独木梯斜搭于室外平台与地面之间

图五　门巴族独木梯制作流程图

图六　现代门巴族常用的梯子图

门巴族畜栏

图一 门巴族畜栏主图

门巴族生产方式以农业为主、畜牧业为辅,而畜牧业中则以牛、羊、猪、家禽等的养殖为主。畜栏的作用是用来圈养牲畜,也可称"围栏"。门巴族多数家庭选择将牛、羊等牲畜以及家禽的养殖以半放养、半圈养的形式进行,即白日将动物放出觅食,晚间赶回圈内,且此类家畜、家禽的圈养之地多为门巴族人居住的三层石屋或木板房的底层。本案例的门巴族畜栏独立设置,紧挨茅房,采自墨脱县墨脱村。

本案例中的畜栏长度约2800毫米,宽度约2100毫米,底部围栏高度约1200毫米,顶棚前高后低,稍有倾斜。较为独特的是,该畜栏为木棍横向交叉、叠加,这与我们常见的大多数畜栏有所区别,未设门。这样的设计主要是基于功能性考虑,由横向和纵向木棍交叉放置,最靠上的三层横、纵向木棍及顶部中间纵向三根木棍均可移动拆卸。连接处以榫卯结构固定,四角设有立柱,加强其牢固性。顶部搭建棚子,以供牲畜避雨、防晒。牲畜较小时,畜栏的整体高度可降低,待其逐渐成长,可不断向上叠加木棍,以防止牲畜跃栏而出。直至牲畜长至足够高大时,顶部中间三根纵向木棍则可平均分散放置。畜栏内部前端靠左设有猪槽,猪槽的大小可根据圈养猪的数量而定;与猪槽对应,外部设有一定厚度的踩踏板,方便人喂食牲畜。

猪圈与其他牲畜、家禽的养殖场所不同,因猪长期圈养在畜栏内,其粪便的清理相对不易,而长时间未作清理则滋生蚊虫,味道难闻,因此,门巴族家庭多选择将养猪用畜栏与茅房并置,并远离主房。养猪用畜栏使用木棍搭建,四处通风,易于异味的散出。现在,也有部分家庭采用集体养殖的办法,即圈定一片面积较大的、四周高中间低的空地,三五个家庭将牲畜放置在空地上,四周或以石块做围墙,或以木柱做围栏,每户轮流喂食。但这种集体养殖方式属于少数。

图片来源
图一、图八　李胜涛　制图
图二至图七　单芳霞　制图

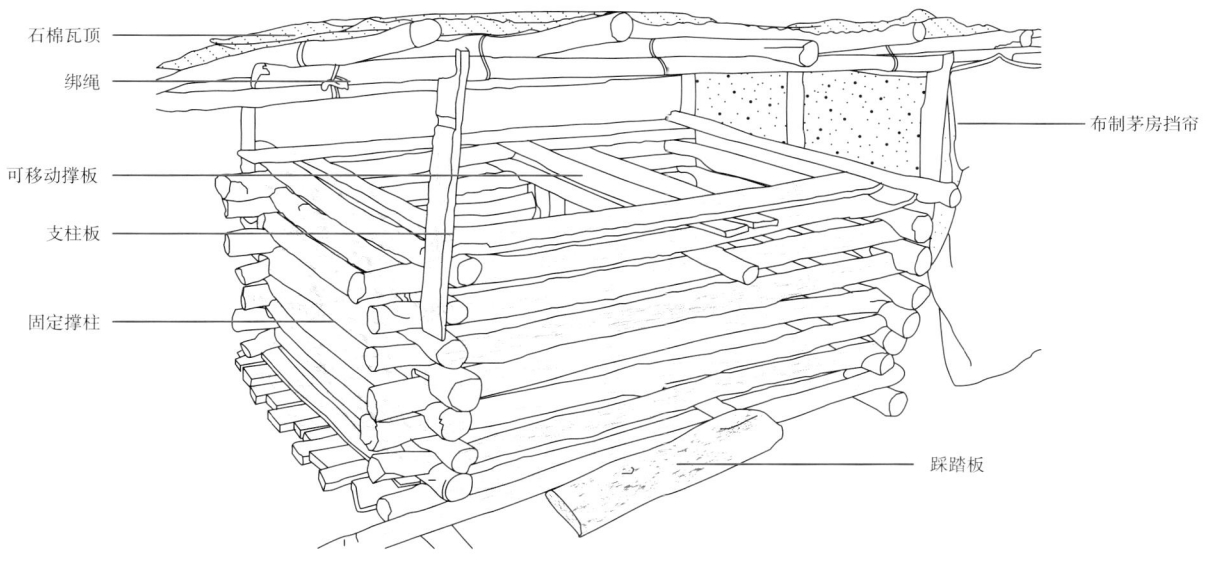

图二　门巴族畜栏结构图

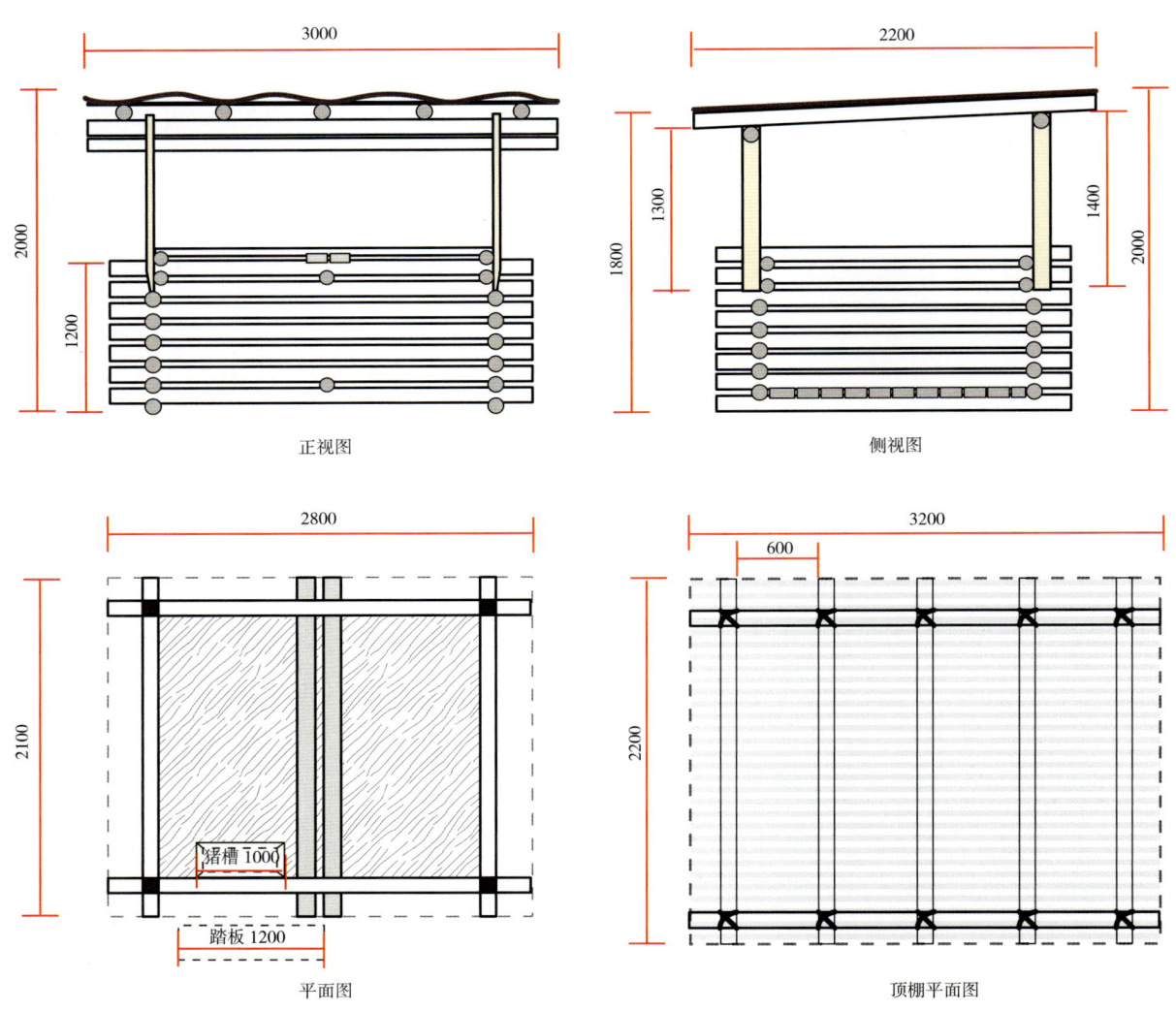

图三 门巴族畜栏尺寸图（单位：mm）

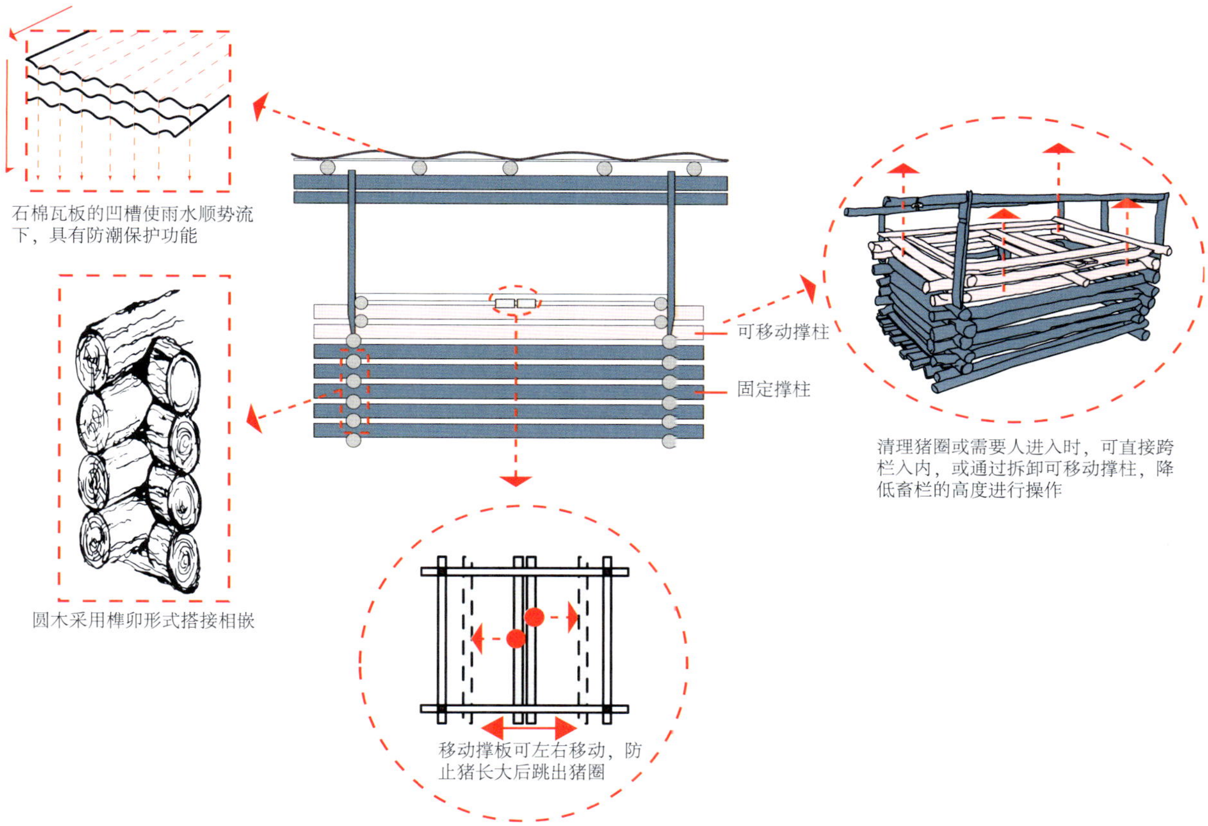

石棉瓦板的凹槽使雨水顺势流下，具有防潮保护功能

圆木采用榫卯形式搭接相嵌

可移动撑柱

固定撑柱

清理猪圈或需要人进入时，可直接跨栏入内，或通过拆卸可移动撑柱，降低畜栏的高度进行操作

移动撑板可左右移动，防止猪长大后跳出猪圈

图四　门巴族畜栏设计分析图

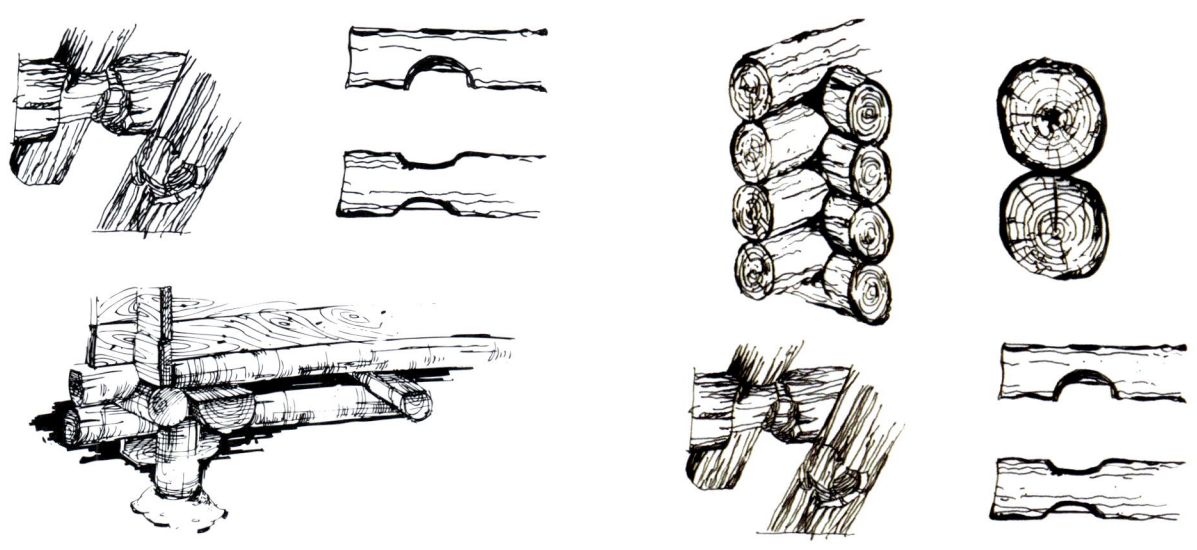

图五　门巴族畜栏局部结构图　　　　图六　门巴族畜栏细节图

031

第一章　门巴族传统建筑

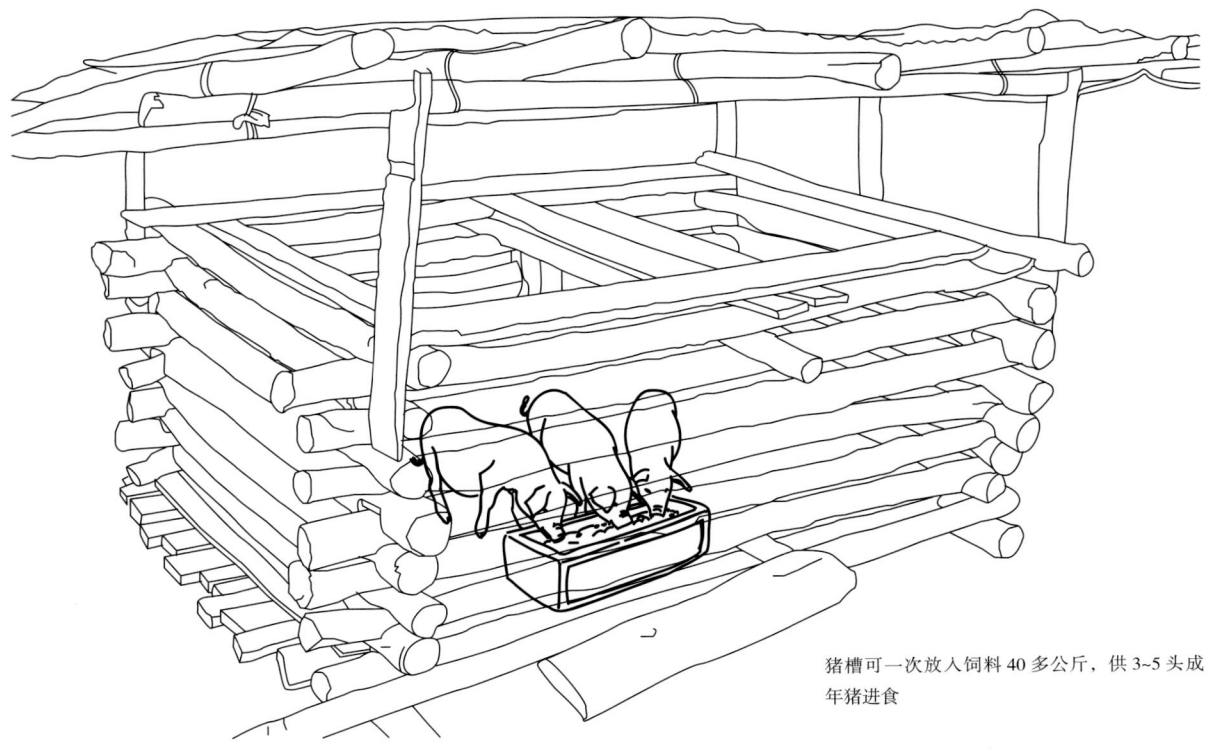

猪槽可一次放入饲料40多公斤,供3~5头成年猪进食

图七 门巴族畜栏猪槽使用情境图

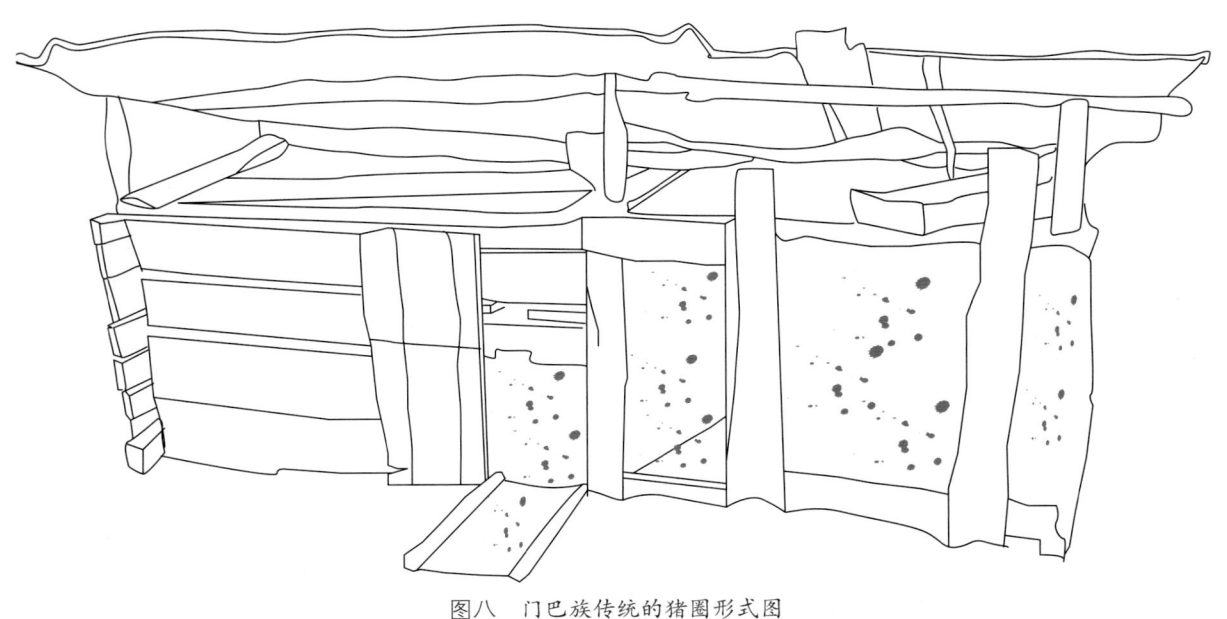

图八 门巴族传统的猪圈形式图

第二章 门巴族传统服饰

错那门巴族氆氇服装

图一　错那门巴族氆氇服装主图

　　门巴族的传统服饰受藏族影响较大，又有鲜明的民族个性。氆氇作为门巴族服饰的主要原料，其在门巴族生活中不可或缺，用于制作门巴人的服装、帽饰、床毯、鞋靴等生活用品，是门巴族传统服饰的重要组成部分。本案例选取的是错那地区门巴族妇女较为普遍的着装形式。本套服装组合以绛红色长袍、白色氆氇围裙为主。

　　过去门巴族使用的氆氇原材料羊毛，大多从藏区以物易物交换而来，或是以货币形式进行购买。所得羊毛还需经过纺纱、染色、织造、整理等加工工序，首先需将羊毛用纺锤搓制成线，然后使用简易纺机进行手工操作，纺织成氆氇。门巴族的氆氇长袍以四种颜色为主：绛紫色、暗红色、红色、黑色。通常，初期织造完成的氆氇基本为白色，经染色处理后，制作成衣，并稍加装饰。男女长袍款式并无太大区别，均是衣长过膝、斜襟右衽、镶蓝色绲边，仅在服装颜色及局部装饰加以区分。因生产、生活需要，女子在长袍外还围有白色氆氇裙（门巴语称"吉玛"），并系赭色或红色腰带。勒布地区的妇女还在后背披挂一张完整的小牛犊皮（另作个案分析），可作为背负时的垫物，又可防潮护体。

门巴族人以羊毛原料制作的氆氇服装，具有普通制衣材料所不及的优良特点，保暖性、耐用耐磨性极佳。且氆氇材质平整细密，着身后的肤感体验不输棉布，因而深受门巴族人喜爱。

图片来源
图一至图六　单芳霞　制图

图二　错那门巴族不同色调的氆氇面料图

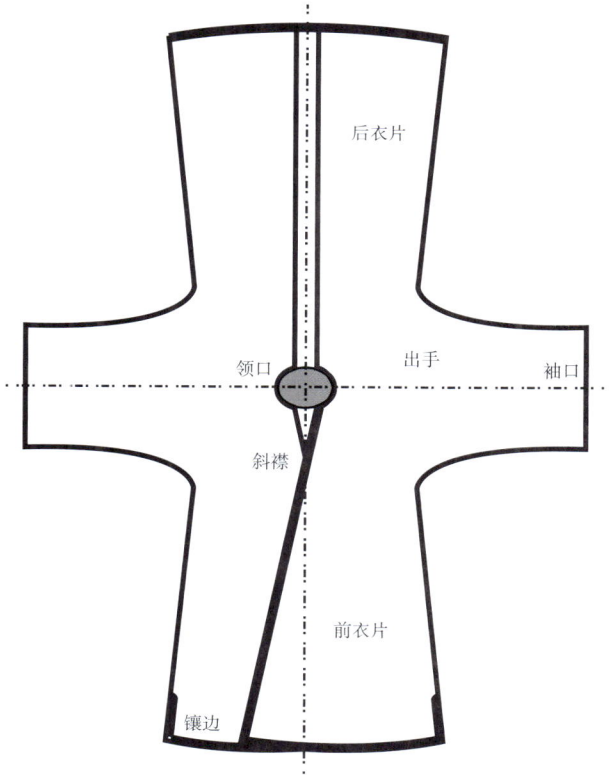

图三　错那门巴族氆氇服装裁剪示意图

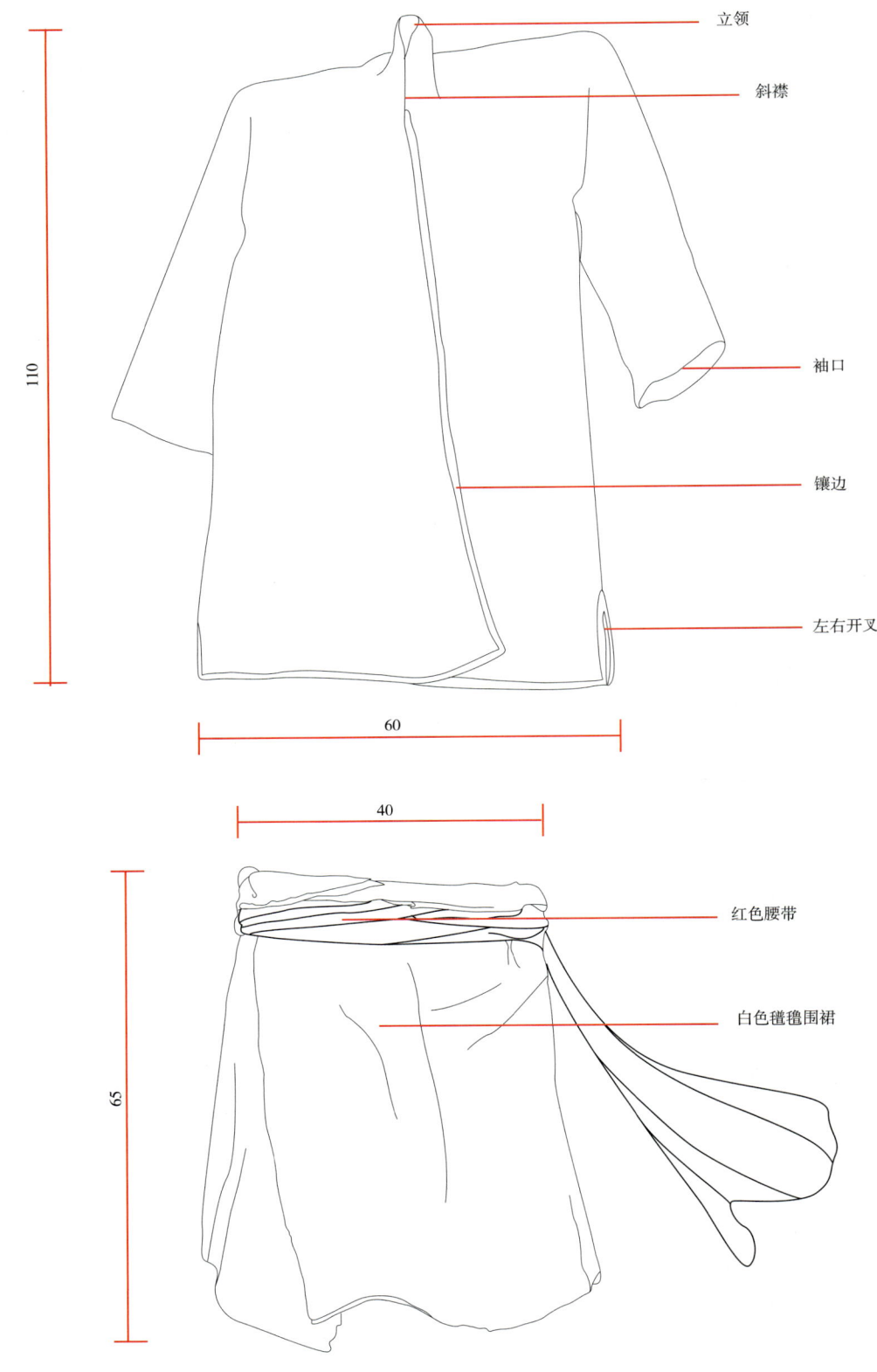

图四 错那门巴族氆氇服装尺寸图（单位：cm）

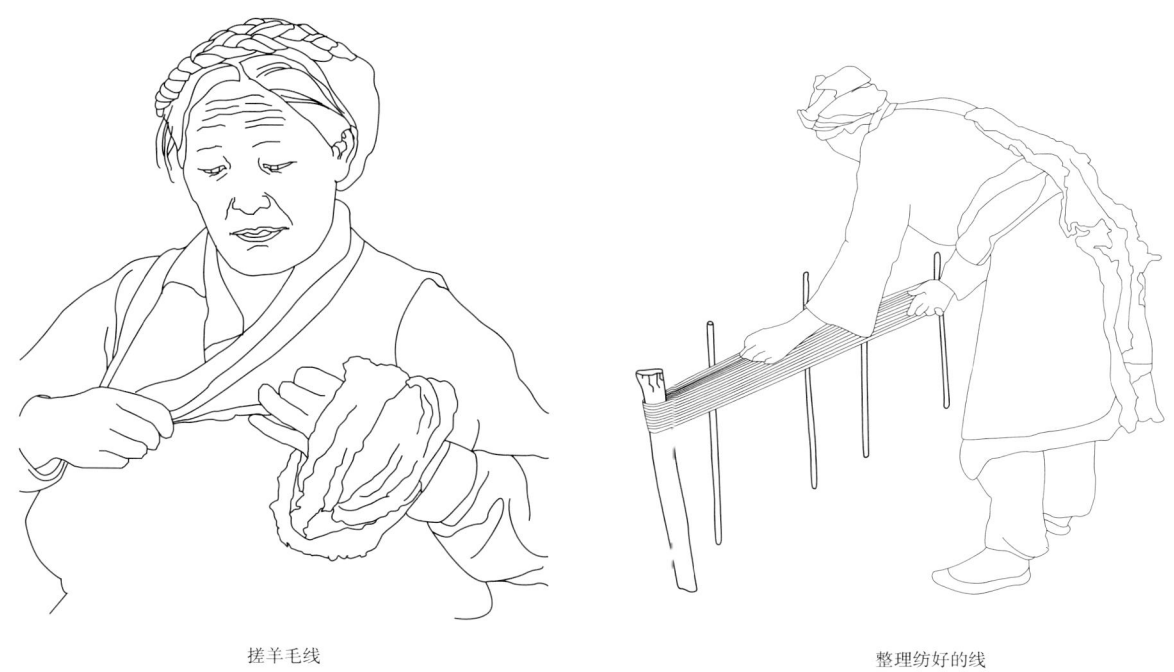

搓羊毛线　　　　　　　　　　　　整理纺好的线

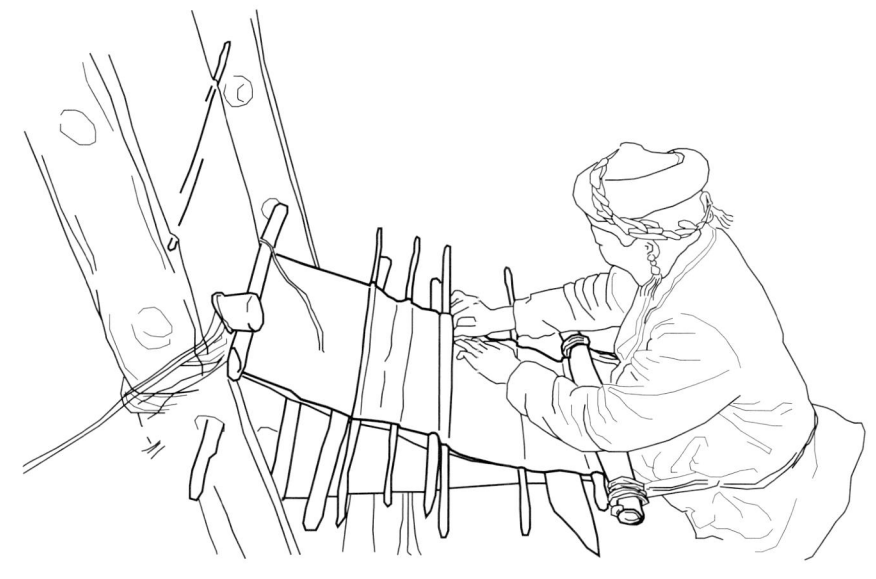

把线织成布

图五　错那门巴族氆氇加工过程图

图六 错那门巴族氆氇长袍常用色彩示意图

墨脱门巴族女式条纹大褂"郭修"

图一 墨脱门巴族女式条纹大褂"郭修"主图

墨脱地处峡谷山地，随着社会的进步与交通条件的不断改善，墨脱地区与外界联系逐渐频繁，门巴族妇女传统的服饰之一"郭修"也逐渐被外界所熟知。"郭修"是一种无袖无领、以条纹图案装饰的长衫大褂。这种长衫与林芝等地藏族所穿的"工布"较为相似，衣服前后各一片，两肩略宽，中间有一圆形或方形颈口，穿衣时从头上套入，用镶银腰带或一般棉线织带绑束。本案例中的"郭修"是根据门巴族服饰资料绘制而成的。与"郭修"搭配的服饰包括：上身为红色或白色质薄的短上衣，下身为长条彩色花筒裙，佩戴金属及玉器饰品。

该条纹大褂长约120厘米，肩部宽约50厘米，底部宽约60厘米。褂子两侧边沿及颈口镶边，由黄底、紫色"菱形"和"心形"描边组合作竖向二方连续、红绿色圆点交叉竖向排列组合而成的图案，与大褂暗红色、黑色描白线边交叉横向排列的简洁图案区分明确。平铺展开时，"郭修"的前后、左右均呈对称形态。从设计角度看，可以说该服饰是极简主义设计的典型表现，与其配套的下身着装是长条彩色筒裙，尽管构成形式单一，色彩却较为丰富，基本涵盖了几大色系，且用色纯度、明度均较高，与简洁大方的条纹大褂相互搭配，协调美观。

此种条纹大褂由其美观性、舒适、使用方便、工艺简单等诸多特点，构成了墨脱门巴族典型的女式服装样式，足可见墨脱门巴族人的智慧。从某种程度上讲，这种极其简洁的成衣方式，在当今时尚界占有一席之地。从市场角度考虑，或许能够找到其进一步发展的新的落脚点。

图片来源
图一至图六　单芳霞　制图
图七　多布杰　摄影

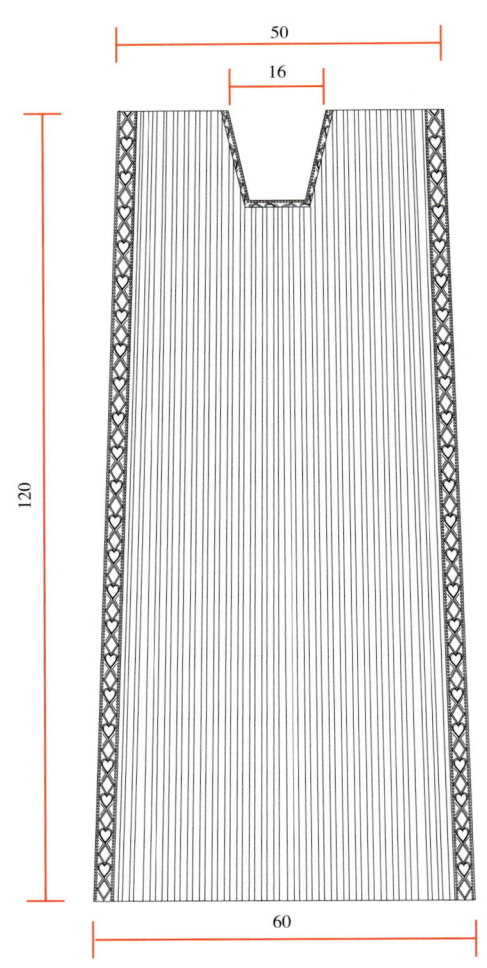

图二　墨脱门巴族女式条纹大褂"郭修"尺寸图（单位：cm）

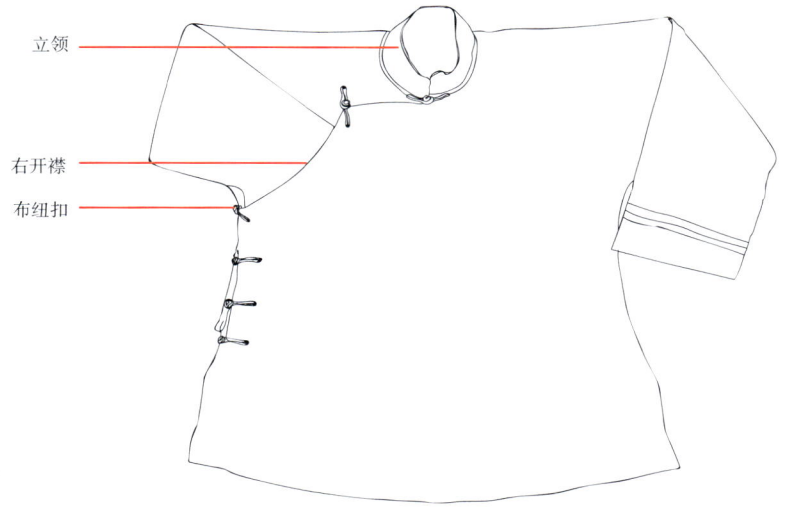

立领
右开襟
布纽扣

白色质薄的小上衣

约30

约75

约50

红色系
   C:0% M:24% Y:11% K:0%
   C:4% M:97% Y:96% K:0%
   C:27% M:100% Y:100% K:29%

蓝色系
   C:18% M:0% Y:1% K:0%
   C:86% M:41% Y:21% K:1%
   C:93% M:70% Y:52% K:52%

绿色系
   C:76% M:0% Y:100% K:0%

黄色系
   C:6% M:0% Y:96% K:0%

长条彩色花筒裙子

图三　墨脱门巴族女式条纹大褂"郭修"配套服饰图（单位：cm）

第二章　门巴族传统服饰

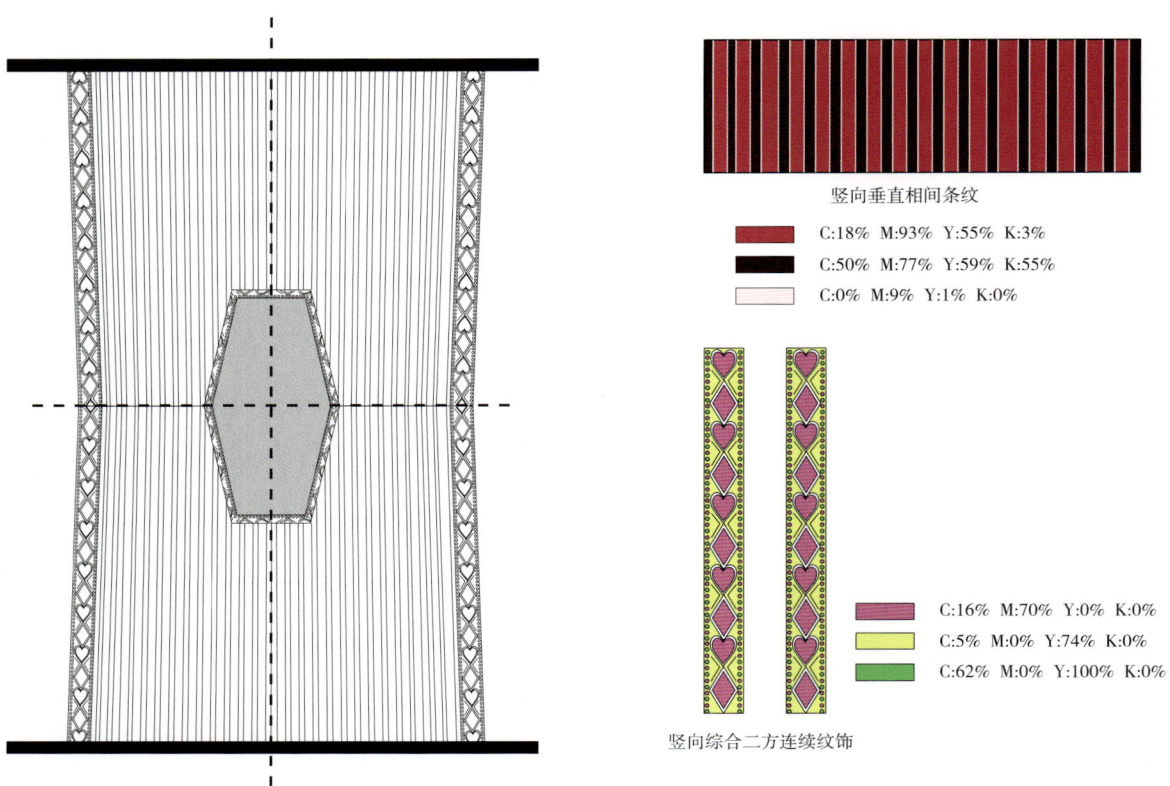

图四 墨脱门巴族女式条纹大褂"郭修"纹饰分析图

图五 墨脱门巴族女式条纹大褂"郭修"男女穿着情境图

妇女在纺线

纺织成布

图六 墨脱门巴族条纹大褂布料制作示意图

图七 墨脱村穿"郭修"劳作的门巴族女子图

门隅门巴族"巴尔霞"帽饰

图一　门隅门巴族"巴尔霞"帽饰主图

在门巴族人聚居的门隅地区，族人所戴帽饰别具特色，外形上不分男女，只是叫法不一。男式的称为"巴尔霞"，女式则称为"色尔霞"，但两者的质料、形制均相同。本案例的"巴尔霞"是根据门巴族视频资料绘制的。帽子长约 20 厘米，高约 12 厘米，翻沿高约 6 厘米。

"巴尔霞"帽子顶部用黑色或褐色氆氇制作，帽围则多为红色或绛紫色氆氇，翻沿以红色、金黄色、橘黄色羊毛驼绒为多，包蓝色绸布边。不同色调的氆氇布料是用当地出产的一种特殊的草根染料染成的，鲜艳夺目。翻沿处留有一"V"形或方形小缺口，男子戴帽时缺口在前额略偏右眼的上方，女子戴帽时缺口偏右脑后。帽饰整体形态及帽围留有缺口的设计，据说是模仿莲花生大师的法冠而制作的，寓意富贵、吉祥。"巴尔霞"的制作包括几个步骤：将黑色氆氇布料剪出等腰三角形，沿中轴旋转围合成圆锥形，并将接缝处用线缝合形成帽顶。将绛红色氆氇布料剪成横向矩形，并剪出缺口，围合后接在圆锥形黑色帽顶下边沿。连接处用线缝合，用蓝色绸布镶边。将缝合好的帽体下边沿沿着缺口上沿所在中线向上折叠，向上折叠部分的内里镶红色山羊绒布料。其制作过程并不十分复杂，这是由其使用的材料以及简洁的外形所决定的。

"巴尔霞"是门隅门巴族居民最为典型的、具有民族和地方特色的传统帽饰。从其制作材料看，氆氇是门巴族居民普遍使用且物理性能良好的保暖材料，藏区畜牧业的发达使得藏区各地的氆氇源源不断，各民族间物质、文化的频繁交流为氆氇在藏区的传播使用奠定了基础；从其形式及制作工艺看，简洁、美观的外形以及制作过程的简单化使得每个家庭甚至每个成人都可制作，这为其长期使用和流传创造了条件；另有一点是，其外形设计有宗教性质的吉祥寓意，这也成为门巴族居民在"巴尔霞"帽饰上的信仰体现和精神寄托。

图片来源

图一至图七　单芳霞　制图
图八　多布杰　摄影

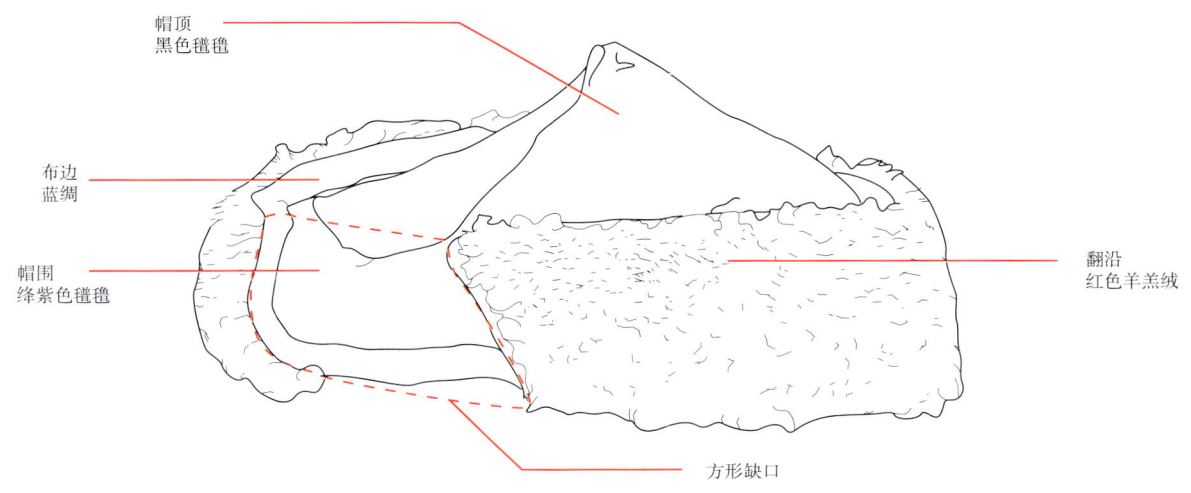

图二　门隅门巴族"巴尔霞"帽饰结构图

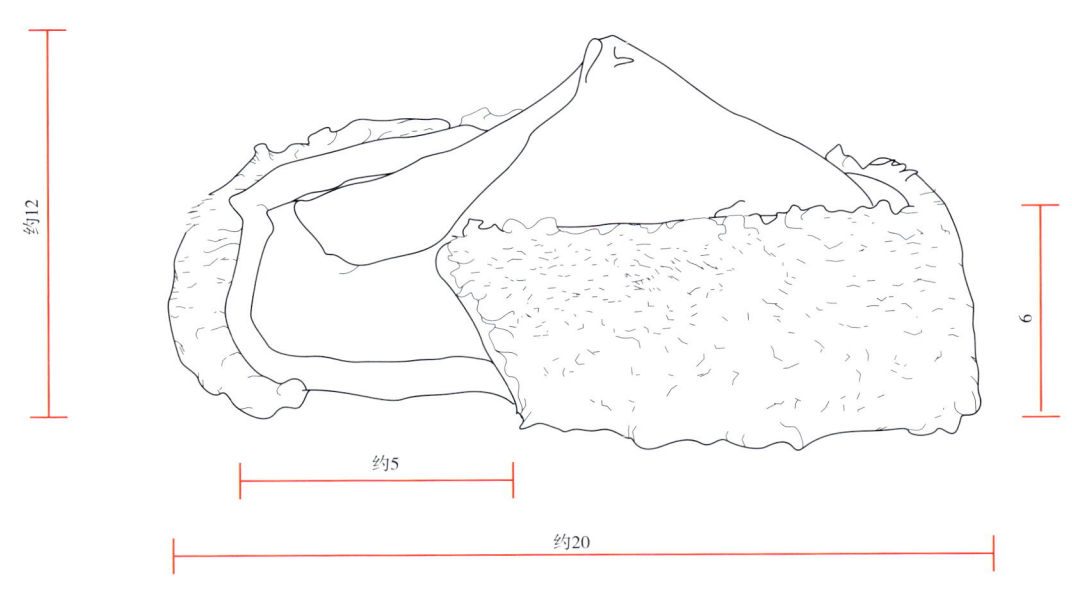

图三　门隅门巴族"巴尔霞"帽饰尺寸图（单位：cm）

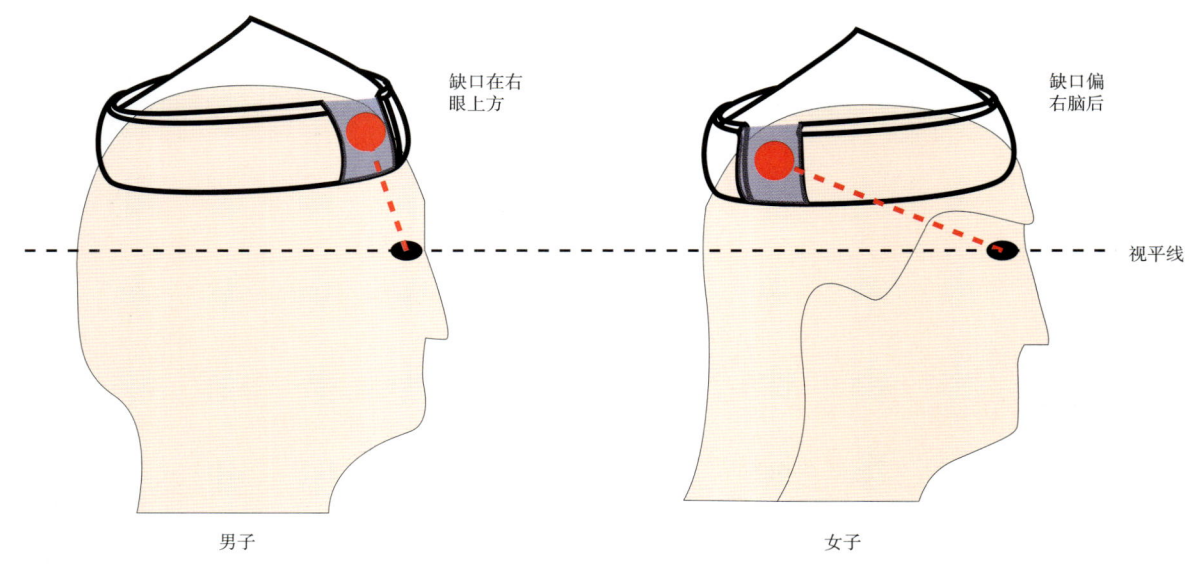

图四　门隅门巴族"巴尔霞"帽檐缺口位置分析图

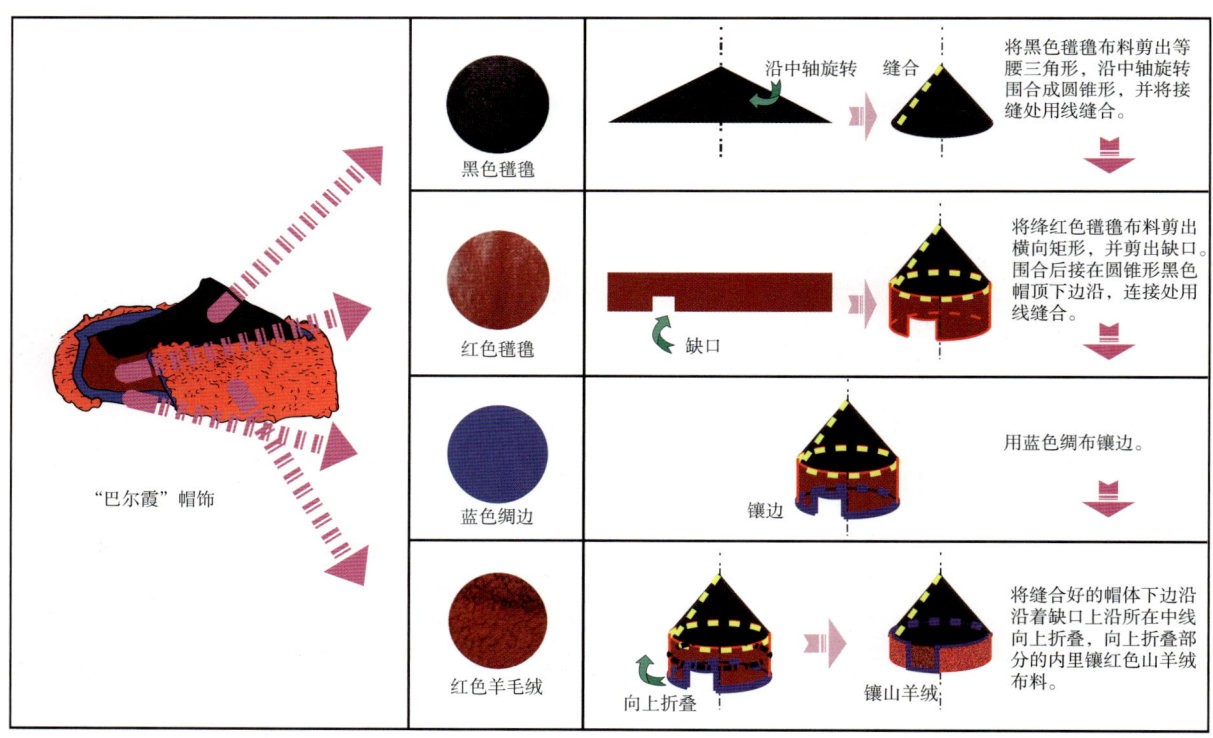

图五　门隅门巴族"巴尔霞"帽饰材料及制作分析图

图六　门隅门巴族"巴尔霞"帽饰佩戴情境图

图七　门隅门巴族妇女盘发于帽顶图

图八　门巴族图腾（拍摄于2008年北京中华世纪坛春节庙会展厅墙）

第二章　门巴族传统服饰

047

错那门巴族小牛皮"巴布"背饰

图一　错那门巴族小牛皮"巴布"背饰主图

错那门巴族妇女装束别致,她们不分老少,除了在氆氇长袍外围一块白色氆氇制作的围裙外,背部袍服外还要披一张较为完整的小牛犊皮(门巴人称为"巴布"),以此为美饰。吉庆节日或访亲会友,都要披一张新牛皮作盛装。此种装束,虽有唐代文成公主进藏时披戴以避妖邪之说,但实际上,妇女披牛皮的习俗,是与她们在日常生产、生活中担负繁重的体力劳动分不开的。本案例中的小牛皮"巴布"背饰采自林芝县八一镇尼洋阁博物馆,长度基本从人体肩部到膝盖位置,约120厘米左右。

错那门巴族妇女在农业生产劳动中均要披上整块小牛皮,毛朝内紧贴外袍,皮板朝外,且牛皮颈部朝上,尾部朝下,略做加工后四肢皮伸向两侧四个对角处。从功能来看,背上披着牛皮"巴布",背柴背米既可避免磨损衣服以护身,又可防潮保暖,还可休息时作为临时坐垫使用。这种牛皮一般取自长到一个月之后被宰杀的小公牛,以及有病不健康的母牛。其制作方式是将已杀小牛的腹部中线位置剖开,去除内脏，剥下整张皮，四肢部分则各自沿其中线切开。剥下的整张牛犊皮，还需用刮刀等工具去除油脂，而后晾晒风干。使用之前还要在肩部及腰部适当位置缝上绑绳，以便使用时固定。

错那县的牧业虽不似游牧民族那般发达，但供应人数较少的门巴族人吃穿却是绰绰有余。同时，错那县位于海拔较高的山地，气候变化较大，妇女从事农业生产及日常劳动的强度极大。任何一个设计物品的价值得以体现的条件是它能够满足使用者某种程度功能性的、便捷的、舒适的需求，并在此过程中实现其价值的最大化。本案例中的小牛皮"巴布"背饰具备了耐磨保暖、携带便利、取材方便、制作简单等诸多功能性优点，符合当地妇女的日常需要。

图片来源

图一　多布杰　摄影
图二至图五　单芳霞　制图

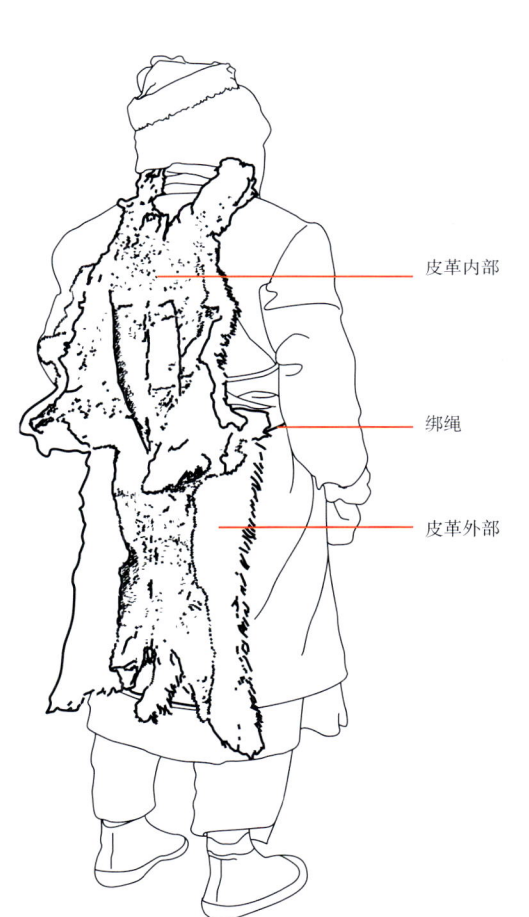

图二　错那门巴族小牛皮"巴布"背饰结构图

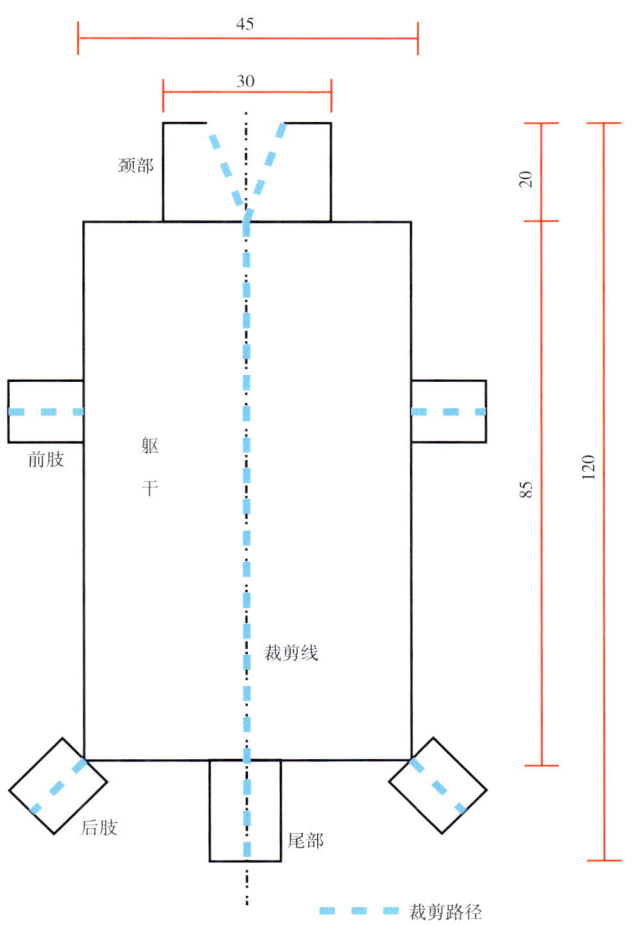

图三　错那门巴族小牛皮"巴布"背饰尺寸图（单位：cm）

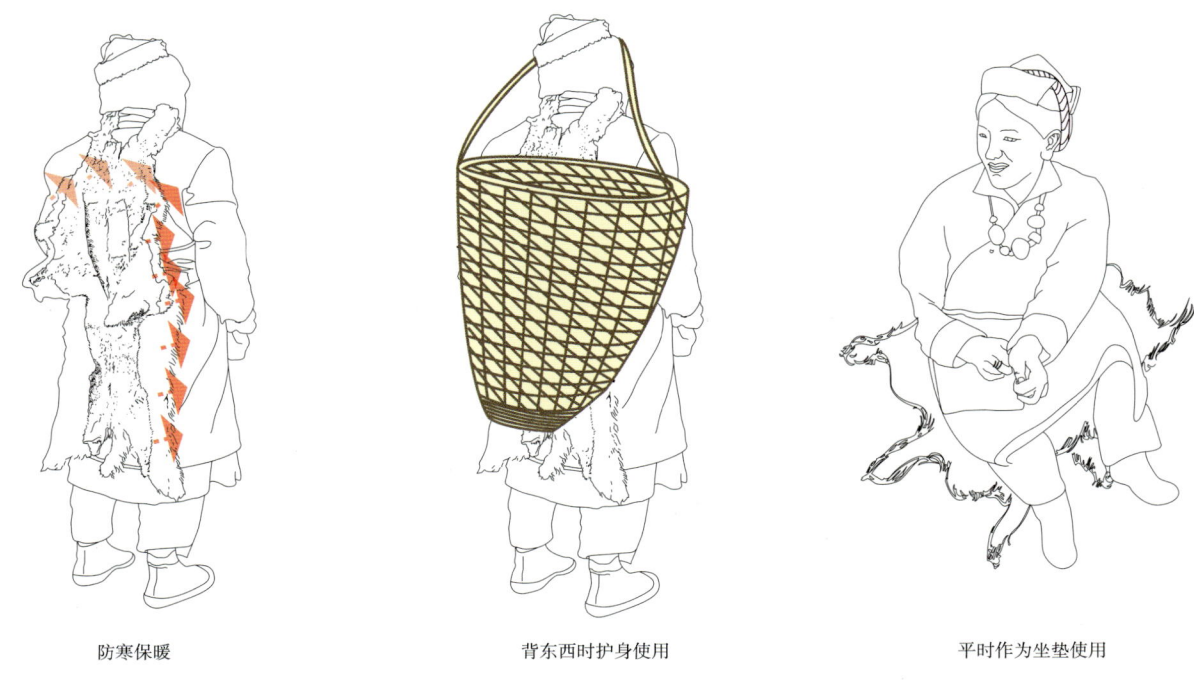

防寒保暖　　　　　　　　　　背东西时护身使用　　　　　　　平时作为坐垫使用

图四　错那门巴族小牛皮"巴布"背饰功能图

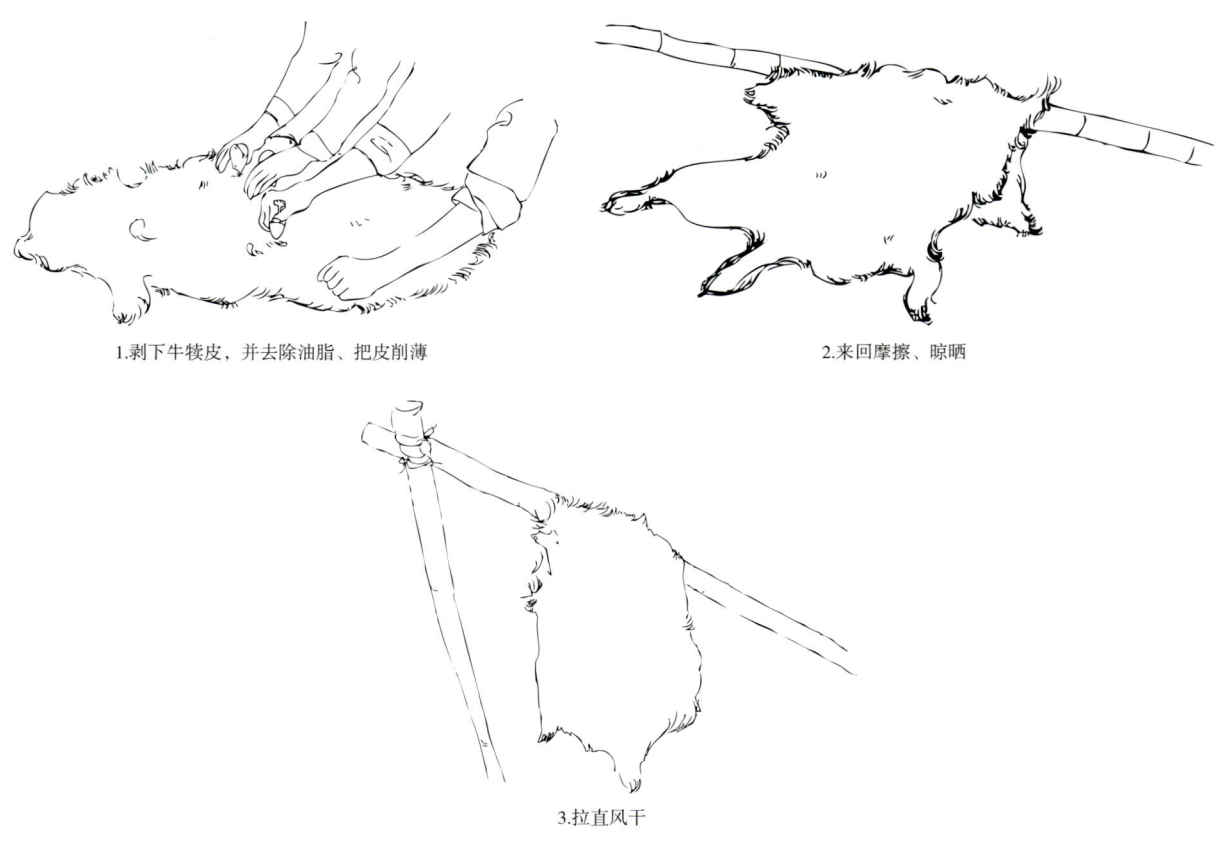

1.剥下牛犊皮，并去除油脂、把皮削薄　　　　2.来回摩擦、晾晒

3.拉直风干

图五　错那门巴族小牛皮"巴布"背饰制作步骤图

门巴族毡靴

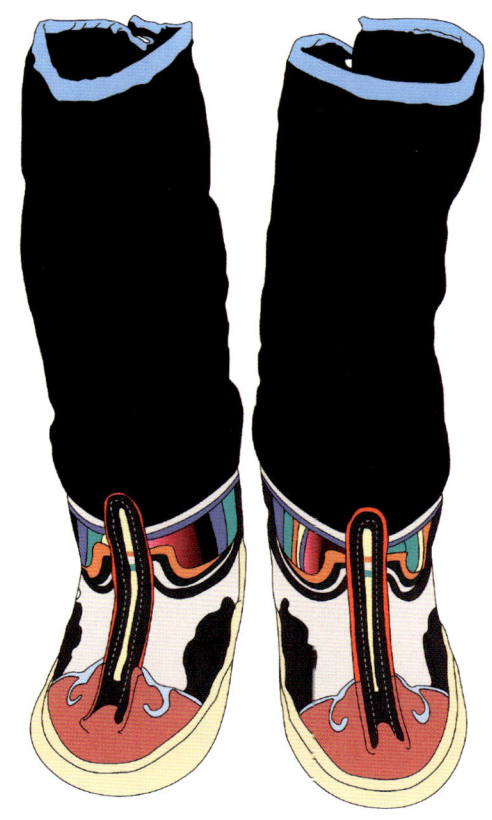

图一　门巴族毡靴主图

　　毡靴是生活在山地的门巴族人不可或缺的生活必需品。门巴族男女大都不穿袜子，只穿红黑两色氆氇搭配缝制的牛皮软底花长筒靴（门巴语称为"烂"）。靴底用牛皮制成，靴内垫草。门巴族毡靴和藏族毡靴形制基本相似，靴底是由粗棉线将三层生牛皮纳制而成的。靴筒为黑色氆氇，靴筒较小，腿肚以下缠扎一条以羊毛绒编织的长约65厘米、宽约15厘米的花带。本案例毡靴是根据门巴族人毡靴样式进行绘制的，靴底与靴帮相接处用红、黄、蓝、绿等几种色彩的棉线绣出简洁的图案，富有极强的层次感。

　　该毡靴整体高度约50厘米，靴筒高约35厘米，高度至膝下，宽约9厘米；靴筒外侧留有的"V"字形缺口长约15厘米，缺口达沿用布绲边。由于靴筒设计得相对较窄，靴筒顶部的缺口设计显得尤为重要，便于使用者穿、脱。穿上毡靴之后，缺口处还要用长条绑带进行缠绕捆绑，加强其牢固性。这种靴子用较厚的牛皮作底，底和面用牛羊皮条或筋线缝合。该毡靴的主要色调以黑色为主：黑色靴筒、浅黄色靴底、浅色靴面，并有不同色调的小面积色块作为点缀。单只毡靴以靴面中部口门处的起梗为中轴左右对称。靴面前端、两侧还以简洁花纹作为装饰，整体精致美观、实用合理，适应门巴族人在特殊的自然条件下生产、生活的需要，因而广受喜爱。

门巴族人在从事农业、采集、狩猎、畜牧等活动时，劳动强度较大，这就需要其生产、生活用品能够为这种高强度的劳动提供支撑。门巴族毡靴的材料以牛皮及氆氇为主，这两类材质最大的特点便是结实耐磨，同时又防水防潮。在满足其实用功能的基础上，智慧的门巴族人借鉴藏族靴式，结合本民族喜好，对其美观性、舒适性进行进一步的加工、改造，形成目前我们所见的毡靴成品。由此，从设计学角度看也不难发现，门巴族毡靴是实用与美观有效结合的优秀设计物品，值得当代设计师有效借鉴与参考。

图片来源
图一至图六　单芳霞　制图

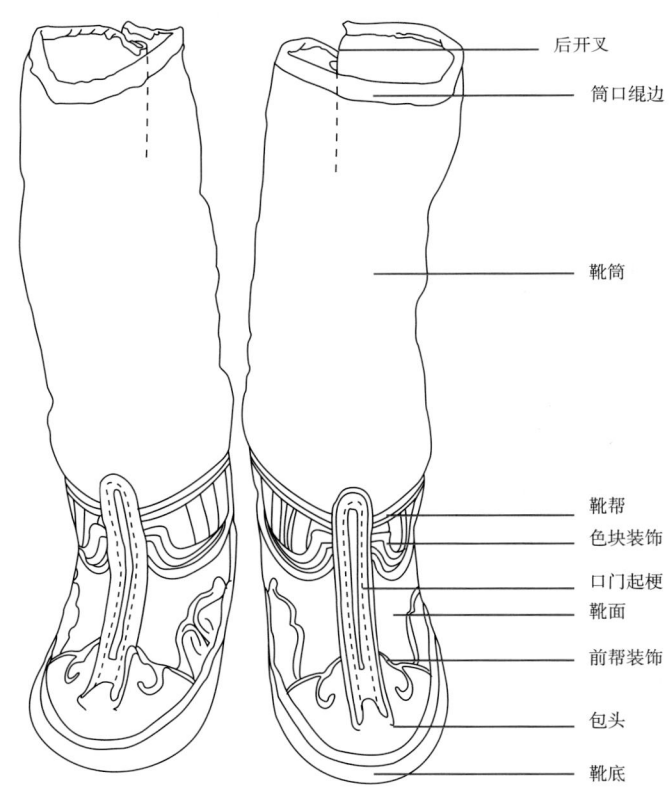

图二　门巴族毡靴结构图

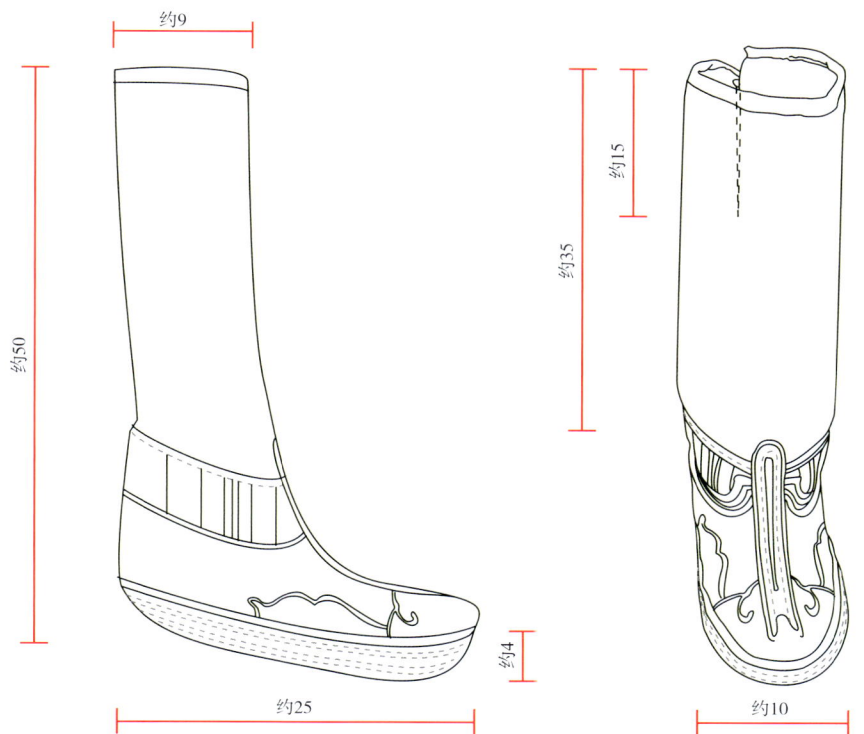

图三　门巴族毡靴尺寸图（单位：cm）

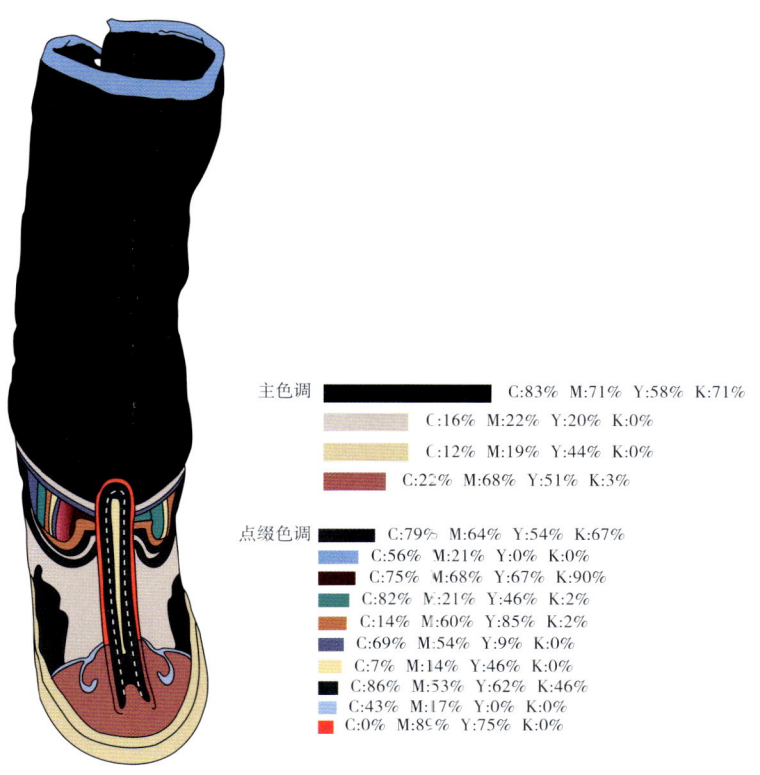

图四　门巴族毡靴色彩分析图

第二章　门巴族传统服饰

053

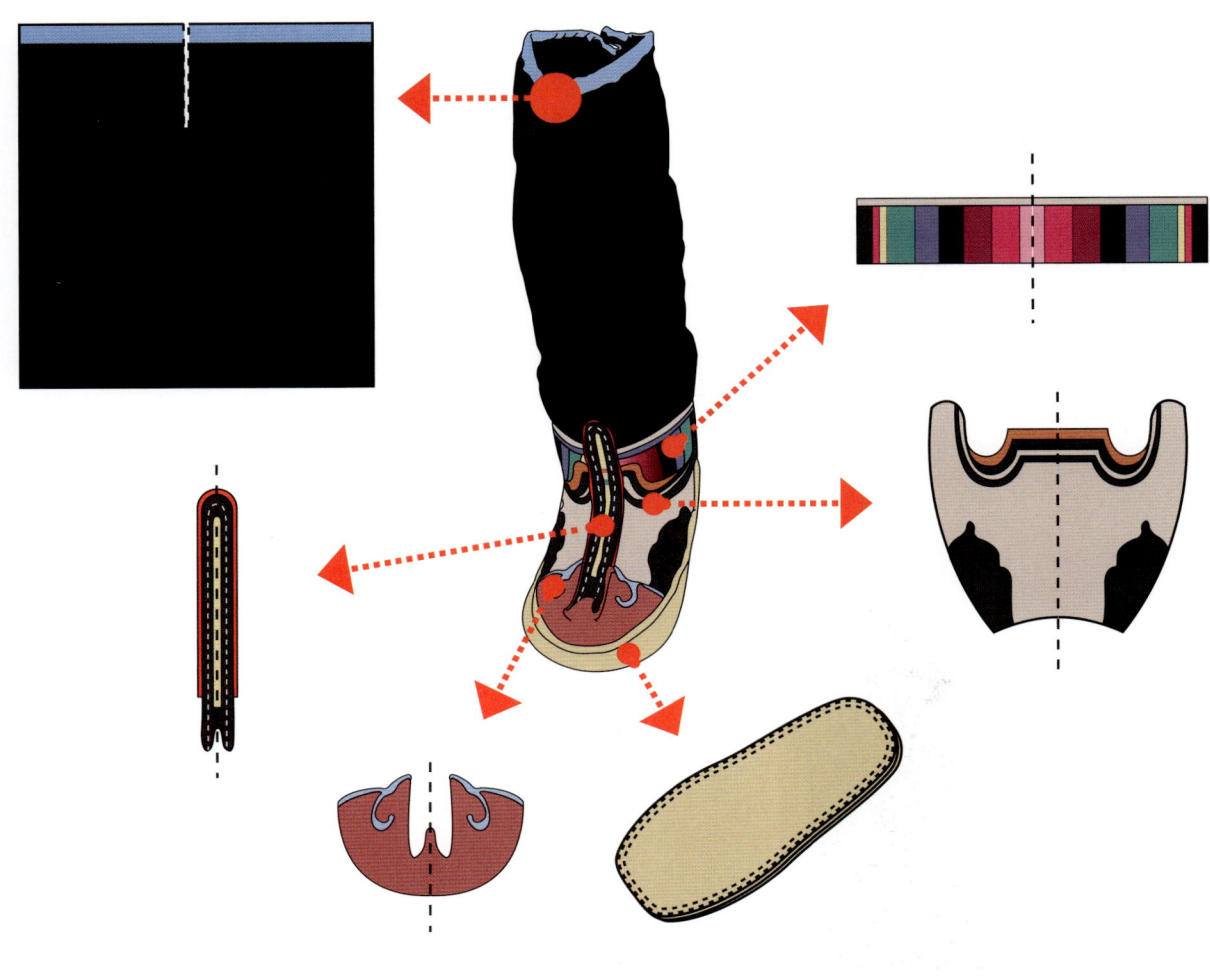

图五　门巴族毡靴解析图

图六　门巴族毡靴穿着情境图

门巴族首饰"嘎乌"与项链

图一　门巴族首饰"嘎乌"与项链主图

与其他少数民族类似，门巴族的男女装饰品同样丰富多彩，别具特色。"嘎乌"原是藏传佛教的一种宗教用品，由佛盒演变而来，有护身保平安之意。一般由金、银、铜等不同质地的金属制作而成。"嘎乌"内通常会装有佛经、佛画或活佛照片，如同护身符般随身携带，以期能护身避邪。本案例"嘎乌"是门巴族妇女佩戴在胸前的装饰品，也是项饰的主要形态。"嘎乌"的规格大小不一，厚薄各异，佩戴时可与串珠分开串戴，其形态对称，左右两侧配有玛瑙材质的串珠各两颗，用皮绳与法轮进行串联，法轮两侧各有一个。错那地区半月形和圆形的"嘎乌"较为常见。而墨脱一带的"嘎乌"则多呈八角形、四方形，表面镶嵌有各色宝石。每颗宝石又根据需要切割成花瓣、叶片等形状，且打磨得十分精致。

除制作精美、大小不一的宗教饰品"嘎乌"外，门巴族人还喜欢佩戴五颜六色的串珠，串珠由形状各异、体量相似、不同色彩的珊瑚、玛瑙、松石、蜜蜡等串联而成。妇女佩戴时少则两三串，多则十几串，用20至40多颗珠子串成。与项链配套的其他饰品还包括：银质、铜质、藤制手镯、耳环、耳坠和戒指等。妇女的耳环门巴语称为"珠鲁顿"，是使用绿线串起来的红色珠子，线要垂到珠子的下面，垂线的末端剪成线束状。

门巴族人项上佩戴"嘎乌"，是受到藏传佛教的影响，而其他诸如多色串珠、耳坠、手镯、戒指等则表现出门巴族人对美的追求，两者相互搭配，便形成了门巴族典型的饰品搭配形式。

图片来源
图一至图八　单芳霞　制图

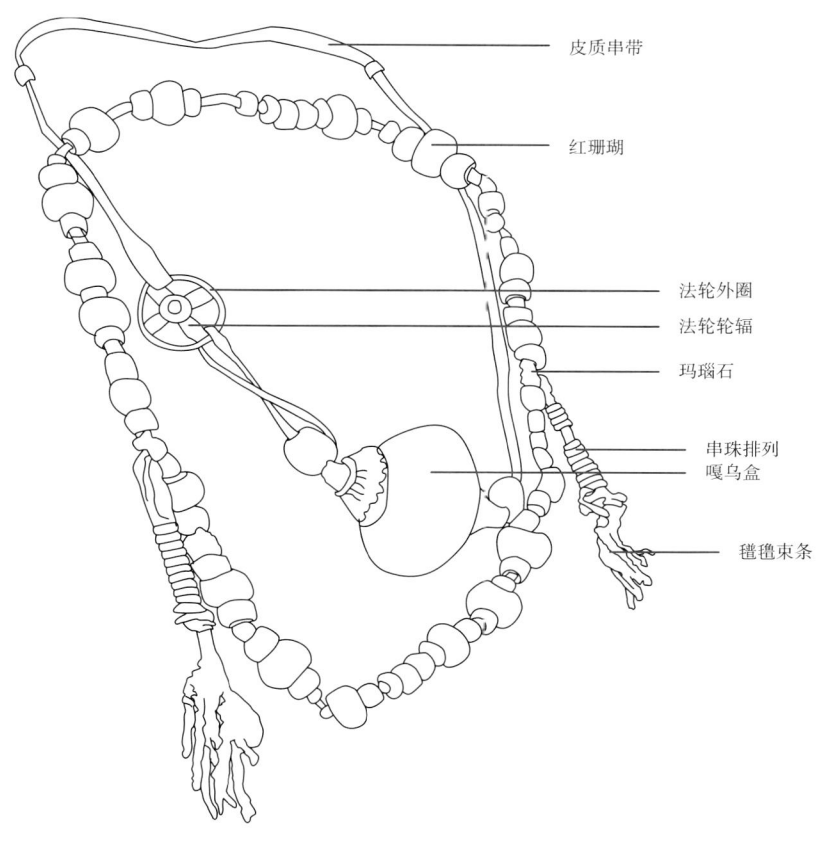

图二　门巴族首饰"嘎乌"与项链结构图

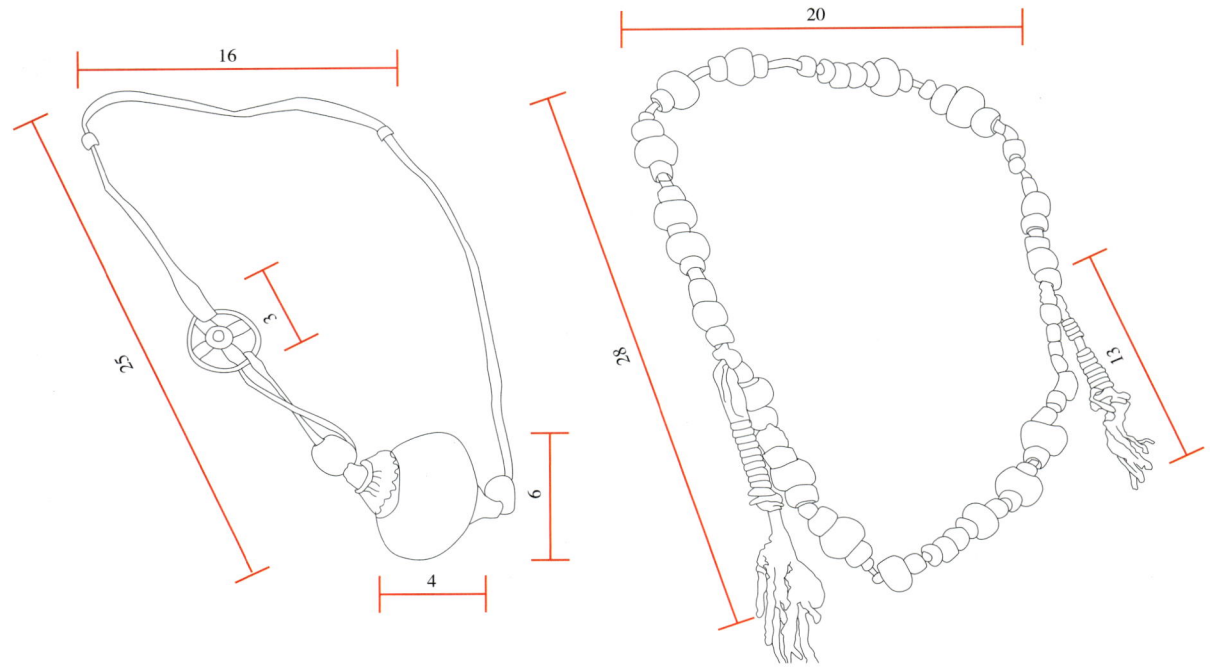

图三　门巴族首饰"嘎乌"与项链尺寸图（单位：cm）

错那门巴族妇女首饰佩戴　　　　　　　　墨脱门巴族妇女首饰佩戴

图四　门巴族妇女首饰佩戴图

图五 门巴族首饰"嘎乌"与项链佩戴示意图

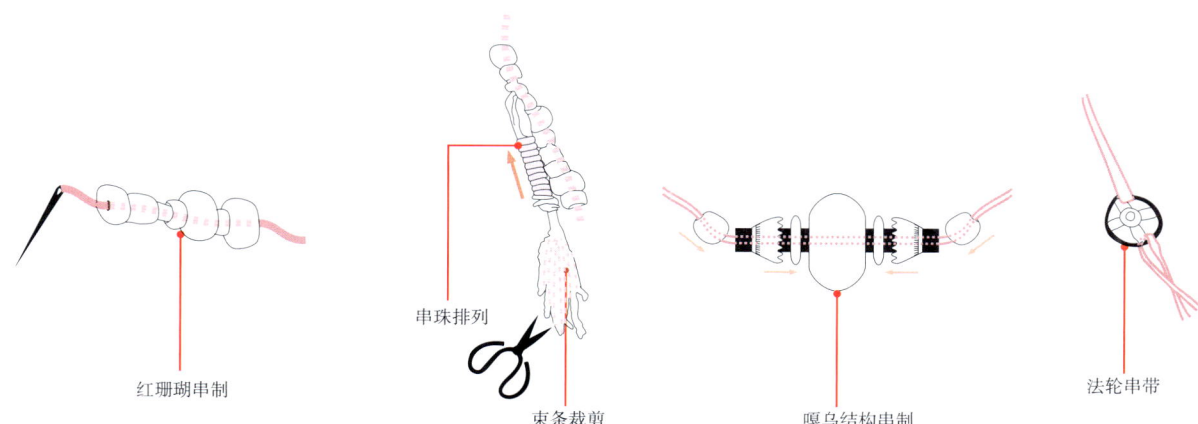

红珊瑚串制　　串珠排列　　束条裁剪　　嘎乌结构串制　　法轮串带

图六 门巴族首饰"嘎乌"与项链制作工艺图

第二章 门巴族传统服饰

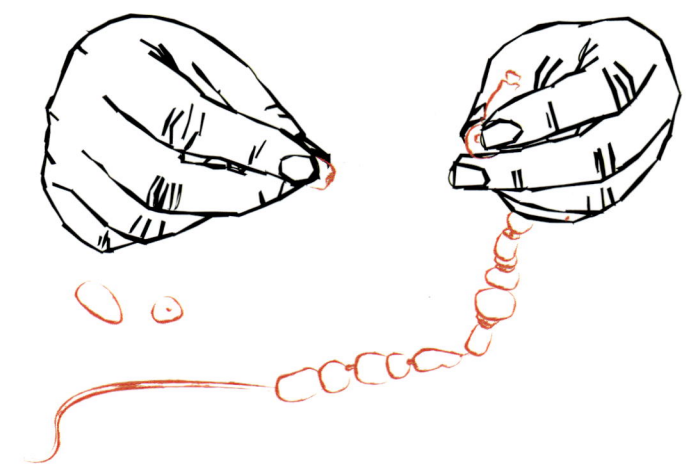

图七　门巴族串珠氛围图

图八　门巴族不同类型的项饰图

第三章 门巴族传统餐饮

门巴族石烙荞麦饼

图一　门巴族石烙荞麦饼主图

石烙荞麦饼，顾名思义是在石板上烙制的荞麦饼，是门巴族人最喜爱的传统食物之一。门巴族人种植荞麦，待其成熟收获后，磨制成荞麦面，以备食用。

荞麦饼在门巴语中称"库儿古"。门巴族人制作荞麦饼的方法颇具特点，首先表现在工具上，荞麦饼是在一种叫作"郭朗"的圆石板上做成的。这种圆石板使用薄石片加工而成，直径一般在65厘米左右。"郭朗"下面以"勒唐"支撑，"勒唐"是一种放在火塘中支锅的铁三脚架，其接触锅底的部分由直径不同的圆圈组成，以放置大小不同的锅。其次表现在配料上，门巴族人制作荞麦饼不用油，而是用野蜂蜜。野蜂将巢搭在陡峭的岩壁上，体积较大，野蜂蜜非常难以采集，所以现在也经常用酥油代替。荞麦饼的制作过程如下：先将成熟的荞麦米使用棍棒在竹席上敲打脱粒，然后用石磨或杵臼研磨成面，加水调成糊状备用。在事先加热的圆石板上抹上野蜂蜜，将面糊均匀地摊在圆石板上，用小火烙好一面之后，翻烙另外一面，待两面都烙熟后盛在竹筐内。烙好的荞麦面饼清香扑鼻,酥软可口,吃的时候抹上奶渣、盐水等便可。门巴族人最喜爱、最正宗的吃法是蘸辣椒水吃。

石烙荞麦饼味道鲜美,且营养丰富,很受门巴族人的喜爱,尤其是在门隅北部的勒布、邦兴一带,石烙荞麦饼更是当地门巴族人重要的主食之一。

图片来源
图一、图二、图六　多布杰　摄影
图三　购自微图网　刘庚军　摄影
图四、图五　刘艺　制图

图二　门巴族制作荞麦饼的用具图

图三　门巴族荞麦籽图

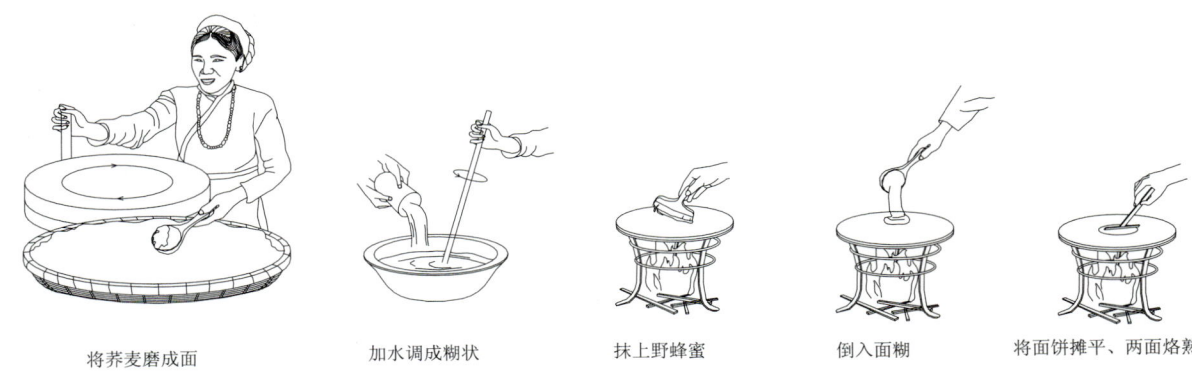

| 将荞麦磨成面 | 加水调成糊状 | 抹上野蜂蜜 | 倒入面糊 | 将面饼摊平、两面烙熟 |

图四　门巴族石烙荞麦饼制作流程图

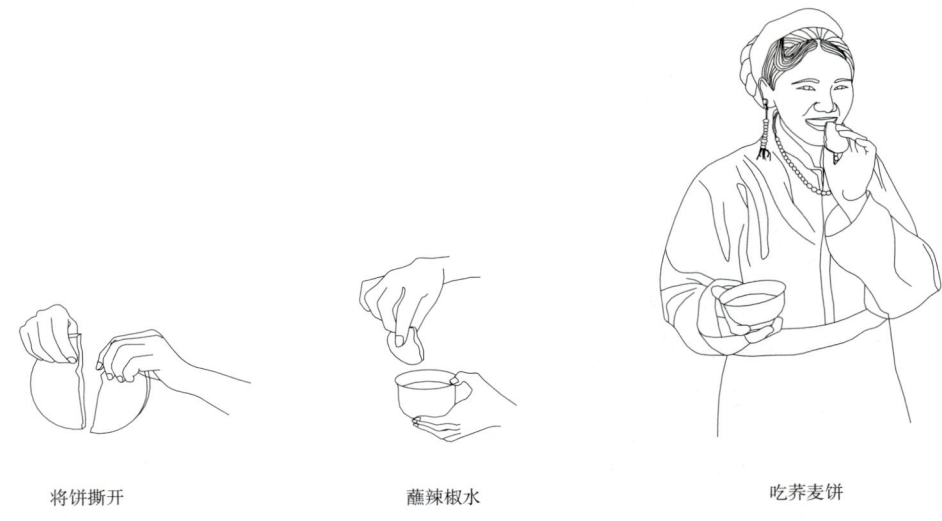

| 将饼撕开 | 蘸辣椒水 | 吃荞麦饼 |

图五　门巴族石烙荞麦饼食用示意图

图六　门巴族传统砸辣椒的石器图

门巴族鸡爪谷黏坨

图一　门巴族鸡爪谷黏坨主图

鸡爪谷（门巴语称"曼加"）是西藏地区特有的一种农作物，它的谷穗成熟后呈指状排列于茎顶，常作弓状弯曲，形似鸡爪，故俗称鸡爪谷，亦称龙爪稷、龙爪粟等。鸡爪谷喜肥耐水，其种植区域多分布在环境暖湿之地，门巴族人聚居的错那、墨脱和珞瑜地区盛产鸡爪谷，并把鸡爪谷加工成食品作为主食。本案例即采自墨脱县墨脱村。

鸡爪谷种子呈珠形，谷穗成长初期为黄绿色，成熟后变为红褐色。根据种植时间可分为早曼加和晚曼加。早曼加于藏历二月下旬播种、四月中旬插秧、八月底收获；晚曼加于藏历四月播种、六月上旬插秧、九月中旬收获。早曼加成熟时穗部各个分支（"爪"）卷曲度较大，彼此排列紧密，且籽粒较大（约0.18厘米）、颖壳较短。晚曼加成熟时穗部分枝直立，彼此排列疏松，且籽粒较小（约0.1厘米）、颖壳较长。鸡爪谷的食用方法主要有两种：一种是制作"贡波比"，即鸡爪谷黏坨；一种是酿造鸡爪谷酒。制作鸡爪谷黏坨，先将鸡爪谷用木制的杵臼将谷子舂去皮壳、晒干、炒熟后磨成面粉，放入锅中煮至黏稠时捞出，反复搅拌成面团，再用水煮熟后食用。煮熟的鸡爪谷黏坨呈块状黑团，与我们常见的窝头相似。门巴族人直接手抓食用，并搭配辣椒以调味。也可直接将面粉撒入烧开的水中，边撒边搅，搅成黏坨之后便可以食用了。鸡爪谷也是酿酒的优质原料，可以单独用鸡爪谷酿造鸡爪谷酒，也可以和玉米、棕心树粉一起酿造甜酒。

近些年，门巴族所在地区逐渐引进了水稻种植，人们的主食结构也发生了一些变化，鸡爪谷逐渐被稻米所代替，主要用于酿酒。

图片来源
图一、图二　多布杰　摄影
图三、图四、图五　刘艺　制图

图二　门巴族鸡爪谷农田图

图三　门巴族鸡爪谷粒图

脱粒　　　　　　　　　　　　磨成细粉

稍煮一下　　　　　揉成面团　　　　　煮熟

图四　门巴族鸡爪谷黏坨制作流程图

蘸辣椒水

吃鸡爪谷黏坨

图五　门巴族鸡爪谷黏坨食用示意图

门巴族青稞酒

图一　门巴族青稞酒主图

　　青稞酒是门巴族的传统民间饮料，使用青稞酿制而成。门巴族人酿制青稞酒，全凭经验累积，譬如多少青稞需要加多少酒曲，酒曲的有效成分有多少，发酵时间长短，等等。因此，各家酿制的青稞酒味道均不相同。

　　门巴族酿制青稞酒的方法与其他酒类似：将青稞中的石粒、沙土拣出，洗净后放入一口大锅内加水煮。加水的时候以多于所煮青稞容积的 2/3 为宜。火势也要控制好，煮青稞时需边煮边搅动，防止锅底的青稞烧糊。等到青稞煮到七八成熟（手捏青稞，视其软硬程度而定）即可，将锅从灶台上抬下，放在一边冷却。待青稞尚温热时捞出倒入一宽大的容器内，撒上酒曲拌匀。随后将拌入酒曲的青稞放入一口大锅内，盖上盖子和棉被，放在火塘边等温暖处令青稞发酵。发酵时间视气候及室内温度、保暖情况而定，一般三至五天即可。将发酵好并冷却后的青稞盛入底部有洞的竹筒中加冷水过滤，之后便可饮用。如果要保存一段时间，则需要封好竹筒口以及滤嘴。埋藏了几年的陈酿青稞酒，呈蜜状，饮之味浓，香气袭人。

　　青稞酒是门巴族家庭必备的饮品。青稞生长于高原地区，具有耐高寒、耐霜冻、耐干旱、适应性强的特点，研究表明青稞酒有降低血脂、调节血糖、提高免疫力等功效。另外，青稞酒酒精含量较少，适当饮用青稞酒能起到一定的强身健体作用。

图片来源

图一　孙琨　摄影
图二　购自微图网　路遥　摄影
图三　耿志勇　摄影
图四　购自Fotoe网　俄国庆　摄影
图五、图七　刘艺　制图
图六　多布杰　摄影

图二　门巴族晒青稞图

图三　门巴族干青稞籽粒图

图四　门巴族收割青稞图

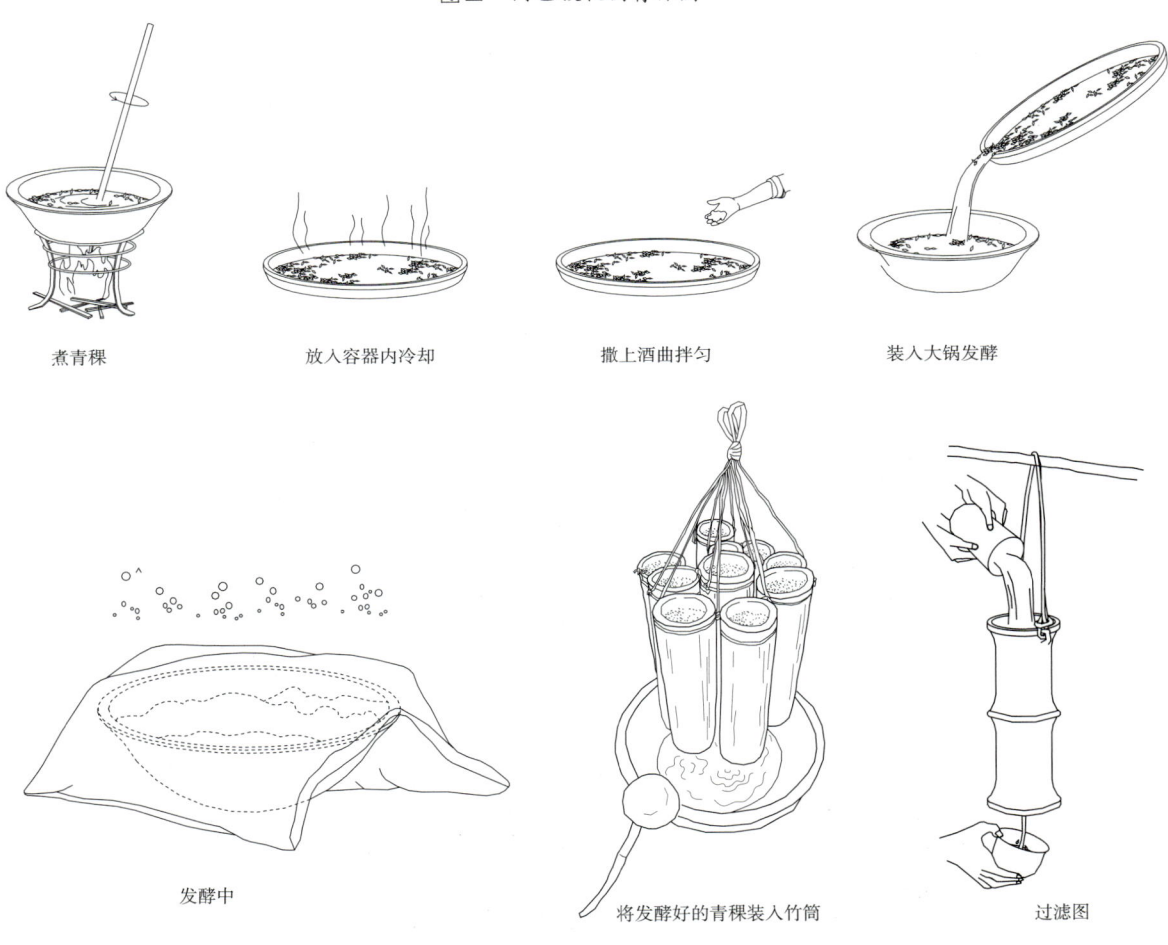

煮青稞　　　　放入容器内冷却　　　　撒上酒曲拌匀　　　　装入大锅发酵

发酵中　　　　　将发酵好的青稞装入竹筒　　　　过滤图

图五　门巴族青稞酒酿造过程图

图六 门巴族用来盛酒的器具——琼图

图七 门巴族人青稞酒饮用情境图

第三章 门巴族传统餐饮

门巴族酥油茶

图一　门巴族酥油茶主图

门巴族人居住的门隅及珞瑜地区多为半农半牧式生产，山顶平坝之地常饲养牛羊，因此，门巴族人与藏族人一样，都将酥油茶视为上佳饮品。

制作酥油茶的原料为牛奶和砖茶。牛奶主要采用母牦牛和母犏牛的奶，将其制成酥油，平均四五头奶牛一天的产奶量可提炼一斤酥油。砖茶既有从藏区交换商品时换来的汉地砖茶，也有自产的门隅砖茶。打制酥油茶必须先准备好酥油和浓茶。酥油的提取方法是：先将牛奶挤出后冷却。冷却的方法有两种：一种是将牛奶装入山羊皮袋中，放入冷水中浸泡冷却；一种是直接倒入奶桶中冷却。接着将奶倒入铜锅中加热到一定的温度，奶温过低或过高，产油量都会变少。牛奶加热后倒入酥油桶中，上下提打搅拌，打至搅棍上粘上酥油，即可分离出油脂。酥油打好后抽出搅棍，用手将半流质油脂捞出捏成扁圆形或者方形，放入冷水中冷却，油脂便会凝固，形成酥油。提取出酥油之后的奶也不会浪费，门巴族人把它制作成奶渣，待闲暇之时食用。浓茶准备起来比较方便，将砖茶加入少许水煮熟即可。酥油和浓茶都准备好之后就可以打制酥油茶了：将热开水、浓茶倒入专门的酥油茶筒中，加入酥油和盐，用一根前端带有木塞的木棍用力上下抽动，使酥油、盐充分融入茶水之中，如此，香气四溢的酥油茶便制作完成了。

墨脱地区主要以农耕为主，畜牧业不发达，酥油产量少，加之气温较高，酥油不易保存，因此，墨脱门巴族人主要从藏区购买酥油以制作酥油茶。而酥油缺乏时，他们便以清茶、清油茶或者猪油茶来代替酥油茶。

图片来源
图一　购自微图网　小碎娃　摄影
图二　购自Fotoe网　王艺忠　摄影
图三　多布杰　摄影
图四、图五　刘艺　制图

图二　门巴族酥油茶之茶砖图

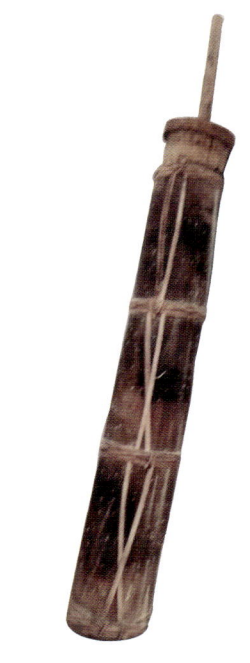

图三　门巴族制作酥油茶之酥油茶筒图

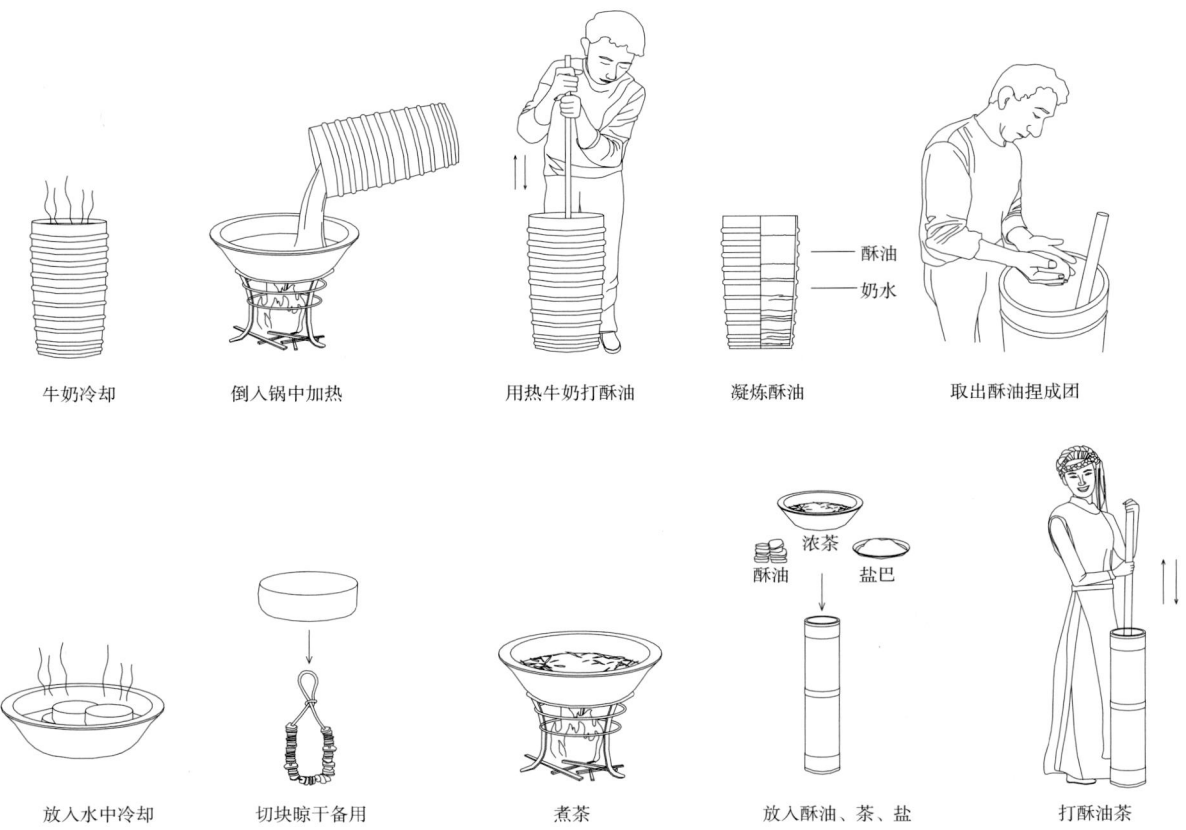

图四　门巴族酥油茶制作流程图

图五　门巴族人酥油茶饮用情境图

第四章 门巴族传统生活用具

门巴族木碗

图一　门巴族木碗主图

门巴族分布区域林木资源丰富，木作器具种类繁多。木碗便是较具代表性的木制生活器具之一，也是门巴族人惯用的饮食器具。门隅北侧的麻玛村，则有"木碗之乡"的美誉。

木碗以橘红色为主色调，造型多样，明亮华丽。小型木碗形态小巧，口径五六厘米，口沿外翻，底座内收；中型木碗较为常见，口径十多厘米，碗壁外展，碗底圆平；大型木碗体积大而轻，类似罐子，有盖和卷槽。木碗为圆形、曲线组合结构，线条优美、流畅，富有动态感。门巴族木碗形式多样，有的器壁较薄，精致、秀巧、美观；有的器型厚重显得古朴浑厚。木碗制作是门巴族的传统手工艺。原材料要求质地坚硬、纹路细密的硬木材料。根据质料和做工的不同，木碗可分为三种：上等木碗（门巴语称"杂木雅"），木纹清晰，木质细密坚硬，但原材料不易获取，产量甚少，价格昂贵；中等木碗（门巴语称"果拉"），花纹、质地较好，产量不高，价格一般；普通木碗（门巴语称"索果尔"），原材料丰富，制作相对简单，是门巴族最为常见的木碗。木碗的制作工序根据其精细程度，要经过多道工序：首先是选材并对原料初加工，将树根砍成球状毛坯，经高温水煮后再晒干，以使木质不再变形，木纹肌理清晰；然后切削定形，分粗削和精削两次进行，先粗削出外部轮廓，定出基本形状，再进行细致加工，保证木碗通体光滑、均匀。精削影响到碗的质量和外观，是至关重要的步骤。最后是对木碗磨光打亮，再上漆，以使花纹更加明显，色泽鲜艳，上等木碗还需加以银皮装饰。

门巴族木碗选料考究，做工精巧别致，器壁厚薄均匀，造型美观，纹路清晰。由于木碗的社会需求量大，制作技术高、难度大，木碗制作已从农业中分离出来，成为独立的手工艺。

图片来源
图一、图二、图五　陶琨　李绮雯　摄影
图三、图四、图六　巩聪　制图

图二　不同用途的门巴族木碗图

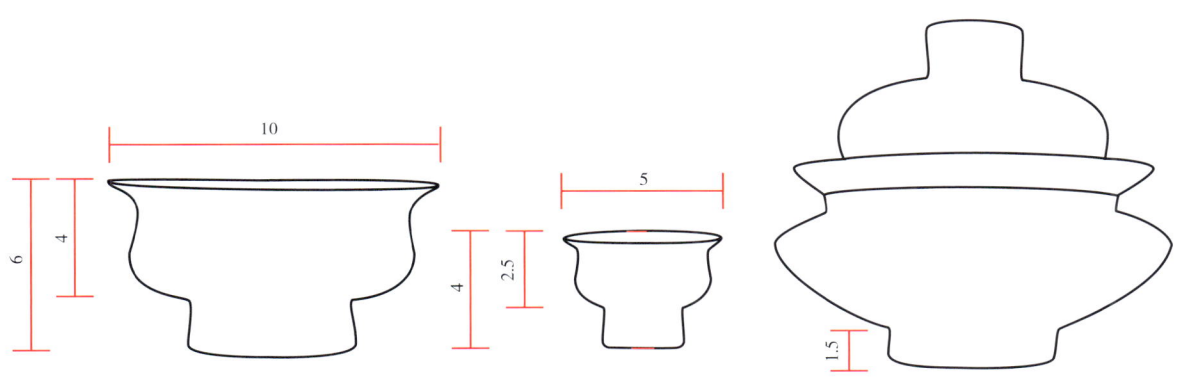

图三　门巴族木碗尺寸图（单位：cm）

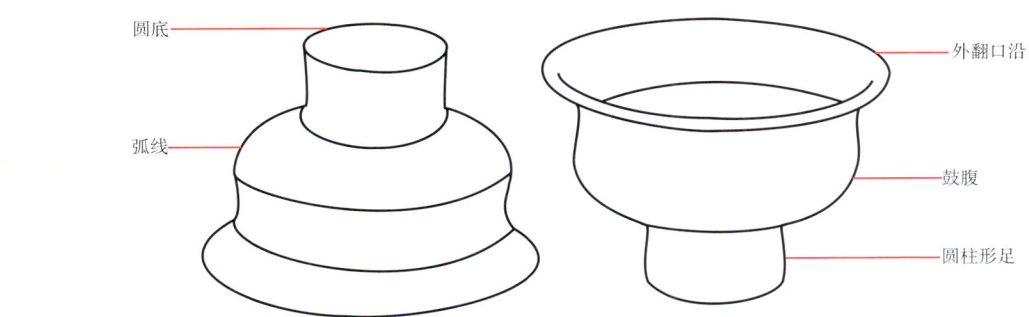

图四　门巴族木碗结构图

原材料

半成品

图五　门巴族木碗加工步骤图

图六　门巴族木碗使用示意图

门巴族石锅

图一　门巴族石锅主图

　　石作工艺是门巴族传统手工艺之一，石作产品包括石锅、石臼、手推石磨、石板、水磨等，其中又以石锅最为典型，也较具有代表性。石锅常用于蒸煮食物，制作石锅之皂石材质，质地绵软，耐高温，且含有多种于人体有益的微量元素。墨脱村产的石锅质量属上乘。墨脱县的石锅制作技艺，成为传统手工类非物质文化遗产。

　　石锅壁薄底厚，根据其用途的不同而形态各异。大型石锅一般带有双耳，便于双手端拿，直径超过30厘米。内部通常以"一"字形或"S"形隔开，或是石锅中再套以直径较小的石锅，以满足不同口味需求。小型石锅直径10厘米左右。石锅的锅体厚度为2~3厘米左右，基本都配有平盖，盖顶雕琢有直径5厘米左右的把手，或是带有弧度的一字形把手，便于使用者执握。石锅的加工过程虽不复杂但耗时耗力：根据开采所得的原料形状，用锤凿修琢成为粗胚，粗胚运回后进行深加工；首先在石胚中心精心地凿成钵形；再用细凿修凿内外壁，最后打磨光滑。用石锅烹饪食物有诸多优点：一是耐高温，传热快，不粘锅，保温性能良好，且营养成分和自然香味不易散失；二是使用石锅烹饪有利于人们补充必需的微量元素，益于饮食健康。

　　随着门巴族石作工艺的逐渐成熟，石锅被制作得又薄又耐用。在门巴族人生活的地区，家家户户火塘上都有石锅，门巴族人使用它做饭炖菜、酿造黄酒和白酒。门巴族人的石作工艺不仅造就了用于日常生活的必备器具，也为周边地域的人们提供了一种有利于身体健康的中国传统炊具，以石锅制作技艺为代表的门巴族传统石作工艺也将继续传承和发展。

图片来源

图一、图三　陶琨、李绮雯　摄影

图二　多布杰　摄影

图四至图六　龚滢　制图

图七　龚滢　牛或男　制图

图二　门巴族家庭中的石锅图

图三　门巴族制作石锅所用工具图

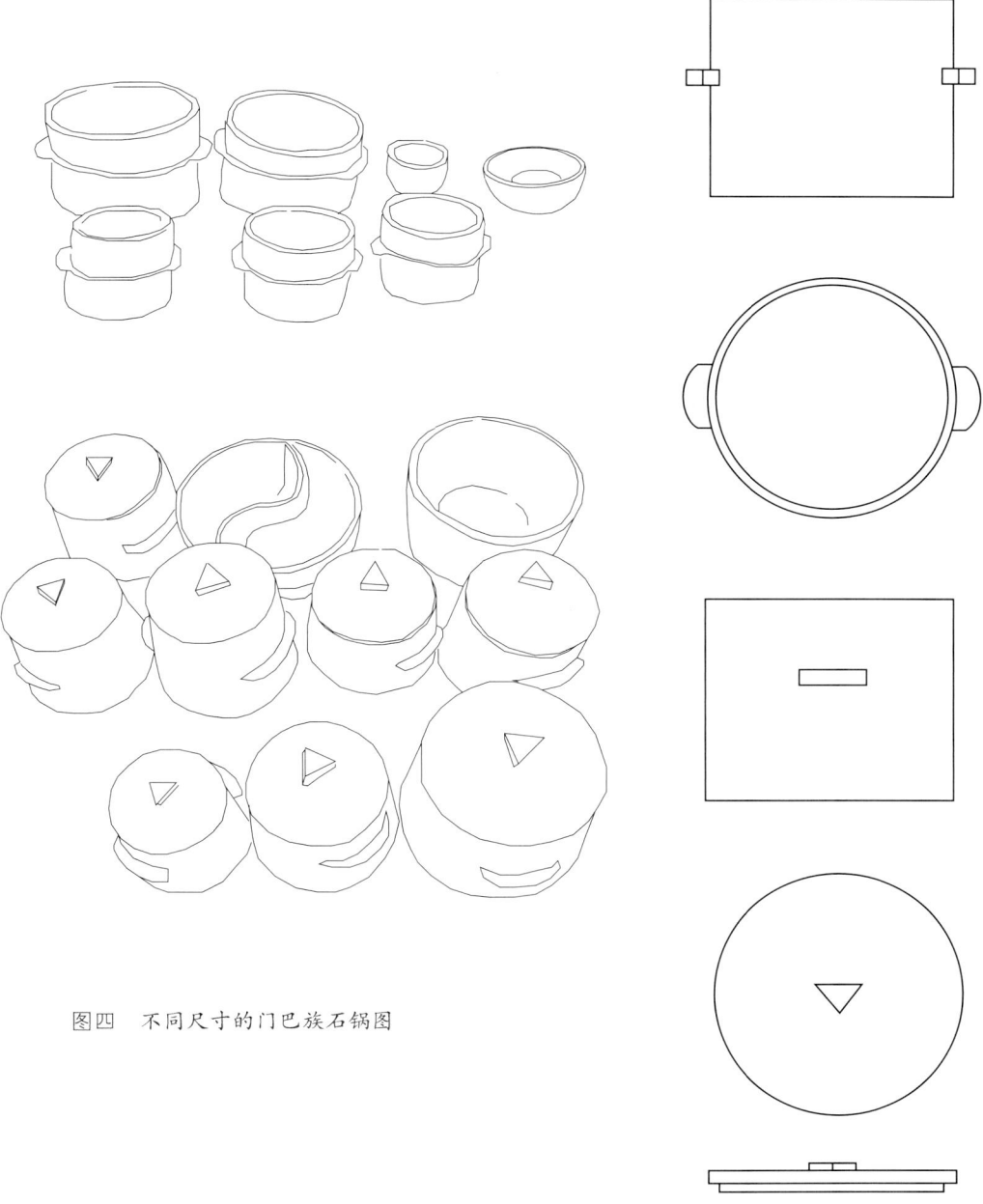

图四　不同尺寸的门巴族石锅图

图五　门巴族石锅三视图

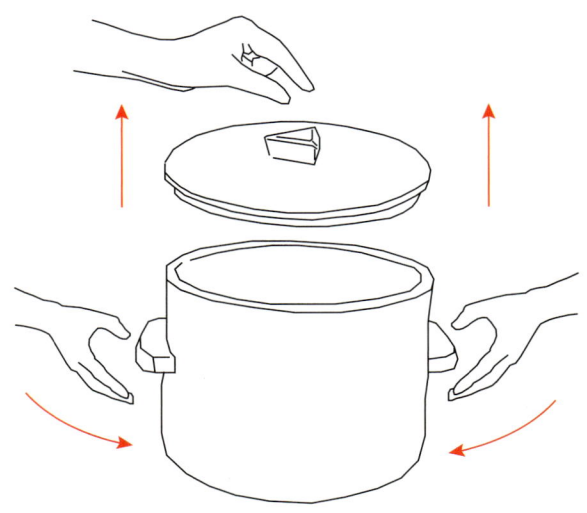

图六　门巴族石锅使用分析图

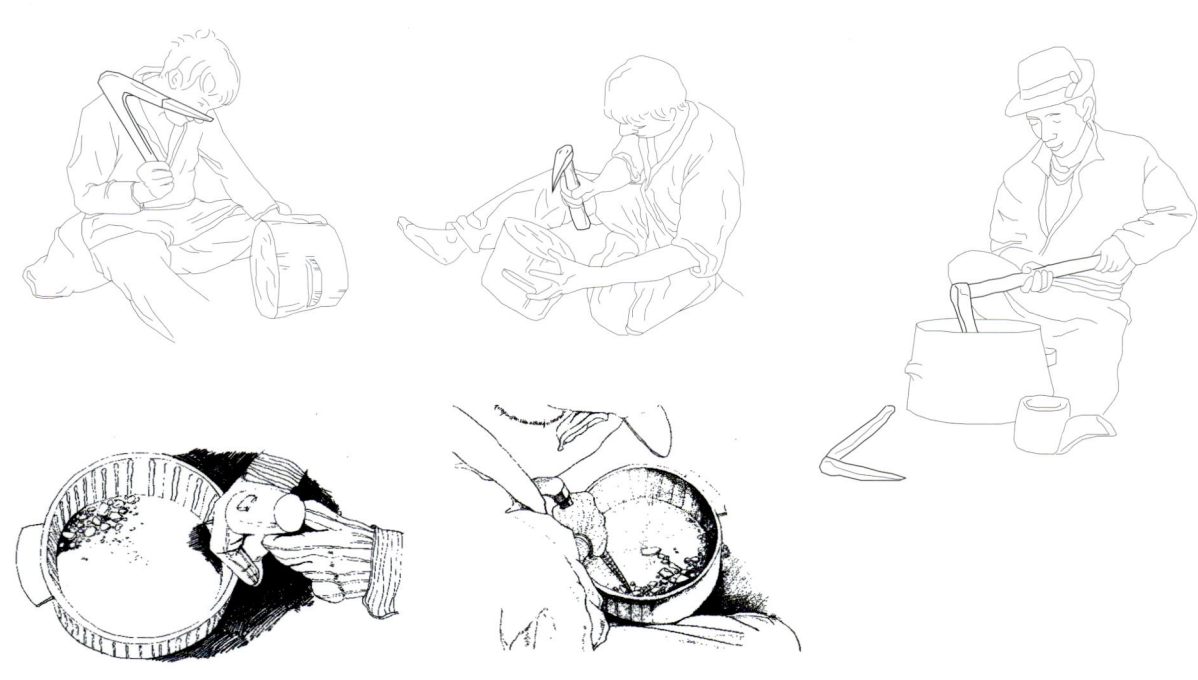

图七　门巴族石锅制作流程图

门巴族"嗦啰"石臼

图一 门巴族"嗦啰"石臼主图

门巴族饮食文化中，烹调食物常用的佐料有辣椒、花椒、生姜、葱、蒜等。辣椒，门巴语称"嗦啰"，味火辣，是门巴人每餐饭肴不可或缺的调味品。食用时可以制作红油辣椒，或炒菜、凉拌菜、打蘸水。本案例"嗦啰"石臼，是门巴族专用于捣碎辣椒的生活器具，采选自西藏错那县麻玛村。

"嗦啰"石臼是以坚硬的石材精心加工制作而成的，整体呈正六边形结构，区别于普通的圆柱形、倒锥形结构。从体量上看，石臼高约15厘米，宽约18厘米，重量4公斤左右。臼杵长约15厘米，直径约5厘米。圆形内孔深度约9厘米，足够的深度，使捣制物质时不易外溅。也有类似的小型石臼，体积小，便于携带（牧民迁居时使用）。"嗦啰"石臼内壁为锥形斜面设计，而非垂直的圆柱形。使用石臼，当石杵向下用力时，被施压的辣椒颗粒沿石臼内壁斜推而上，这实际就是斜面提升原理；当辣椒沿内壁上升到一定高度时，在自重与振动力的作用下，又回落到底部，被二次加工。如此往复，辣椒便可被加工成颗粒状或粉面状。"嗦啰"石臼的加工制作均为手工操作。选择圆形或方形石材，进行粗加工，成为圆形粗胚体，利用凿子、

第四章 门巴族传统生活用具

铁锤等工具，通过凿的方式，使石臼胎体逐渐成形。在胚体上画出六边形参考线，然后进行外立面加工，并依次打磨抛光。

使用门巴族传统手工"嗦啰"石臼制作的辣椒，与机器打磨出来的辣椒味道截然不同。"嗦啰"石臼采用原生态天然整块石材，取之自然，无涂料、刷漆、染色、胶膜等化学工序，安全无毒，经济实用。

图片来源
图一、图六　多布杰　摄影
图二至图五　李胜涛　制图

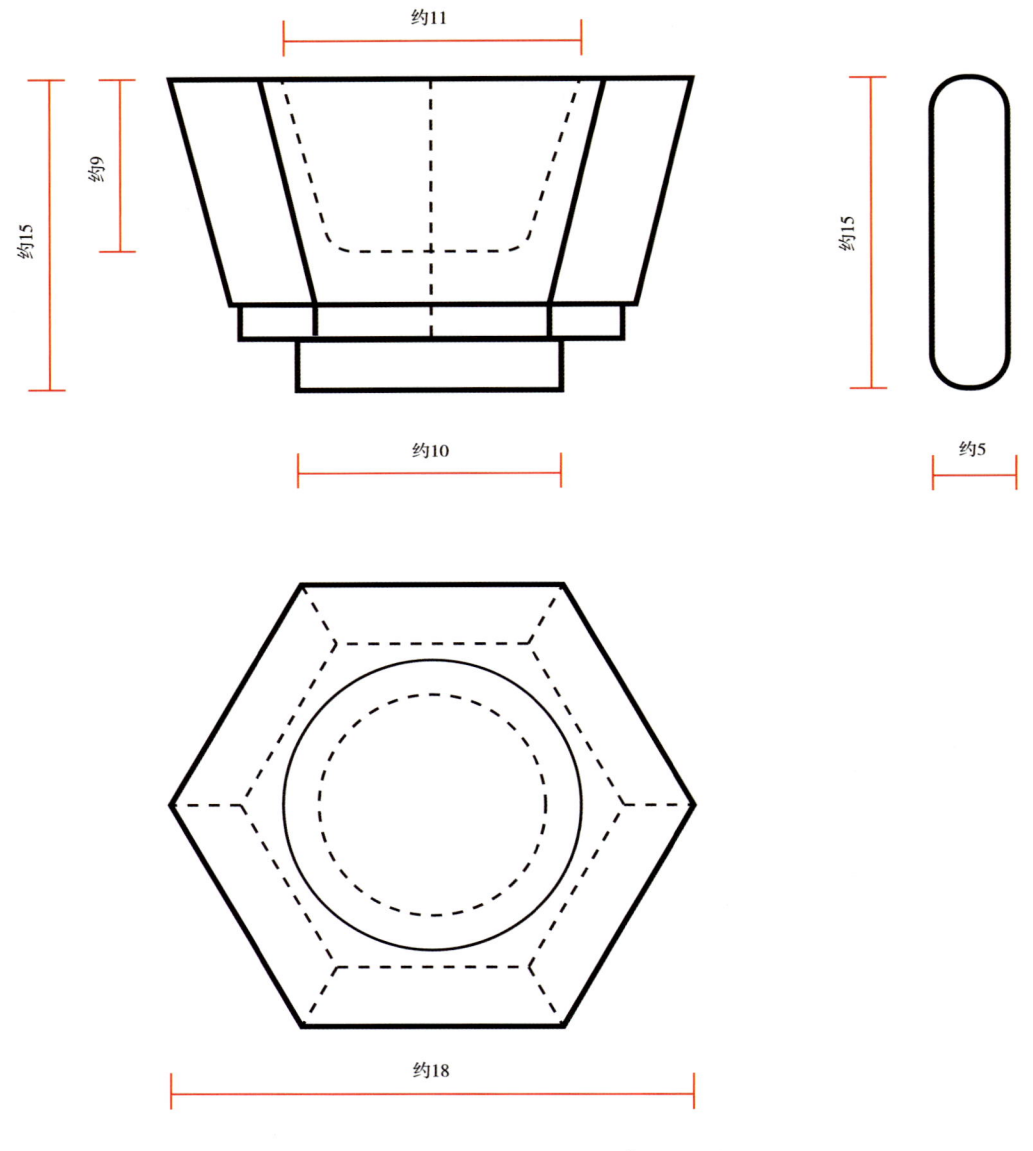

图二　门巴族"嗦啰"石臼尺寸图（单位：cm）

| 鼓腹形 | 倒锥形 | 带把手形 |

图三　不同类型的门巴族石臼图

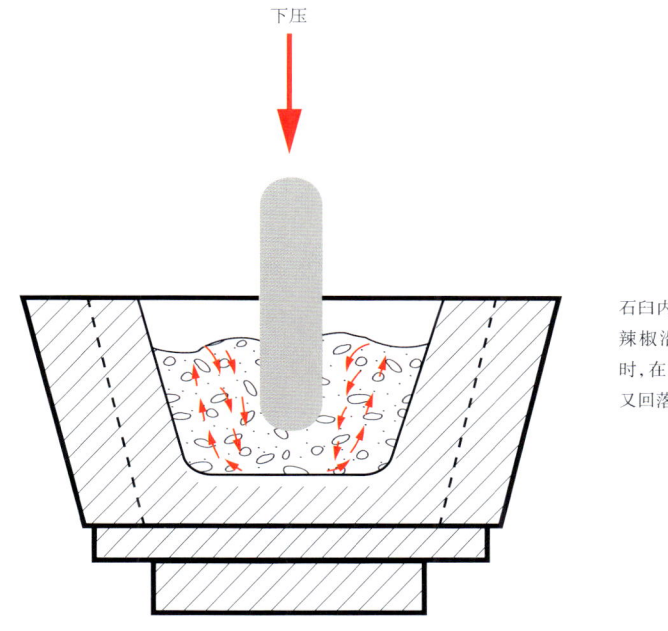

石臼内壁的斜面提升原理：当辣椒沿内壁上升到一定高度时，在自重与振动力的作用下，又回落到底部，被二次加工。

图四　门巴族"嗦啰"石臼工作原理图

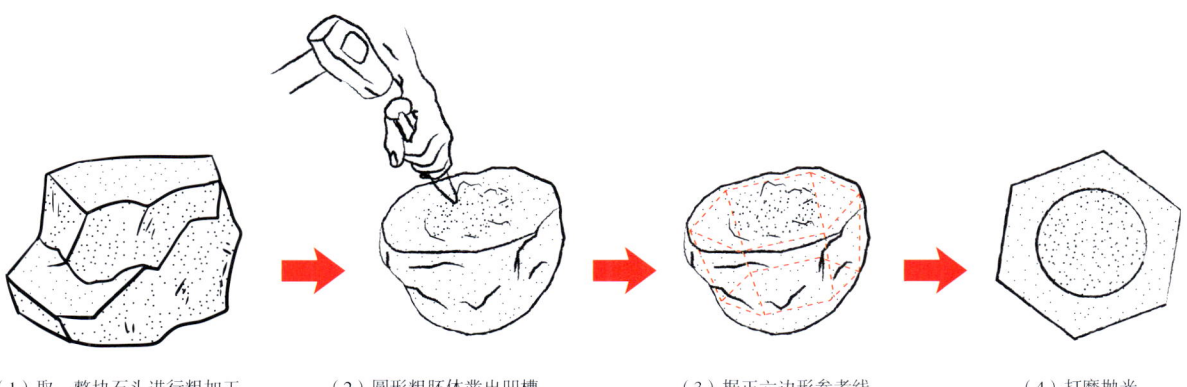

（1）取一整块石头进行粗加工　　（2）圆形粗胚体凿出凹槽　　（3）据正六边形参考线进行各外立面加工　　（4）打磨抛光

图五　门巴族"嗦啰"石臼加工示意图

第四章　门巴族传统生活用具

085

图六　门巴族人用辣椒作为主要食用佐料

门巴族竹编"邦穹"

图一　门巴族竹编"邦穹"主图

编结工艺是门巴族传统手工艺之一。门巴族人编制的竹器种类繁多，涉及生活及生产领域的各个方面，包括竹盒、篮、筐、篓、桶等，"邦穹"是众多竹编器物的一种，是由一底一盖组成的扁圆形竹盒，也是门巴族的传统手工艺品。"邦穹"大多用来盛放食物，竹编结构使得其透气性良好，食物不易损坏变质。同时，还可防止小动物偷食。

门巴族的竹编"邦穹"广泛使用于当地及周边地区，本案例中"邦穹"采自林芝县八一镇尼洋阁博物馆，直径为35厘米，高17厘米。"邦穹"编制复杂精细，盒盖由提前染色的薄而细的竹篾条交错编织而成，使用不同色彩（红、黄、蓝、绿等）进行搭配，组成一组组绚丽独特的几何图案，达到装饰美化的效果，内部则保持竹材原色。盒盖表面的主要图案形式基本相同，即圆形表面内接四个菱形（或方形），内部再以九个小的菱形（或方形），横三竖三排列组成。经门巴族人的精细编织，整个竹盒显得玲珑精致。"邦穹"的制作需经过多道工序，先用篾刀将原竹劈成不同规格的篾片和篾丝，再经过蒸煮、染色、切丝、抛光等工序，以挑和压的方法进行经纬编织，制成成品。

门巴族人的竹编工艺历史由来已久，编制成品实用而精致，不仅能够满足当地人生活、生产需要，还深受周边地区人们的喜爱。"邦穹"编工精巧，图案色泽美观，既是实用的盛放用具，又是精美的艺术品，深受人们喜爱，载誉藏区，远销海外。

图片来源
图一　陶琨　李绮雯　摄影
图二　多布杰　摄影
图三至图五　马燕　制图
图六　曹莉莉　制图

图二 不同色彩搭配的门巴族竹编"邦穹"

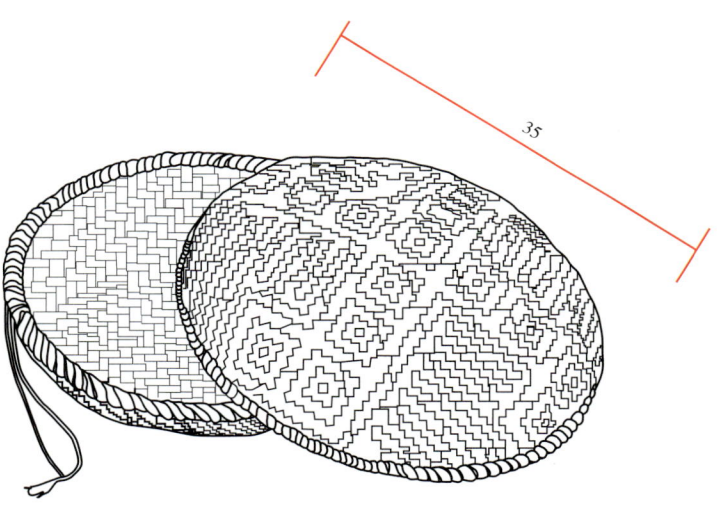

图三 门巴族竹编"邦穹"尺寸图 （单位：cm）

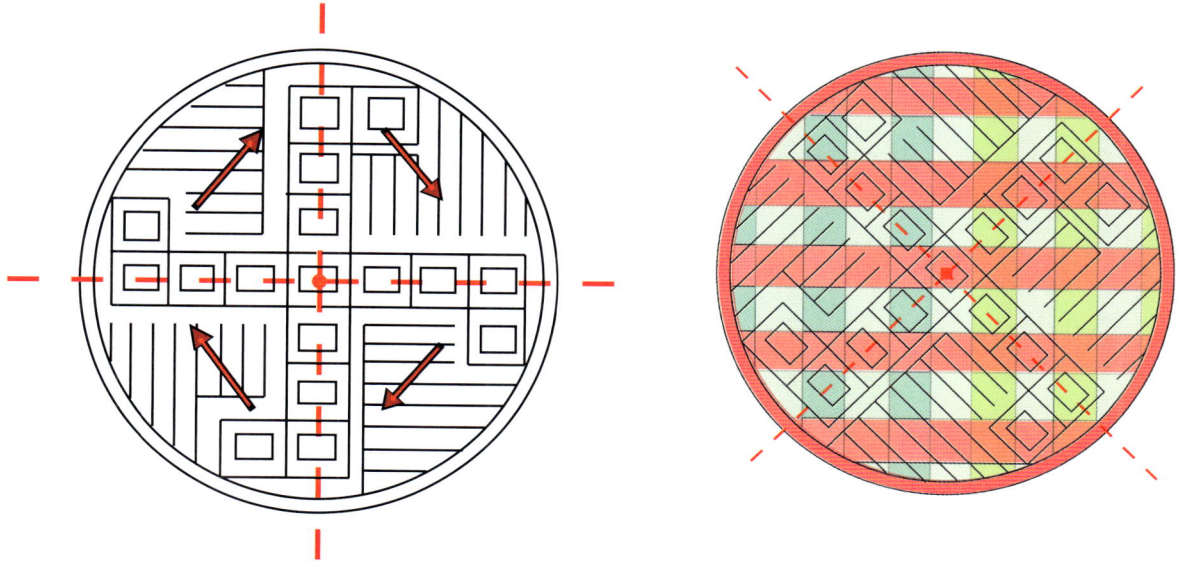

图四 门巴族竹编"邦穹"编织图案分析图　　图五 门巴族竹编"邦穹"图案色彩分析图

图六 门巴族妇女编制"邦穹"

第四章 门巴族传统生活用具

门巴族藤竹编酒具"休差巴囊"

图一　门巴族藤竹编酒具"休差巴囊"主图

"休差巴囊"是门巴族走亲访友或出门劳作时用来盛酒的一种容器。门巴族有酿酒、饮酒的风俗习惯，无论男女都喜饮酒。随着社会的发展，饮酒在门巴族人民生活中已经逐渐演化为一种礼节，成为当地重要节日必不可少的饮品。因此，门巴族人民生活中有各种各样的盛酒器具：木桶、竹筒、陶罐、葫芦罐等，其中"休差巴囊"颇具民族特色，因其应用广泛，携带方便，制作精美，近年来逐渐成为一种民族工艺品。

"休差巴囊"外形多呈圆筒状，根据不同的用途，有不同的规格和品级。制作"休差巴囊"的原材料是竹子和藤条，门巴族居住的区域竹林茂密，这为休差巴囊的制作提供了丰富的原材料。最常见的"休差巴囊"的结构分为内外两层，内层为竹筒，外层是用不同颜色细藤条编织的外套，其制作工艺及过程并不复杂。首先选取质量好的竹段，根据需要锯出两端均有竹节的竹筒，顶部的竹节部分或全部凿去，或只钻一孔作口，用塞子或筒盖塞紧方便携带。竹筒的外层则用已染好颜色的藤竹细篾条进行编织包裹。用于制作外套的藤条通常选用生长在原始森林里的藤本植物，其中以白藤为最优质的材料。编织时，根据不同需求对藤条进行上色，常见的有红、黄、绿三色，一般以两种颜色的藤条打底，另加一种或两种颜色的藤条在原有基础上编织成各式各样的几何图案，如菱形、方形等，均是经过匠人巧妙布局构成的。制作完成的"休差巴囊"色彩鲜艳，图案精美，除了作为当地外出或者节日时必备的盛酒容器外，如今逐渐发展成为歌舞表演使用的精美道具。

"休差巴囊"是门巴族地区具有浓郁民族特色的手工艺品，选用当地的材料，使用传统的编织技艺，由于全程为手工制作，所以每一件都与众不同。随着门巴族与外界接触的增多，"休差巴囊"成为非常受欢迎的旅游纪念品，其独特的编织技巧和精美的编织图案都对当代设计有着重要启示。

图片来源
图一、图二　陶琨　李绮雯　摄影
图三至图七　巩聪　制图

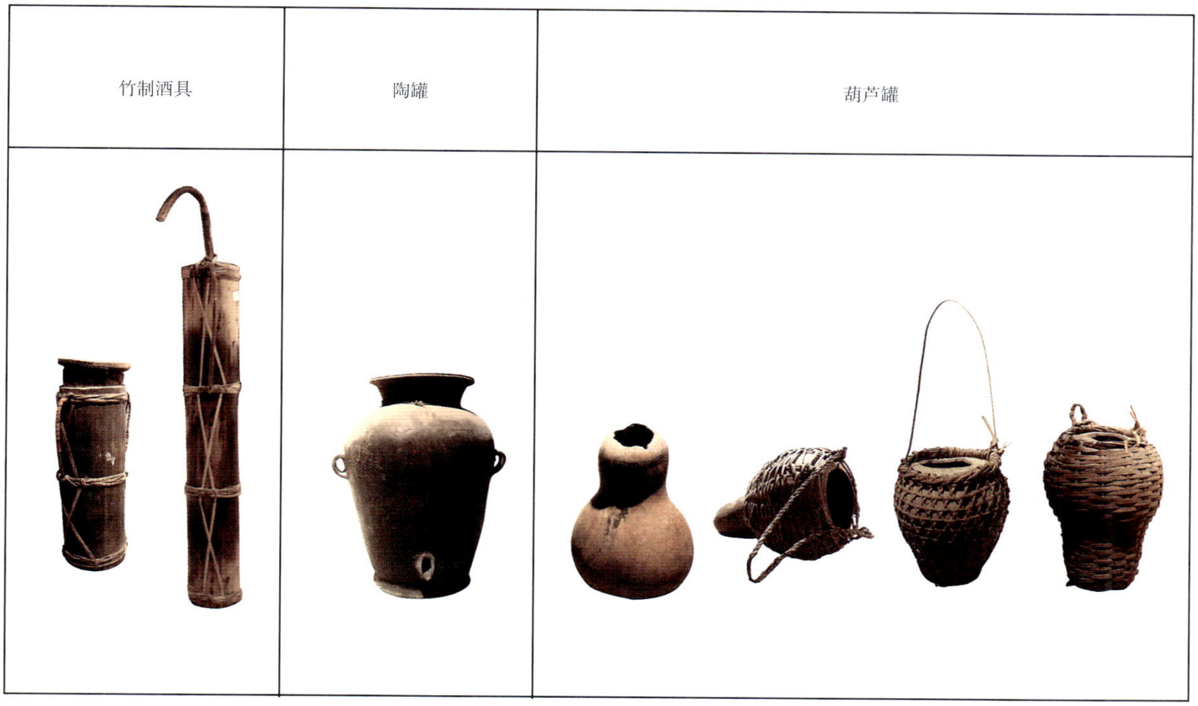

竹制酒具	陶罐	葫芦罐

图二　门巴族其他盛酒器具图

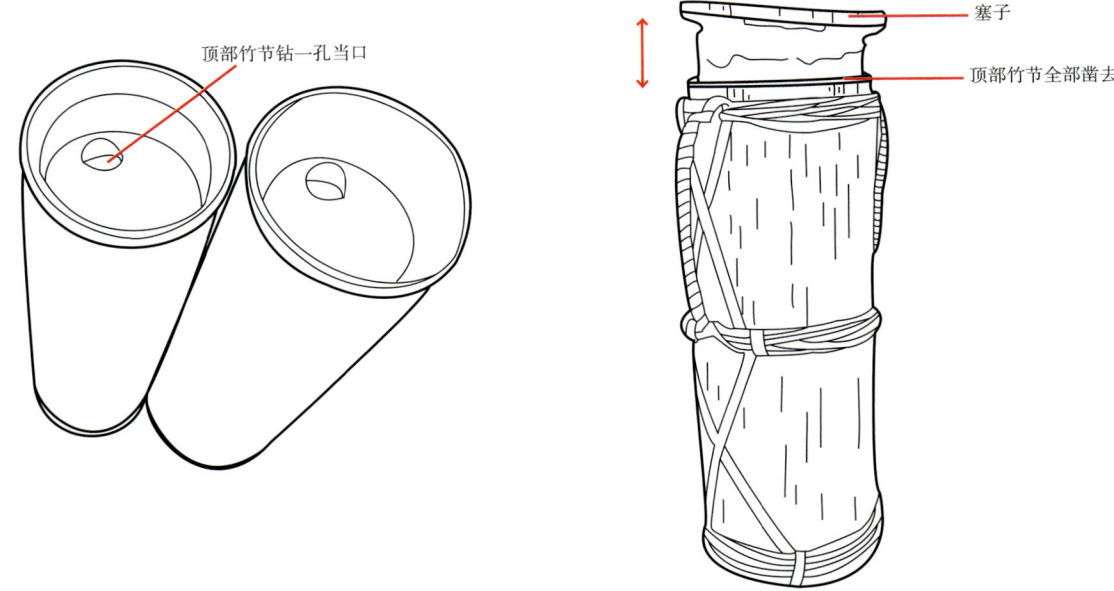

图三　门巴族藤竹编酒具"休差巴囊"结构图

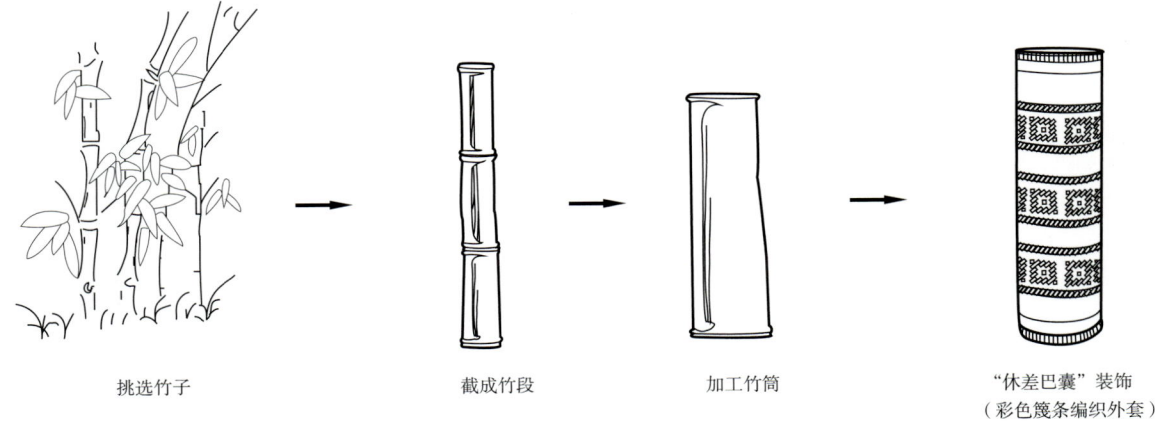

图四　门巴族藤竹编酒具"休差巴囊"制作步骤图

图五 门巴族藤竹编酒具"休差巴囊"色彩分析图

图七 门巴族藤竹编酒具"休差巴囊"使用场景图

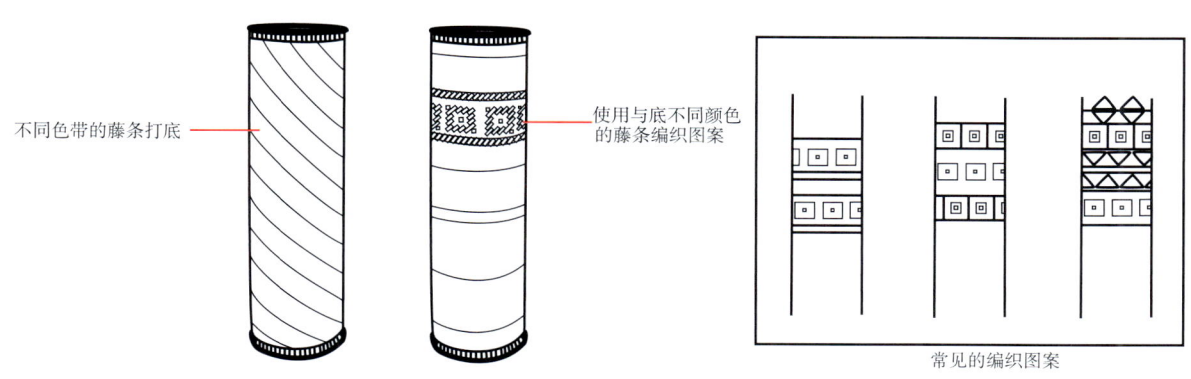

图六 门巴族藤竹编酒具"休差巴囊"编织图案分析图

第四章 门巴族传统生活用具

门巴族酥油桶

图一　门巴族酥油桶主图

　　对于门巴族的每个家庭来说，酥油桶是其日常生活中最基本的、必需的用具。酥油从牛、羊奶中提炼出来后，需将其微微加热，再倒入酥油桶中进行打制。本案例的酥油桶是用来从奶中提取酥油的木桶，高约80厘米，直径近30厘米，呈圆柱形，是门巴族常见的酥油桶形制。制作酥油桶的木料，一般为红桦木或红松。多生长于雅鲁藏布江中下游一带。

　　酥油桶由两个组成部分。一部分是桶身；一部分是搅拌器。其中，桶身部分又包括桶盖，桶盖中间留有一口，即桶口，直径约为6厘米。

酥油桶的制作非常讲究，桶身部分用木板围成，上下口径一般大，主体经过打磨加工之后，外围用藤条箍紧，而后再用主板箍桶，其特点在于不易开裂，使用时间长。搅拌器的制作相对简单，先做一块比桶身直径稍小的圆木板，木板上凿4个直径为4厘米的小孔。圆板的中心装有一根比桶长半尺的木柄。制作酥油时先将存放一两天后的牛奶放入木桶，盖上桶盖，长时间使劲上下抽动搅拌器，这样牛奶就会发生物理变化，奶中的油脂分离出来。用手将半流质的油脂捞出，放入冷水中，很快油脂凝固形成酥油。

酥油桶并非是门巴族的原创物品，但长期以来，门巴族人对它的使用频率并不低，这说明酥油桶这一物品是符合门巴族的生活"语境"的（包括有形的自然条件和无形的文化条件）。而从实用、设计、材料、功能等角度看，酥油桶选用最合适的材料，采用最合适的制作工序，运用最合适的木作工艺，确定最合适的维修、改良方式，无疑是较为经典的民用设计物品。

图片来源
图一、图六、图七　多布杰　摄影
图二、图三、图五　李胜涛　制图
图四　单芳霞　制图

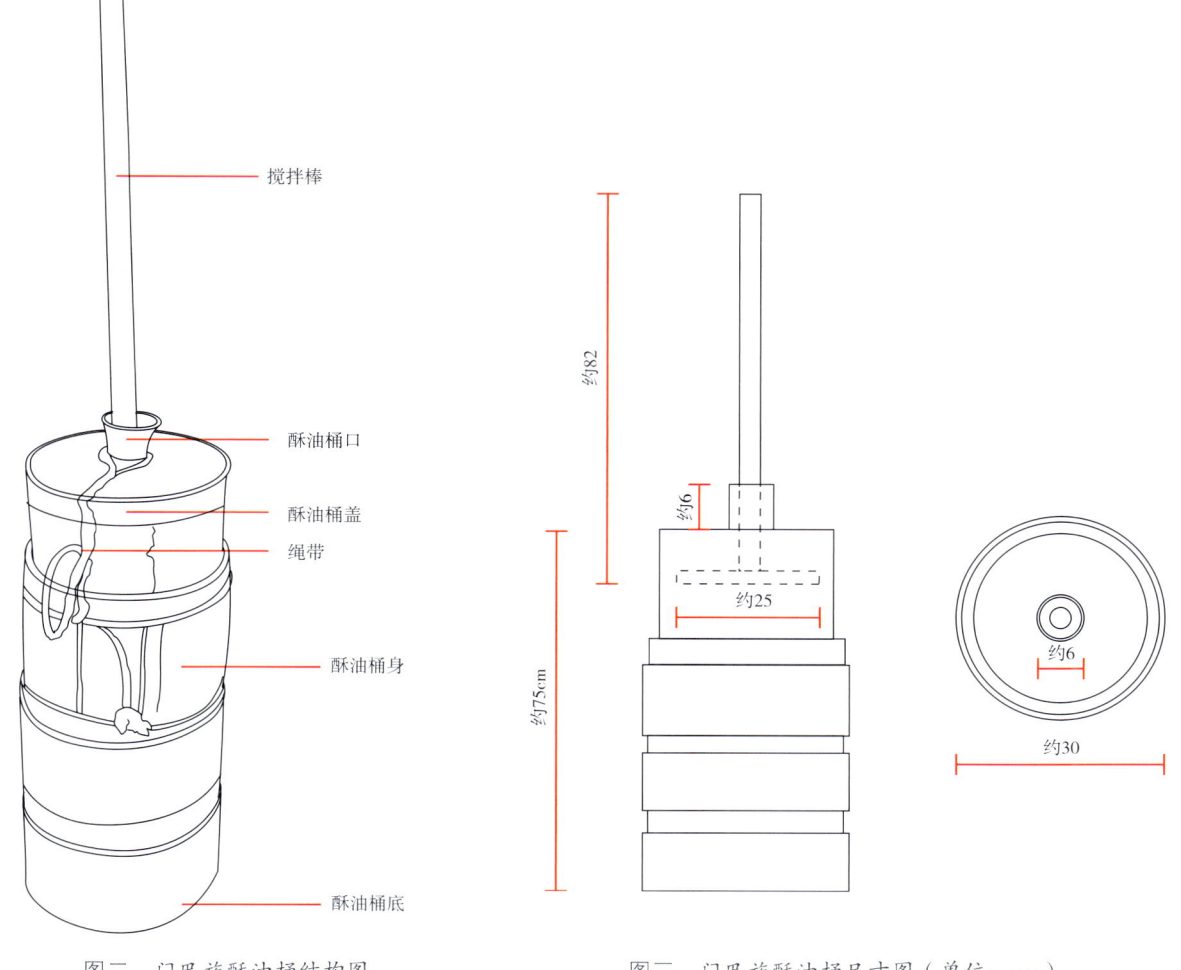

图二　门巴族酥油桶结构图　　　　图三　门巴族酥油桶尺寸图（单位：cm）

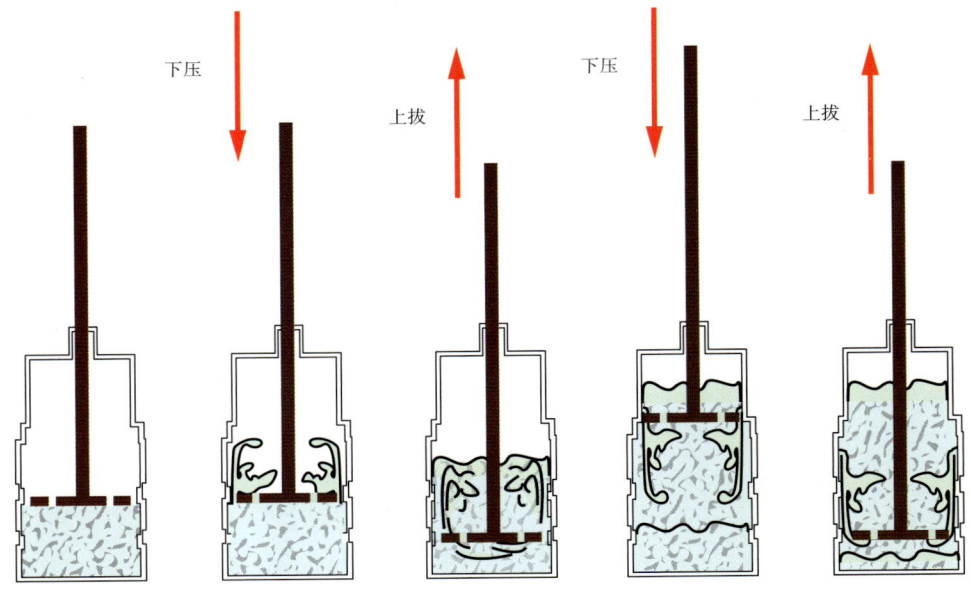

酥油打制过程原理图

图四 门巴族酥油桶工作原理图

图五 用酥油桶打制酥油的门巴族妇女图

图六 门巴族传统的酥油盒和食盐盒

图七 门巴族部分传统生活用具图

门巴族酥油茶壶

图一　门巴族酥油茶壶主图

门巴族日常的饮品中，接待客人最为重要的就是酥油茶，这与藏区其他民族并无差别。门巴族人将畜牧业作为副业，因此，酥油茶的原料牛奶资源充足。有了酥油茶，自然少不了盛装、加热酥油茶的茶壶。酥油茶壶材质包括陶制的、铜制的、合金制的，等等。本案例选取的是门巴族人使用数量较多的陶制酥油茶壶。

从结构上看，酥油茶壶一般分为两个部分：牛粪茶座和酥油茶壶。茶壶单体高约25厘米，喇叭形直口，细颈，平肩，茶壶腹部上部丰满，向下逐渐内收为平底。上腹部一端有把手，另一端有壶嘴，颈与肩的连接处刻有直线，并呈放射状。这种造型不仅古朴敦厚而且浑然天成。茶壶造型设计也考虑到实际的使用，上半部分的喇叭宽口造型设计，便于注入液体。中部细颈设计，防止液体倒流。底部壶腹体积较大，可容纳一定量的液体。茶壶的整体结构设计与古代各类茶壶样式相似。

本案例是坐在牛粪罐上的酥油茶壶，牛粪需要风干以后作为燃料，牛粪罐既可加热又能保温，肩部有棱，两侧各有一耳，腹部刻有图案。上宽下窄收成平底，口径较大，足以容纳酥油茶壶。使用时，将点燃的牛粪放入牛粪罐中，茶壶置于其上，便可使壶内液体保持温热，方便实用。

图片来源
图一至图六　李胜涛　制图

图二　门巴族酥油茶壶线描图

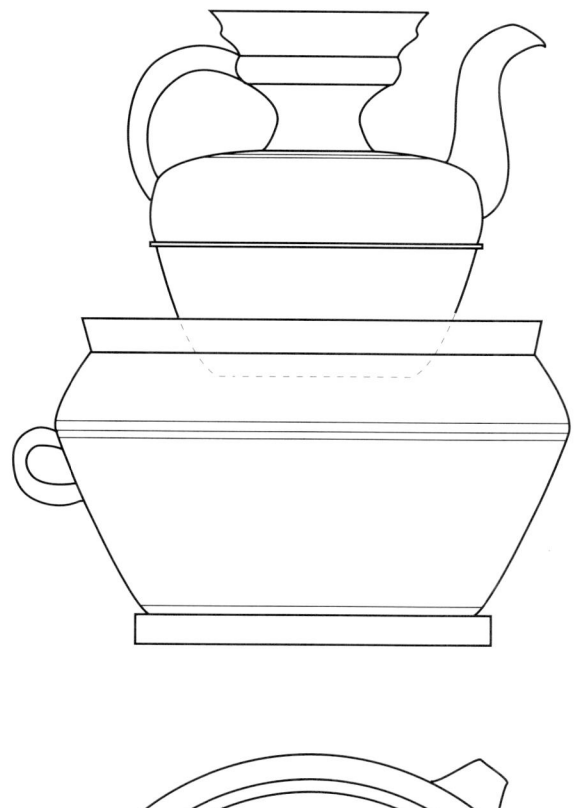

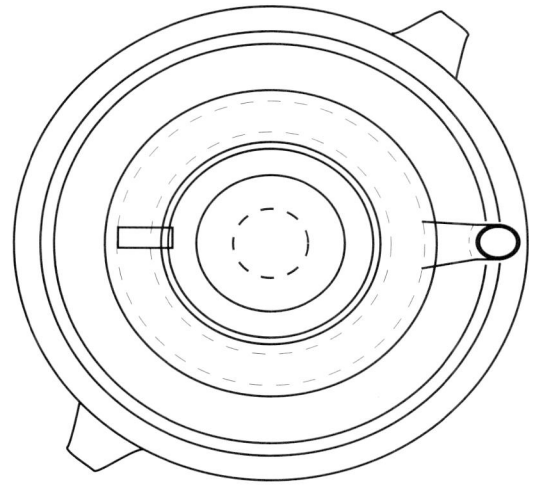

图三　门巴族酥油茶壶主视图与俯视图

图四 门巴族酥油茶壶剖面图

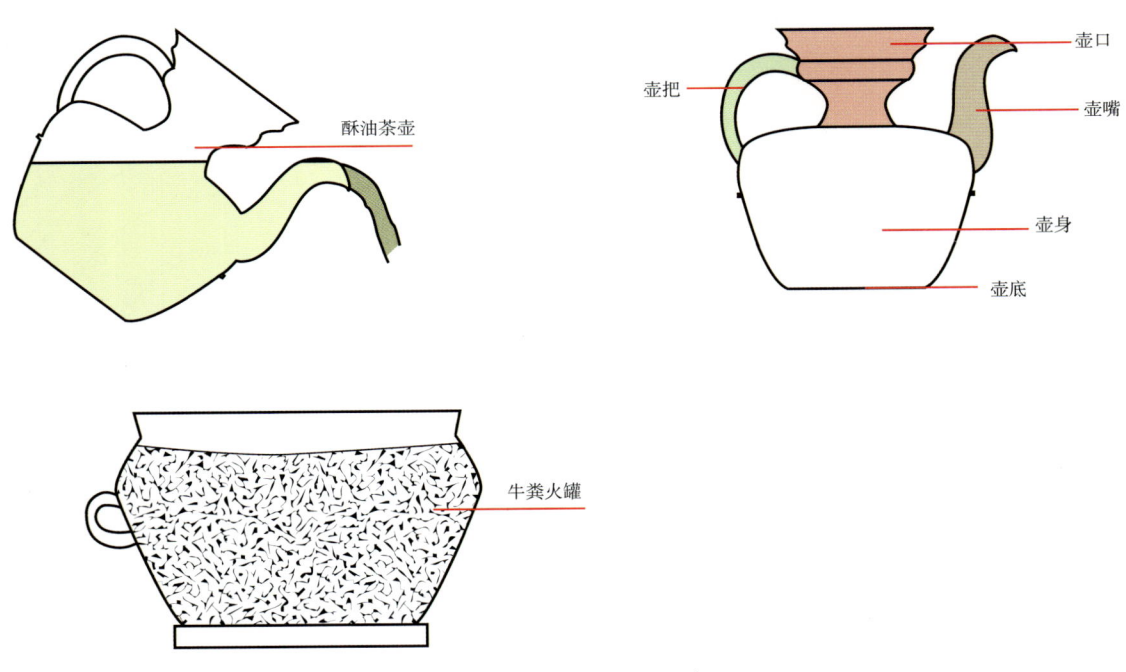

图五 门巴族酥油茶壶设计分析图

图六 门巴族酥油茶壶使用方式图

门巴族竹扁背"丹田"

图一 门巴族竹扁背"丹田"主图

门巴族人的编制技术精湛，藤、竹材料坚韧柔软，不易折断，可以削出极薄的篾片，可塑性强，编出的器物或粗疏结实，或细密美观。

本案例中的竹扁背，门巴语称"丹田"，是根据林芝县八一镇尼洋阁博物馆门巴族"丹田"实物绘制而成的。该竹扁背与常见的圆柱形背篓不同，其体型偏小，用来盛放小型用品，由主体、藤绳背带两部分组成。使用方式是以双肩背负，而非常见的将背带最宽处套于头部。篓身贴身一侧较低，外部一侧较高，由于门巴族人生活的地域坡高山陡，地势起伏较大，人们在劳动过程中身体摆动幅度较大，因此，此种设计形式十分必要。其目的是避免在背负过程中篓内物品掉出，进一步保证物品的安全性。从其编织形式看，篓身的图案形式呈"V"字形排列。门巴族人根据自身需要，不断地变换编织形式，也足可见门巴族人的智慧，以及对藤、竹材料运用得得心应手。

门巴族的竹扁背编制精巧，特点鲜明，极富民族特色，充分表现了门巴族人在长期实践中适应环境的能力。形式与功能的协调统一在门巴族的竹扁背上很好地展现出来。由于竹编器物做工精致、结实耐用，门巴族人也经常将竹扁背拿到集市上出售，或与藏区其他民族交换，作为副业补贴家用。另外，门巴族的竹编器物也常常成为门巴族馈赠宾客、友人的最佳礼物。

图片来源

图一至图二　单芳霞　制图
图三至图五　李胜涛　制图

图二　门巴族竹扁背"丹田"线描图

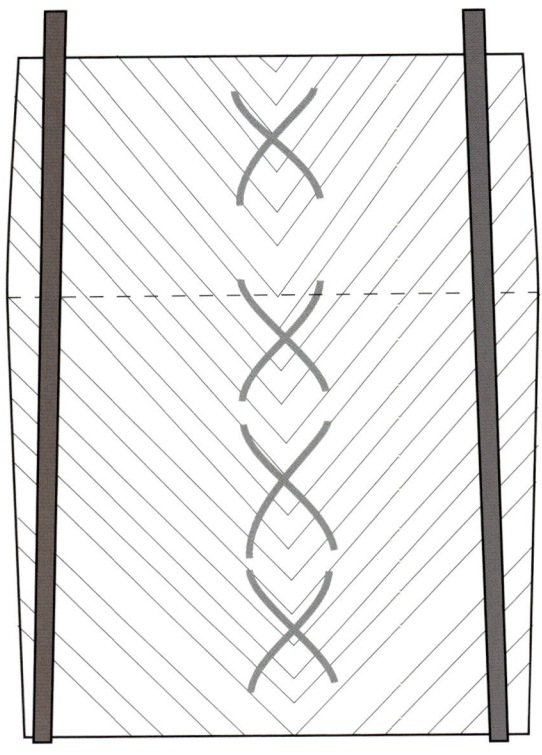
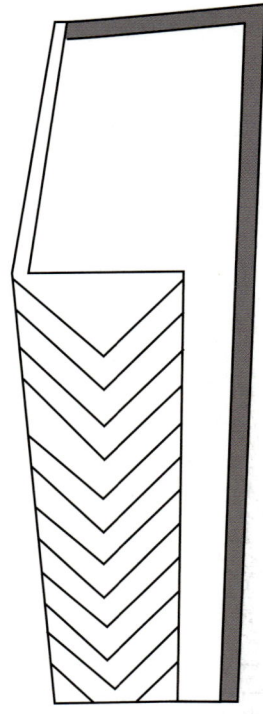

图三 门巴族竹扁背"丹田"立面图

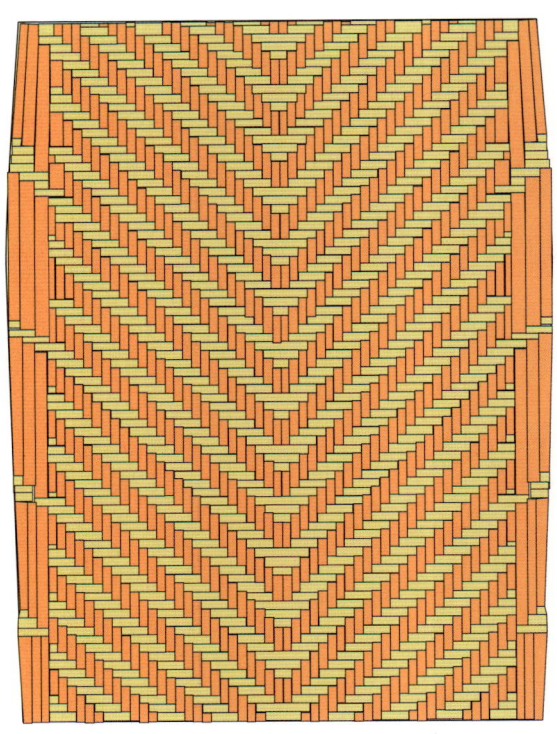

图四 门巴族竹扁背"丹田"编织形式图

图五 门巴族竹扁背"丹田"编制情境图

门巴族竹斗笠"巴吓"

图一　门巴族竹斗笠"巴吓"主图

竹斗笠是用来遮阳挡雨的工具，经过长期发展，它被制作、装饰得越来越精细，在满足实用性的同时，也被制作成为一种工艺品。

竹斗笠，门巴语称为"巴吓"，以手工编织而成，外形似草帽，该竹斗笠帽径约40厘米，高12厘米。从形制上看，竹斗笠为圆形，帽顶呈半球状隆起，在圆形范围内横向、两侧向藤条相互交错，顶部凸出间隙处形成六边形蜂巢状小孔。帽顶隆起的空间，乃编织时藤条间预留缝隙较大所致，蜂巢状小孔，有利于散热和隔热。内侧帽圈由篾条编织，为穹形设计，富有弹性，安制于帽底中心部位，与人的头部形状吻合，佩戴时牢固舒适，且可保证不渗水、不透光。竹斗笠的编织需依附模具完成，编织时可转动支架和调节模具的角度。经过选篾、制篾、上模、编织、整合等一系列过程，工艺复杂讲究。帽檐的图案设计也颇为美观，从边沿绑缚两藤条的红色篾条开始，往帽中心依次是：黑色、红色篾条图案作圆形适合，八个红、黑、蓝色菱形图案作圆形适合，两条黑色、四条红色篾条图案作圆形适合。所有图案的形成均是彩色篾条编织而成，精工细作，足可见门巴族人的高超技艺。

竹斗笠是在门巴族特有的地理环境、风俗习惯、文化氛围中产生的，是门巴族人实用精神与审美意识、材质工艺与意匠营构、竹编外观的物质形态与民族精神意蕴的和谐统一的体现，其精湛的工艺已完全超出了实用功能，具有很高的审美价值。它的设计，无论在材料、造型、结构、功能，还是在图案、色彩上都体现了阴阳相生的和谐理念，因材施艺，既注重竹子材料的自然属性，又不断地探求竹编工艺中的审美旨趣，对设计者有很好的启迪作用。

图片来源

图一至图五　单芳霞　制图

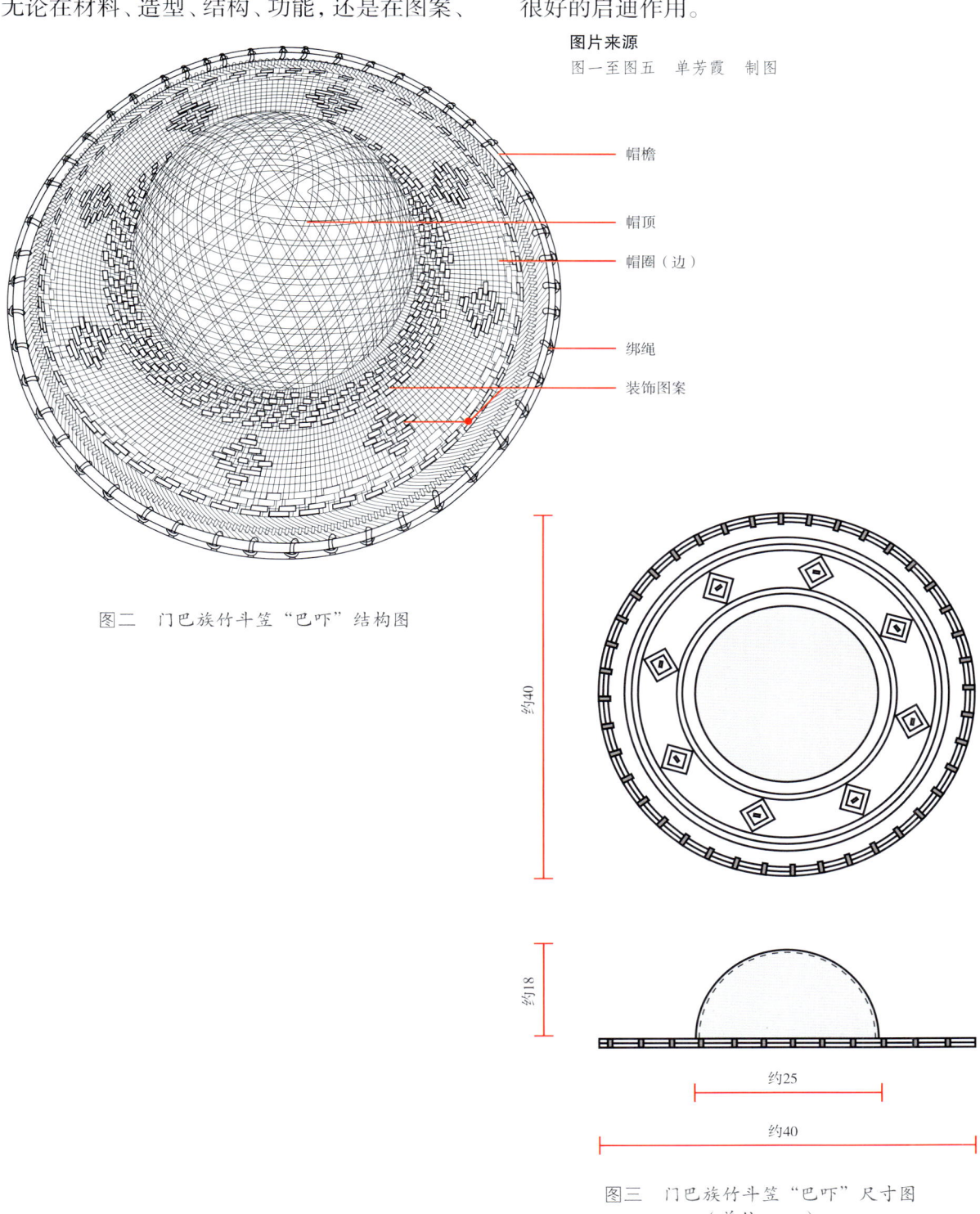

图二　门巴族竹斗笠"巴吓"结构图

图三　门巴族竹斗笠"巴吓"尺寸图
（单位：cm）

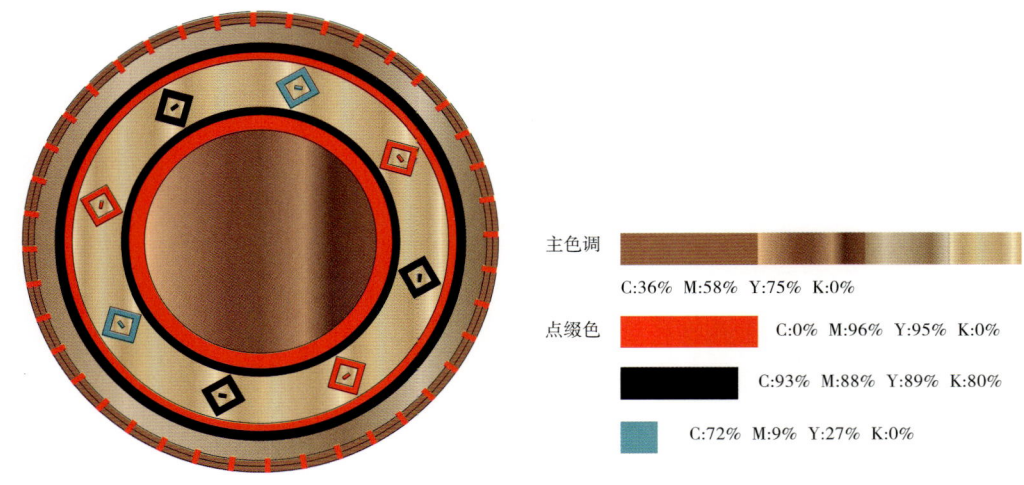

图四 门巴族竹斗笠"巴吓"色彩分析图

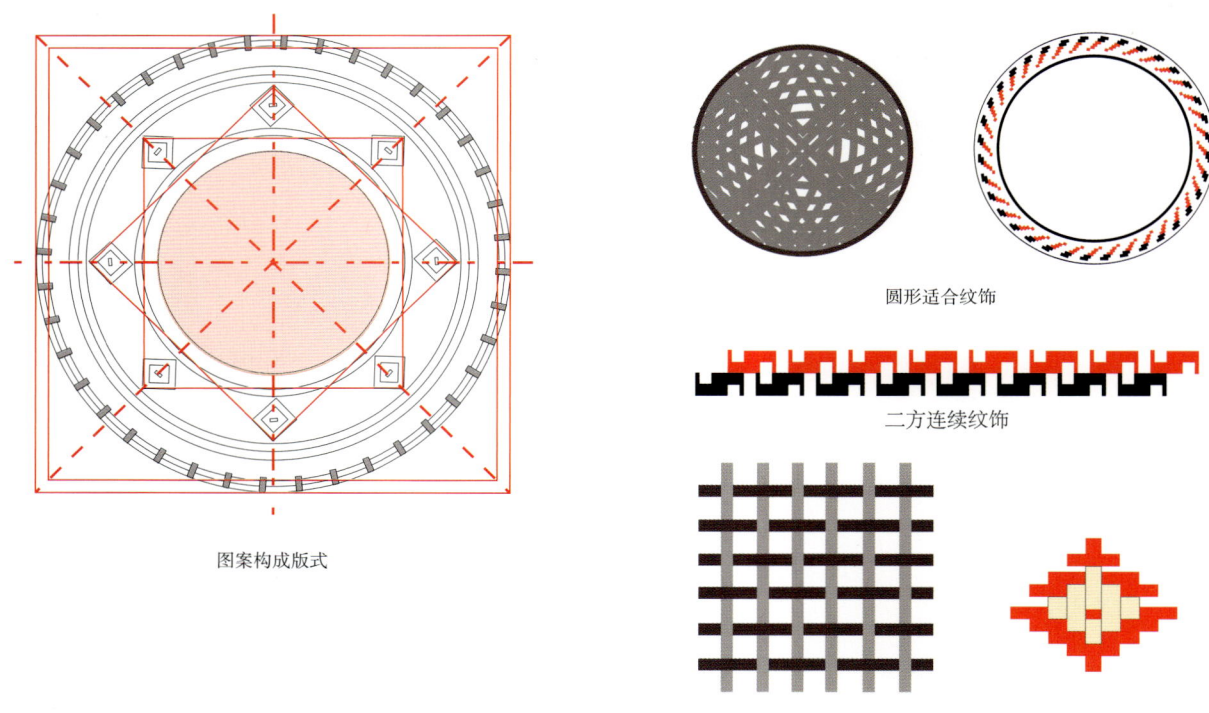

图五 门巴族竹斗笠"巴吓"图案分析图

门巴族手摇纺织机

图一 门巴族手摇纺织机主图

家庭纺织是门巴族妇女从事的一项重要的传统生产活动。门巴族的服饰面料主要有两种，一是用日常生活生产用品与藏区居民交换羊毛制作的氆氇质料；二是将棉花纤维纺织成线，织成布匹。本案例中的手摇纺织机较为小型，主要用于纺织棉花，与早先各地汉族手摇纺织机工作原理相似，由一个用手驱动的轮子和一个纱锭组成基本构架。

纺织机由纺轮、摇柄、锭杆儿、支架、底座等组件构成。方木制成的织机底座长约70厘米，呈"工"字形。"工"字的下横处设有支架安装锭杆儿，上横处有两根方立柱（大支架），柱距约30厘米，柱上端安装有主动轮轴的圆孔，距底座约20厘米。轴的一端有摇柄。主动轮并无辐条，而是由连接两轮的细纱布网（也称"辋"）代替，辋上挂着传动绳。两轮为铁质，间距约为18厘米，两轮直径相同，约为60厘米。锭杆儿长约33厘米，直径0.5厘米，是两端尖锐的木质杆。直径2厘米的木传动轮套在锭杆儿中间固定。主动轮与锭杆轮之间由拉紧的线绳传动。轴部添加少量润滑油。纺线时，把去籽的棉花，先弹松，搓成大拇指样粗细的棉条子，一手（左手）持两股纱把端头蘸水粘在锭杆上。一手（右手）摇动摇柄，主动轮带动锭杆迅速旋转，持纱手（左手）的高度与锭杆持平时就把两股纱纺在了一起，一边放纱一边向后移动，纺好的线达到最长时将手抬高，把线缠在锭杆上。然后，持纱手降到与锭杆平的高度纺下一段线，反复进行此操作即可完成线的纺织。

此种小型手摇纺织机的出现最能集中反映门巴族人的生产生活方式，设计行为中映射出人的主观能动性和创新精神。

图片来源

图一至图五　李胜涛　制图
图六至图七　曹莉莉　制图

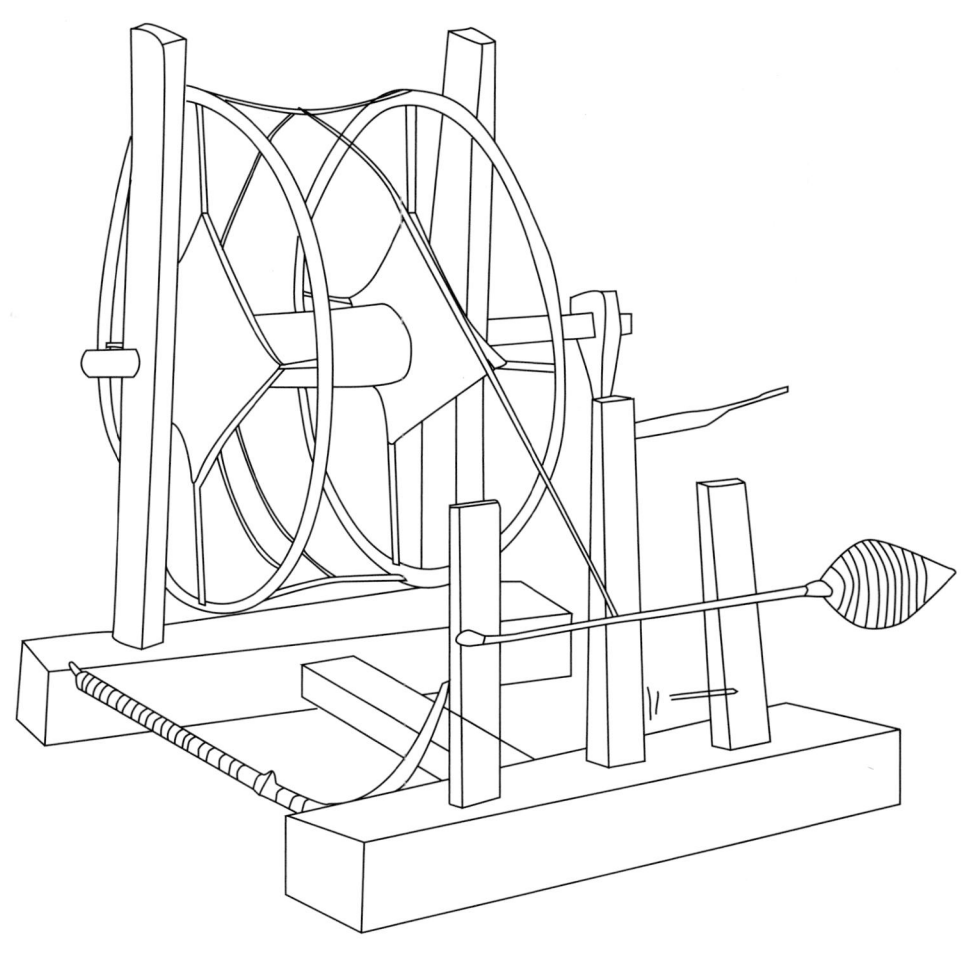

图二　门巴族手摇纺织机线描图

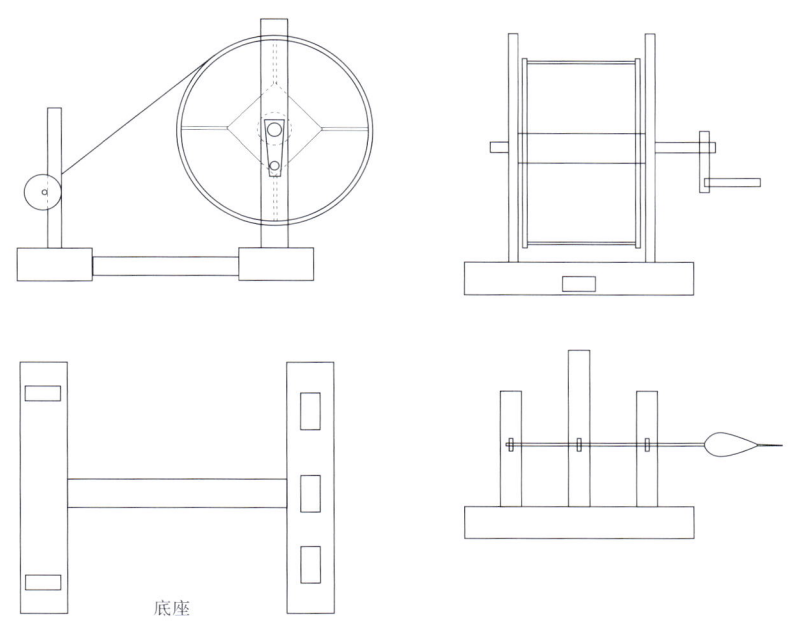

底座

图三 门巴族手摇纺织机三视图

图四 门巴族手摇纺织机解析图

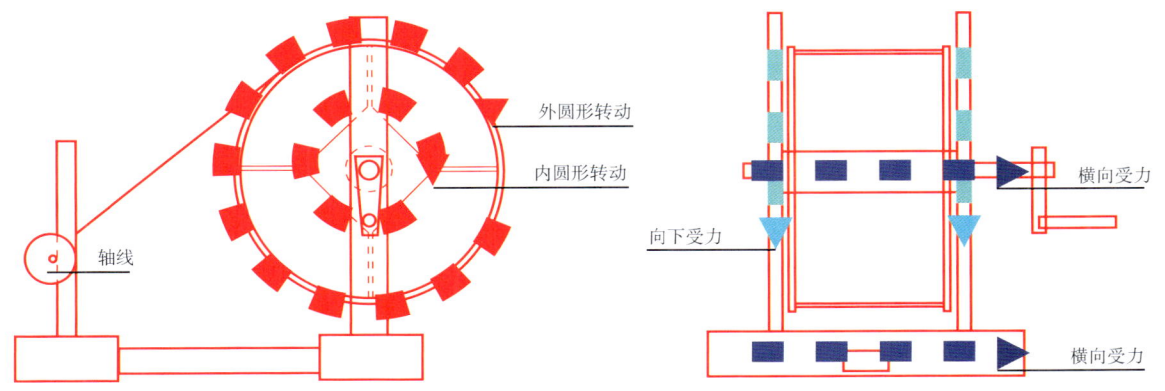

图五 门巴族手摇纺织机工作原理图

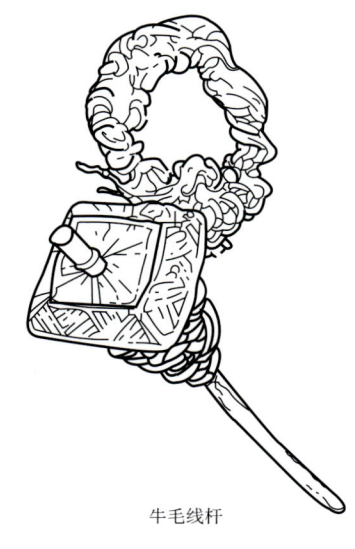
牛毛线杆

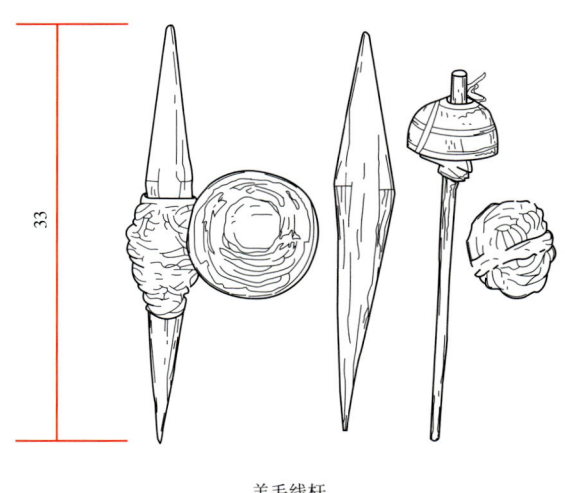
羊毛线杆

图六　门巴族纺线工具图（单位：cm）

图七　门巴族妇女纺织情境图

门巴族溜索

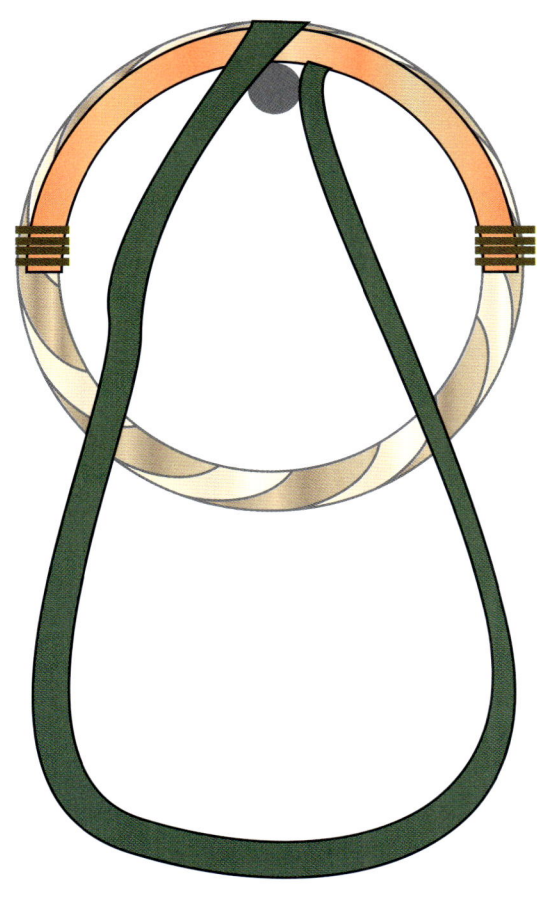

图一　门巴族溜索主图

　　门巴族地处我国喜马拉雅山脉的雅鲁藏布江河谷地区，那里崇山峻岭，河流宽阔湍急，水中暗礁密布，交通极其不便。溜索成为门巴族人们渡河必备的、也是最原始的交通工具。

　　门巴族人制作溜索，就地取材，将森林中的白藤劈成8根，对接成所需要的长度制成溜索。藤制的溜索耐腐蚀性差，常常需要更换，现今多用钢索代替，延长了溜索的使用寿命，增加了溜索的安全性。早期门巴族人在架设溜索时，先用弓箭将连接粗绳的细绳射到河的对岸，细绳连接着粗绳，拖动粗绳将藤索拖到对岸，将粗绳固定在粗大的树木上或者大石和木桩上。溜索分为平溜索和陡溜索，渡河时需要将数根藤条制成的藤圈套在腰间，并将连在藤圈上的布带（宽约8cm）套在头上，双手双脚交叉攀住溜索，面向溜索，背向水面，像树懒一样通过河面。

第四章　门巴族传统生活用具

和陡溜索的溜索技巧有别，平溜索来回受力大致相同，只需一定臂力便可。陡溜索一般设两条索绳，一侧高一侧低，溜索时从高一端向低一端，可较为轻松地到达对岸，但这有一定的危险性，需要凭经验控制好溜索的速度以保证自己的安全。从低一端向高一端移动时，则较为困难，需要双手双脚有足够的力量和毅力才能到达对岸，耗时较长。在运送货物和牲畜的时候，门巴族人将它们放在竹筐内用钩子挂在溜索上，与人同时运过河。

溜索是一件设计巧妙的运输工具，它的巧夺天工在于很好地融合在当地的地理环境里，成为当地独特的风景与交通设施。溜索结构简单适用，同时也存在着缺点，即不牢固平稳，变形和振动的幅度很大，安全性差，在大风的天气，水面上的溜索晃动的幅度大且摇晃不止。在艰苦的环境中，溜索的利用体现了门巴族人的勤劳与智慧。

图片来源
图一至图二　单芳霞　制图
图三至图七　李胜涛　制图

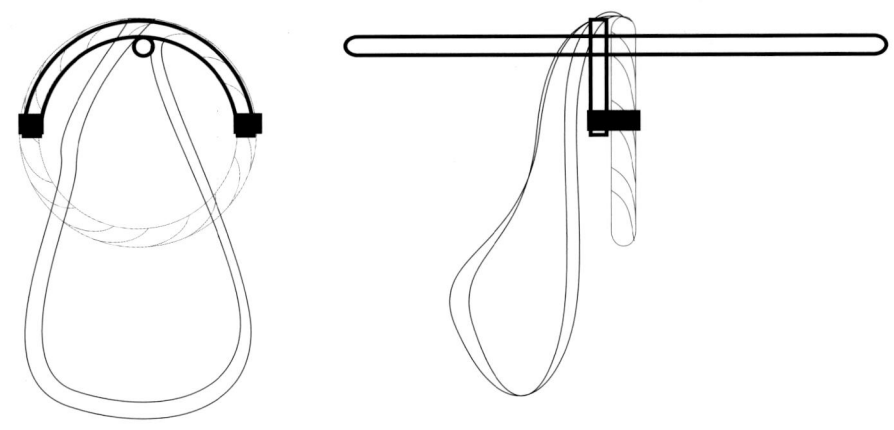

图二　门巴族溜索线描平面图

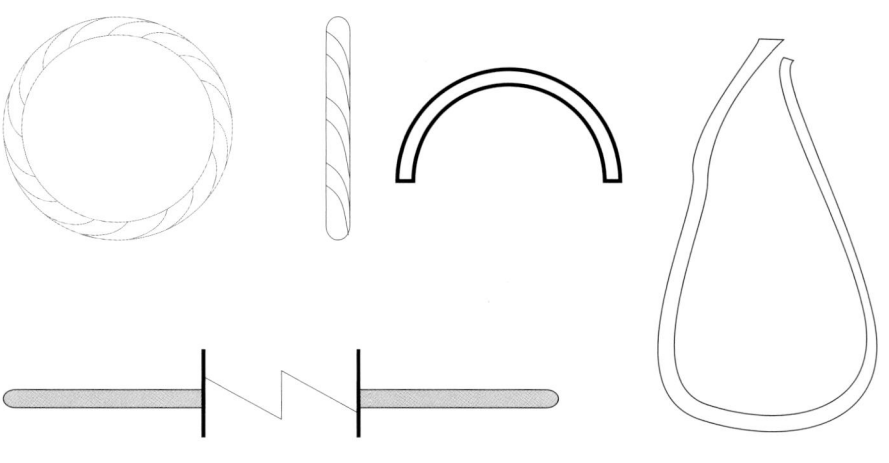

图三　门巴族溜索解析图

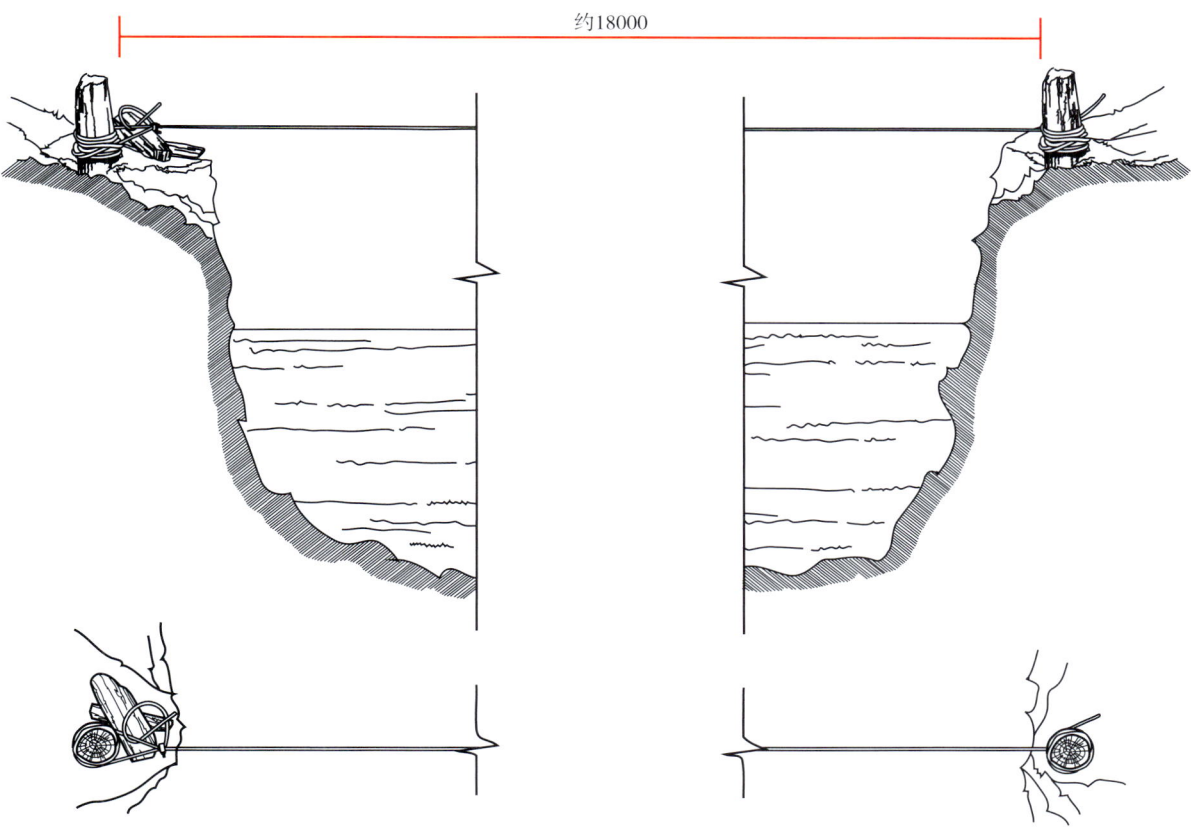

图四 门巴族溜索架设情境图（单位：cm）

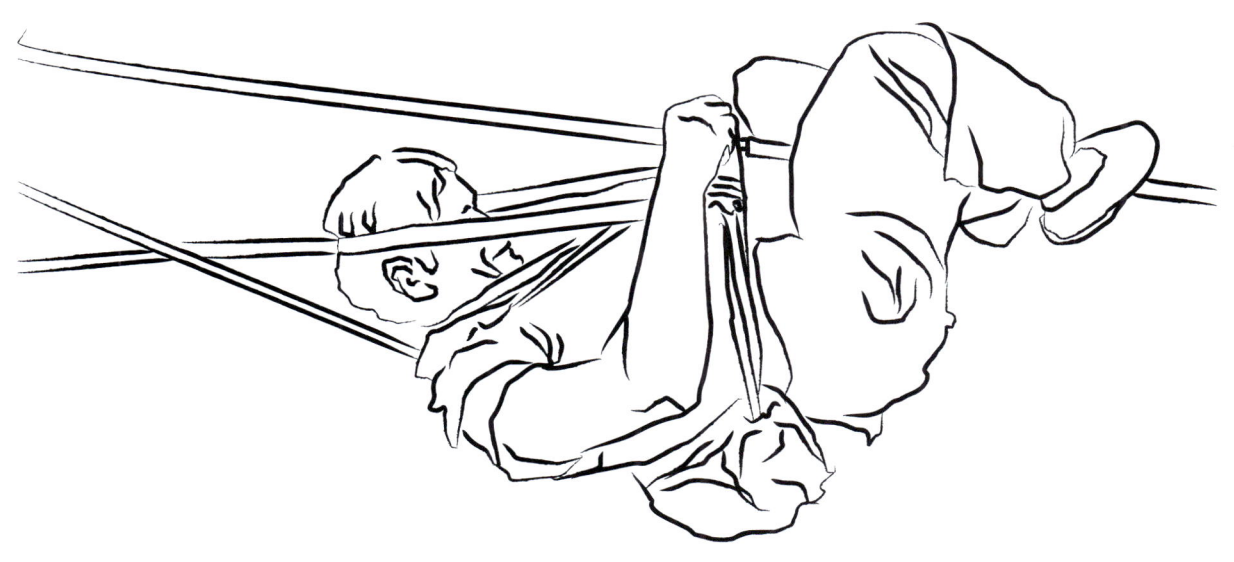

图五 门巴族溜索使用示意图

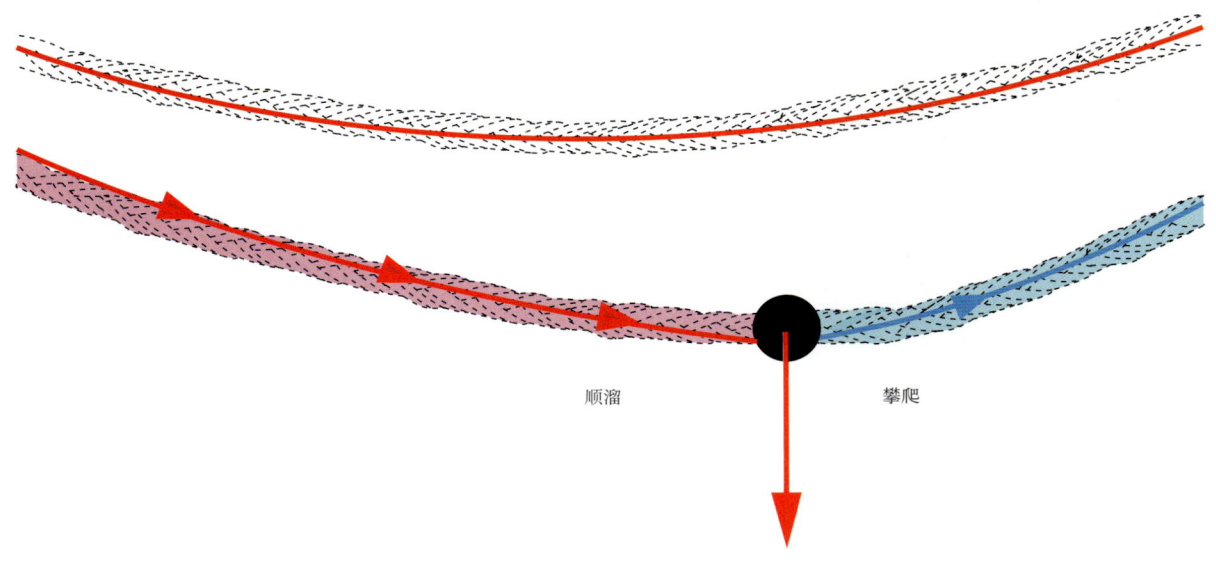

图六 门巴族溜索工作原理分析图

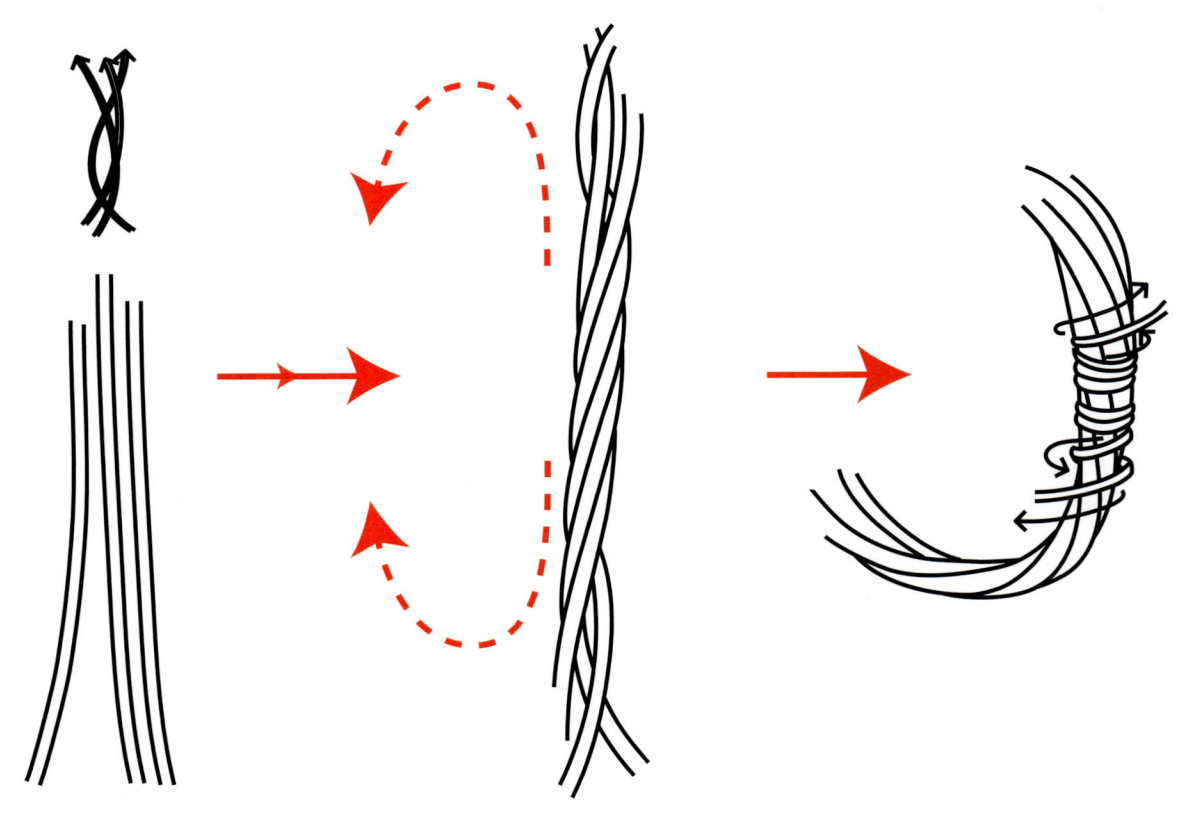

1.将数根藤条扭成一条　　　　2.将扭成一条的藤条向一侧弯曲　　　　3.将藤条的接头处用细藤条绑紧

图七 门巴族溜索藤圈制作示意图

门巴族藤网桥

图一　门巴族藤网桥主图

门巴族藤网桥是由藤条编织搭建而成的，为椭圆形管状悬空式网桥，横截面呈"U"型。藤网桥一般悬吊于两岸的大树和木架之间，悬空于河面之上，大约离河面数十米，长度一般为五六十米，最长的可达两百多米。

本案例的藤网桥采自墨脱县德兴乡，是由数十根粗藤作为桥的"主梁"，然后用粗藤和细藤，横竖编织而成，类似一张"网"，故称"藤网"。每隔3~5米，用4~6股藤条拧成圆圈，藤圈高约1.5~1.8米，与桥身交织，用来加固藤网。由于藤网桥修建在河面较宽，水流湍急的河面之上，所以动工之时，多选在冬春枯水季节。一座藤网桥的建成需要大量人力和物力，搭建藤网桥，需要准备藤条，通常以数量较多的白藤为主。由于藤本身的硬度较大不易弯曲，砍下白藤后一般不能直接使用。首先需要用藤刀劈开，进行软化处理后使用。藤条的长度，需根据河道的宽度确定，通常需将多个藤蔓打结加长，方可满足几十米宽的河道用料。藤桥的建设需要先选好建桥的桥址，地理位置要好，两岸的跨度尽量短；其次要避免在风力大的地方建桥；两岸要有适当的位置便于藤桥的固定。建桥时，需要人用弓箭将细藤射到对岸，并且往返多次将细藤拧成粗索，再将藤编成网状。当碰到河道宽阔的桥址时，弓箭的射程不够，就需要将人绑在高大的乔木顶端，用荡秋千的方式，将藤和人荡到对岸，然后将主藤绑在对岸的乔木上形成一条藤索，然后由人背着次藤爬到对岸施工。藤桥的两端约有30股藤条编成的绳索紧紧地绑在大树、岩石或人工建立的圆木支柱上。

藤网桥的桥面一般由藤条编织成席状结构，通过桥面时，两手需要紧抓上部横索。由于藤网桥重量相对较小，抗风能力较差，风吹时藤桥随风摆动，过桥的时候一般选择风小或没风的日子。藤的特性就是使用寿命短，门巴族地区空气湿润，因此藤网桥每年在枯水季节都需要维修加固。藤网桥网状形式的悬空桥，造型独特，工艺复杂，适合门巴族人聚居地之地理形势和生活环境，这充分地反映了门巴族人的聪明智慧和巧夺天工的手艺。

图片来源
图一　多布杰　摄影
图二、图三　单芳霞　制图
图四、图五　李胜涛　制图

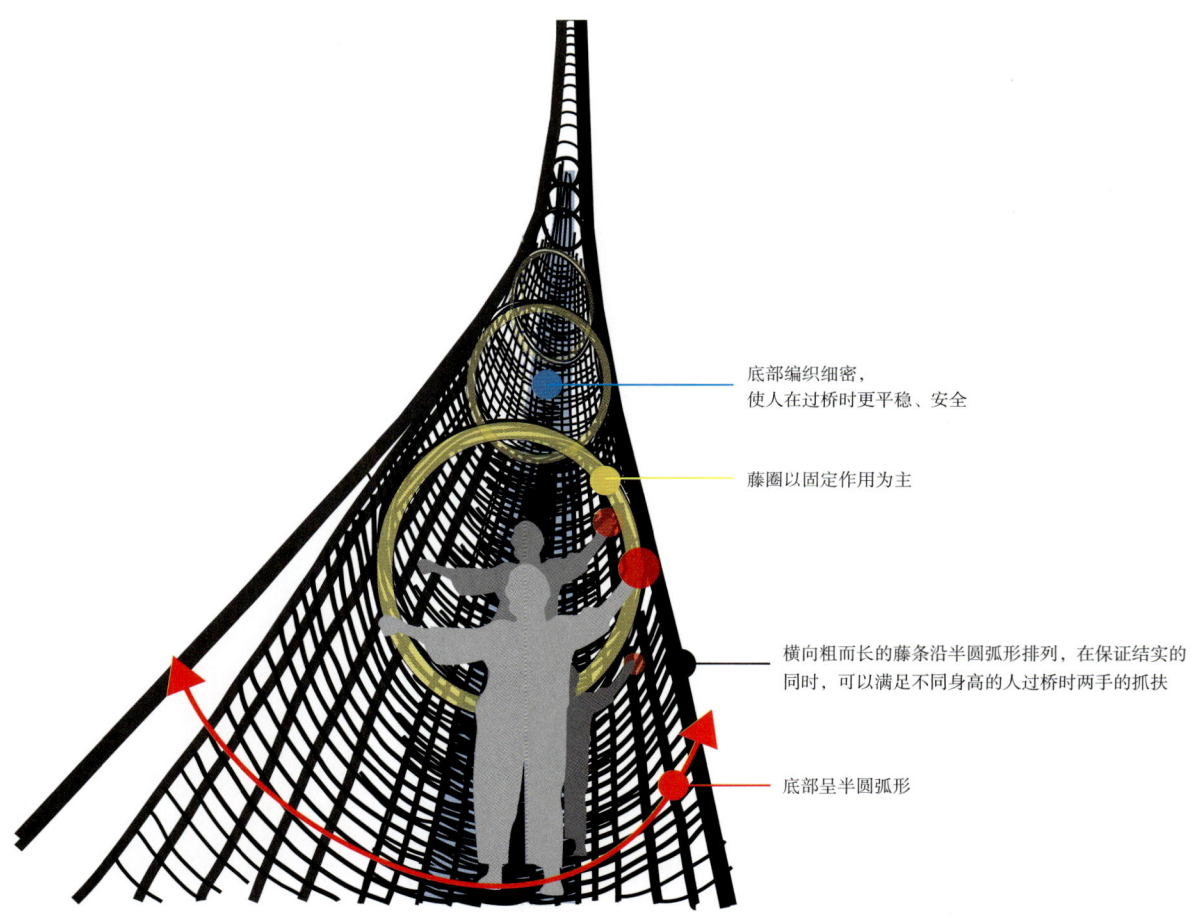

图二　门巴族藤网桥结构功能分析图

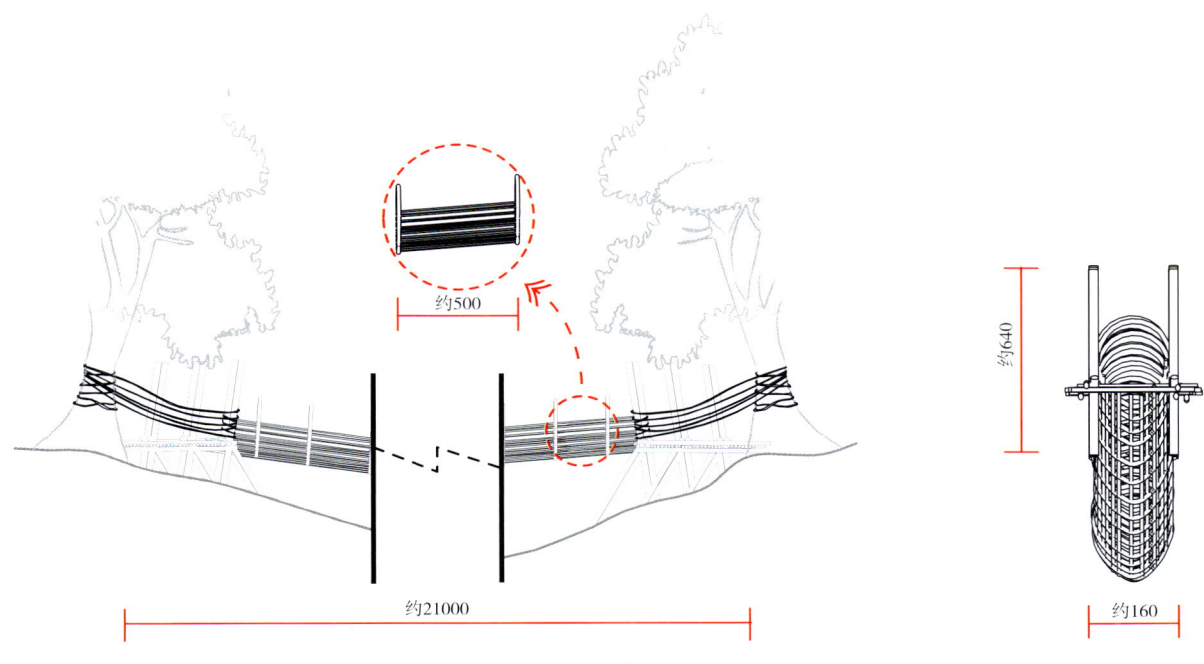

图三 门巴族藤网桥尺寸图（单位：cm）

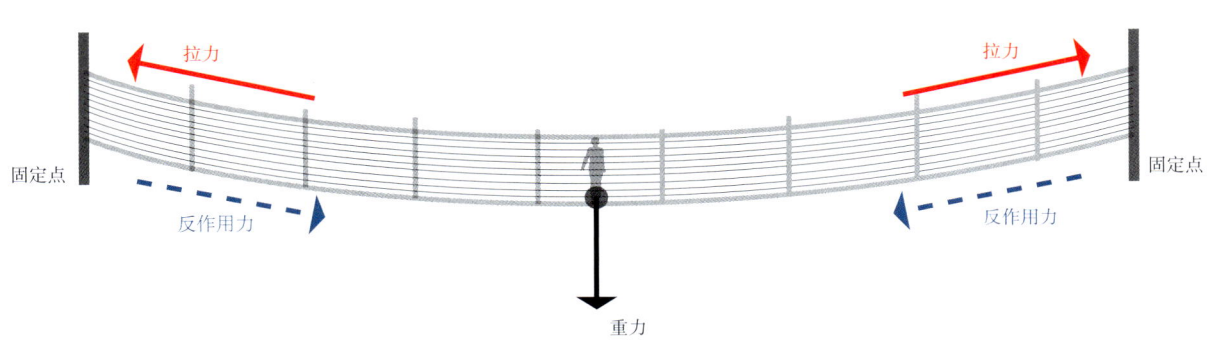

图四 门巴族藤网桥受力分析图

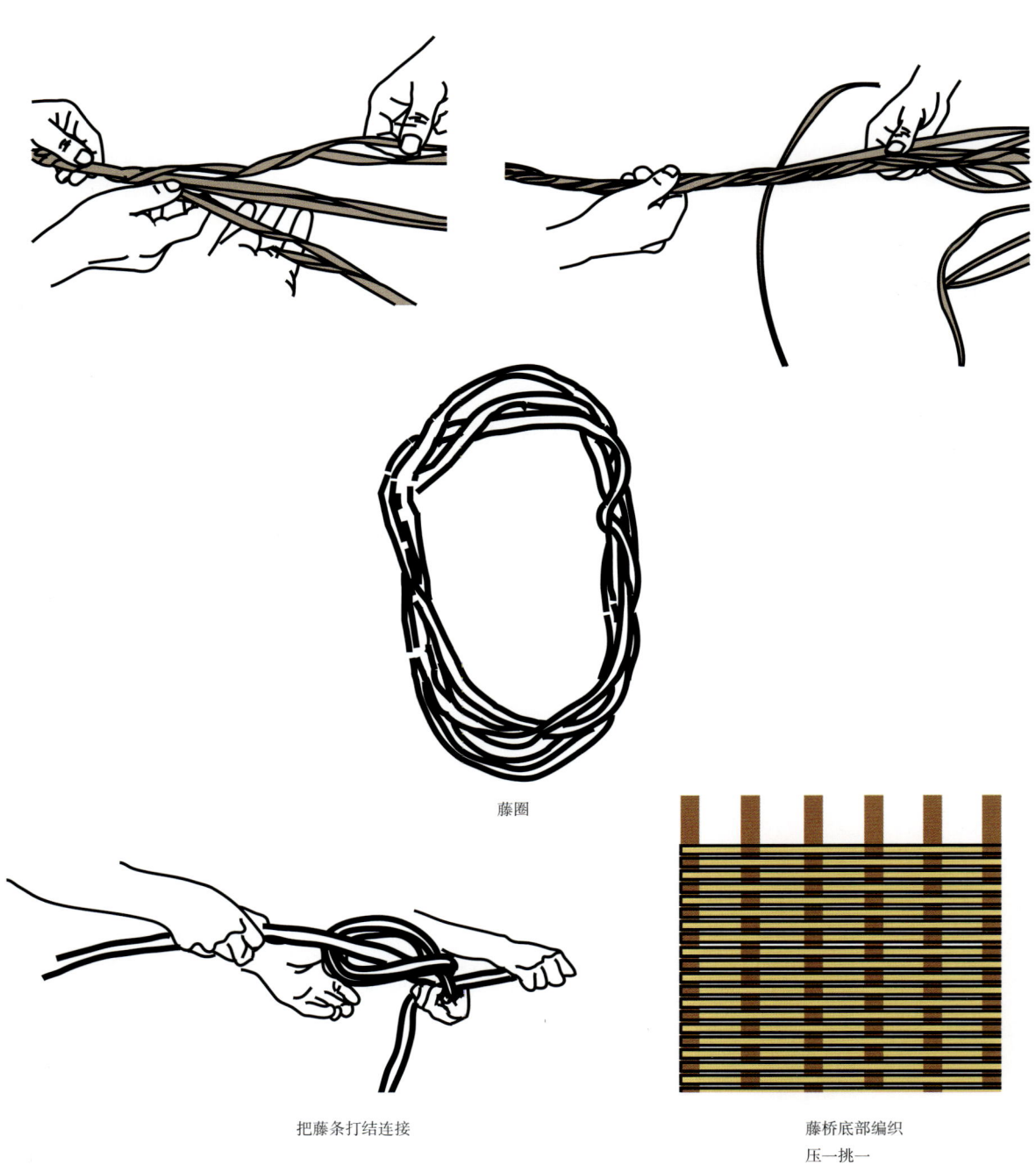

图五 竹篾条编织示意图

门巴族木桥

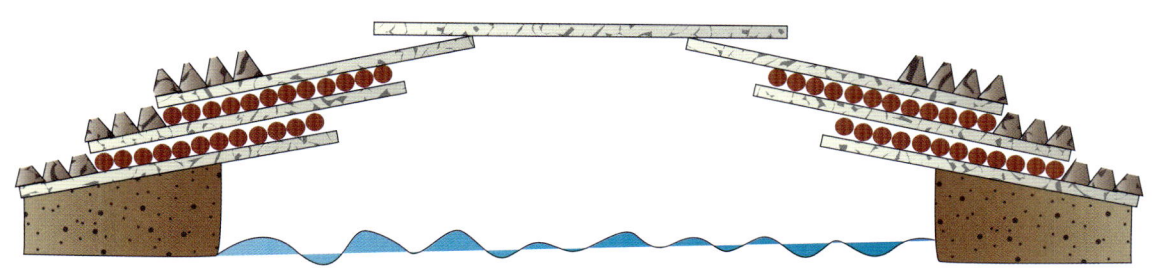

图一　门巴族木桥主图

门巴族生活地区，山高谷深，江河纵横，特殊的自然环境和地理条件，形成了当地人卓越的建桥技术。桥的类型包括有竹索桥、独木桥、溜索桥、藤网桥以及木桥等，其中门巴族木桥颇具代表性。

门巴族木桥是长期的生产实践中一项独特的发明。在必经的路段，选择河床较窄处，先在河的两岸各整平一块坝地，靠近河岸一边略高，远离河岸一边略低。然后，在坝地上与河流垂直方向平摆一排圆木，圆木亦呈倾斜状；约 2/3 长的一端在岸上，圆木用石块压住，另 1/3 长的一端悬空；紧接着，在平摆的圆木上再横向摆一排圆木，然后再与底层圆木平行叠摆一排圆木，比底层圆木再向河中伸出 1/3，靠坝地的一端也用石块压住；依此方法，可叠摆三至四层圆木。两岸同时相向构筑，直至中间所留空隙可以横搭木板为止。这样，在两岸向河中伸出的圆木上搭上木板，就形成桥面了。

木桥建造基于三点考虑：满足人畜等轻量型载重通行，建筑材料要求不高，易搭建。

从剖面图来看，直接承载桥板的最上层原木约 2/3 长度的部分不在岸坝上，如果仅此一层原木托举桥面的话，依据杠杆原理"动力 × 动力臂 = 阻力 × 阻力臂"（以河岸为支点）可知，每侧岸坝仅可贡献石头和原木总压重一半的托举力（支点两边岸上原木长度为河上长度的一半），即桥面最大载重与岸坝单侧总压重持平；但木桥多层梯状石块连同原木搭建的设计变相增加了总托举原木长度，岸坝低端石块保证了梯状原木总重心始终在岸坝上，此时河岸支点两端长度变为均等（基于所使用的圆木长度相当），从而每侧岸坝贡献托举力增大到与总压重相当，此时的桥面最大载重上升至岸坝单侧总压重的两倍，轻松满足人畜等轻量型载重，承载重量只要不超过两边石头和原木的总压重就能安全通过，达到通行的目的。

同时，多层梯状设计有效避免了必须使用优质原木，即若有足够长粗的原木，直接横跨河上即可，同样避免了桥高施工难度（足够长粗的原木自有一定重量，估计不是几个

第四章　门巴族传统生活用具

人就能轻易移动架设的）的局限，依据本案例的垒搭，普通长度的圆木和普通重量的石块，靠人力便可轻松完成。

图片来源

图一至图六　单芳霞　制图

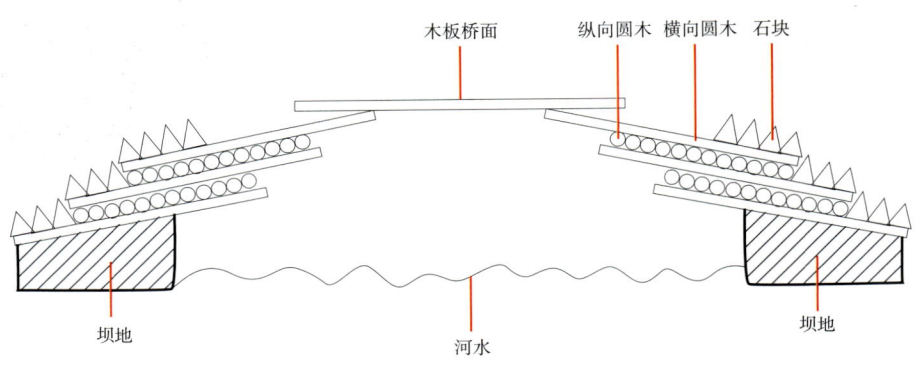

图二　门巴族木桥结构图

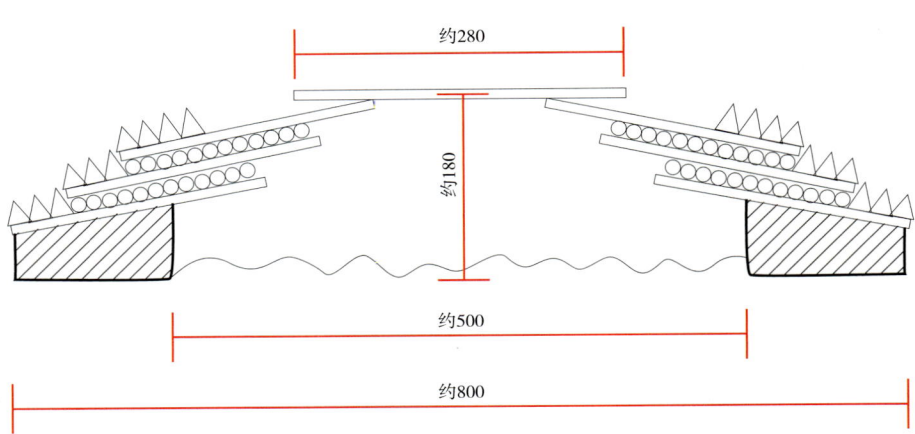

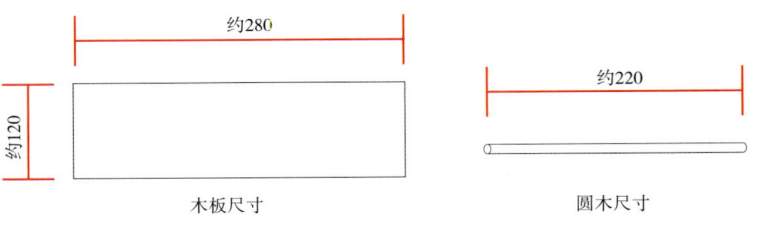

图三　门巴族木桥尺寸图（单位：cm）

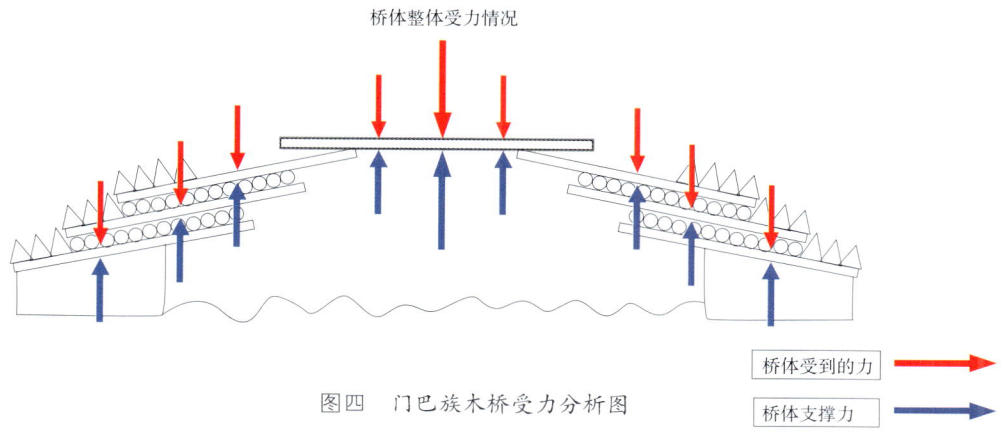

图四　门巴族木桥受力分析图

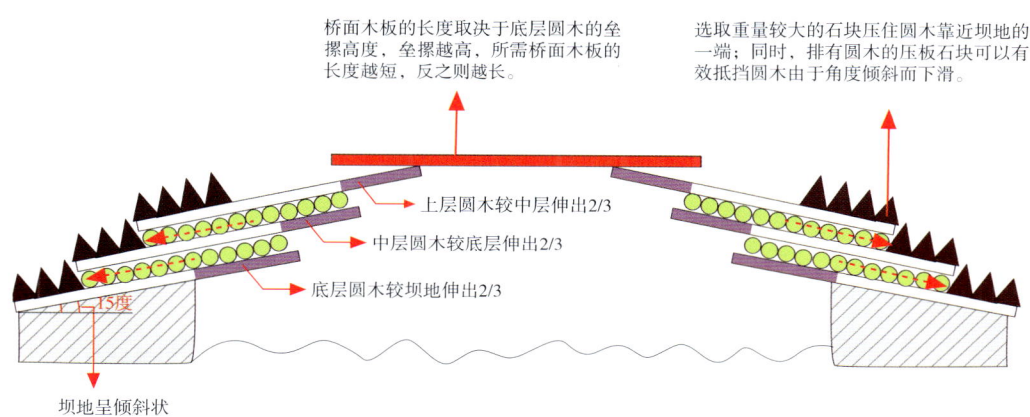

图五　门巴族木桥功能分析图

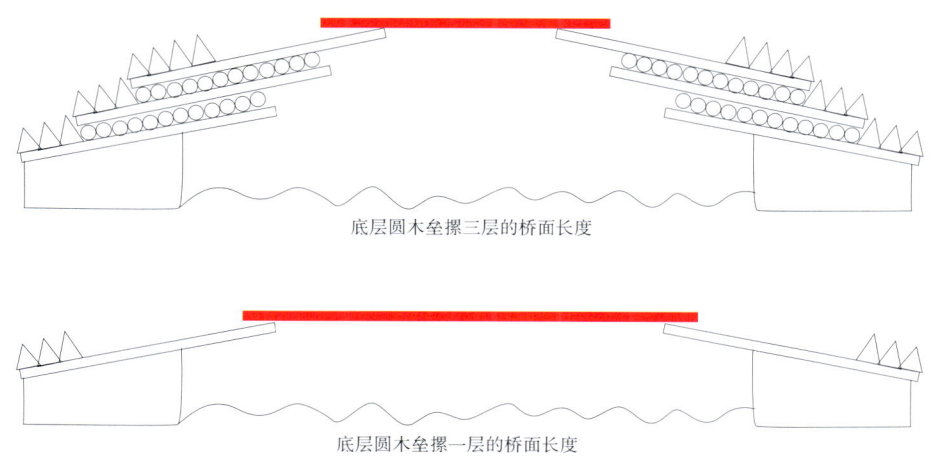

图六　门巴族木桥桥面木板长度比较图

门巴族背夫

图一 门巴族背夫主图

门巴族居住的地区位于雅鲁藏布江大峡谷，经常发生泥石流、雪崩等自然灾害，且森林密布，道路难行。长期以来，特殊的地形甚至连独轮车都难以使用，门巴族人硬是用自己的肩膀担负起本民族与外界的沟通，即门巴族人力背夫。这也是最为常见的、有效的运输方式之一。背夫手持"T"形挂杖攀缘，穿行于山峦峻岭、悬崖峭壁、荆棘丛生的羊肠小道之间，过溜索或爬独木悬梯，歇息时顶撑松肩。

许多背夫从孩提时代便开始这种繁重的体力劳动，成年男子一般每次可背运70公斤，成年女子一般可背运50公斤，即使是小孩，每次也可背运15公斤。门巴族背夫主要依靠个人体力，辅助性的运输工具是马匹、牛力，在一定程度上也能够稍减背夫们的负担。近些年，越来越多的人进入错那、墨脱县各地旅游，背夫们的计价方式也有所调整，或按照天数计价，或按照重量计价，收入有很大提高。

长久以来成百上千吨的生活生产用品，都是由背夫们翻过雪山、走过塌方、穿越峡谷背进背出的。随着交通条件的不断改善，一方面门巴族人为摆脱繁重体力感到高兴；另一方面，背夫们面临着失去自己"副业"的危机。

图片来源

图一、图五　单芳霞　制图
图二、图三　李胜涛　制图
图四　多布杰　摄影

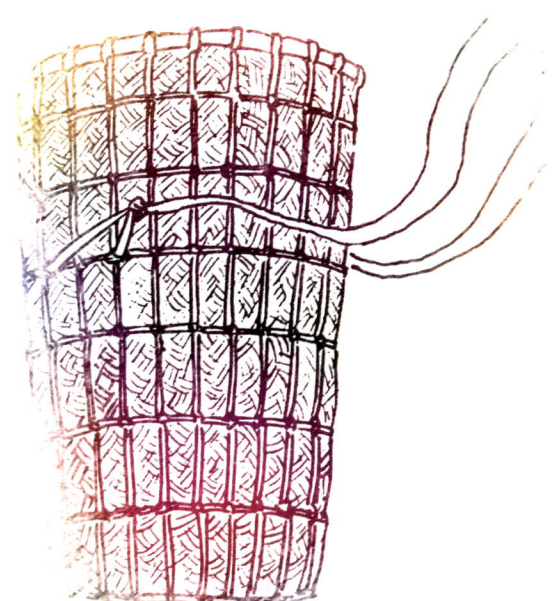

图二　门巴族背夫使用工具之竹篓图

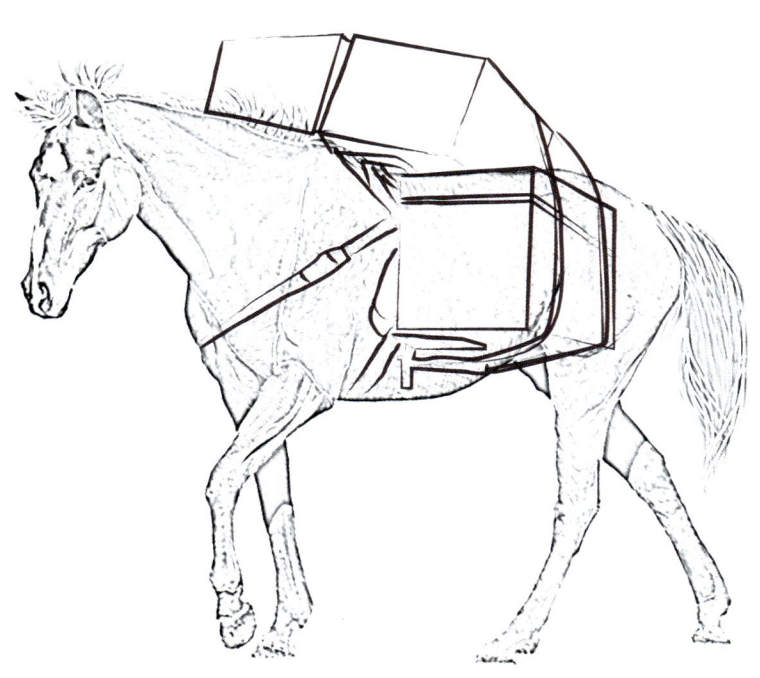

图三　门巴族背夫辅助工具之马驮货物图

图四　门巴族垫在驮牛、马背上的鞍鞯图

图五　门巴族女性背夫休息场景图

第五章 门巴族传统生产工具

门巴族砍刀

图一　门巴族砍刀主图

由于门巴族人居住的特殊地理环境，砍刀对于门巴族人来说，无论是防身还是生产生活都有着极其重要的作用，一般男子外出都会随身携带。

门巴族砍刀结构主要分为刀体和刀鞘。整把砍刀长 50 厘米左右，其中刀柄部分约为 15 厘米。刀柄呈扁圆形结构，柄头略粗，柄尾稍细，柄头用木质材料包裹，裸露在外面的金属把柄手感滑润。刀柄向内弯曲，使用者手握刀柄的中间部位，这样的结构有利于使用者对手握力度的掌握，增加人对砍刀的方向感和力度感把控，使砍刀不会轻易滑落。砍刀刀身设计较薄，刀面呈梯形，刀尖部分平缓开刃，刀柄与刀身接触部分呈梯形结构。靠近刀柄的部分厚而窄，靠近刀身的部分薄而宽。刀背较宽利于防止自伤，刀刃薄而窄较为锋利，便于砍削，节省体力。门巴族人也将砍刀用于防身，刀尖部分可以临时用来挖掘，提升砍刀的使用功能，扩大其使用范围。门巴族砍刀的刀鞘不同于普通的皮革刀鞘，是用一块"凹"形的木板和一层包在木板上的藤条共同制成的。木板"凹"形结构正好将刀身藏于凹槽里面，木板四周用藤条围绕编织而成。另外，砍刀木板底端一侧，插入一木条，可以减少刀身在凹槽内的活动空间，起到一定的固定效果。

门巴族人外出生产时会在刀鞘上绑上藤条或绳索，将刀挂于腰间，刀柄在前，刀身在后，方便防身和生产，同时也方便刀身回鞘。

图片来源

图一　购自 FOTOE 网　董力　摄影
图二至图四　单芳霞　制图
图五、图六、图九　李胜涛　制图
图七　牛彧男　制图
图八　李胜涛　摄影

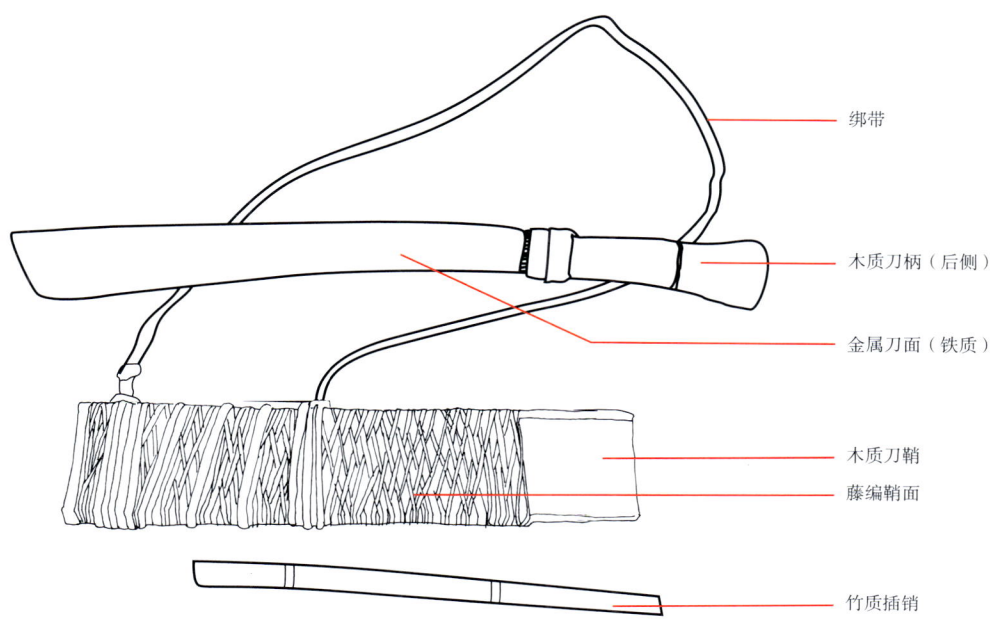

图二　门巴族砍刀结构图

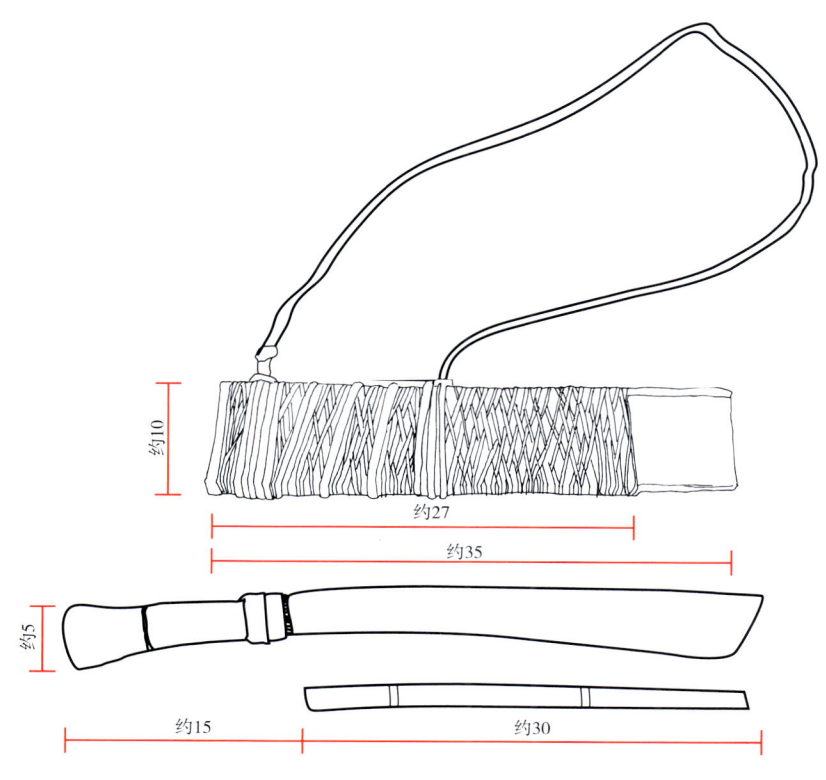

图三　门巴族砍刀尺寸图（单位：cm）

第五章　门巴族传统生产工具

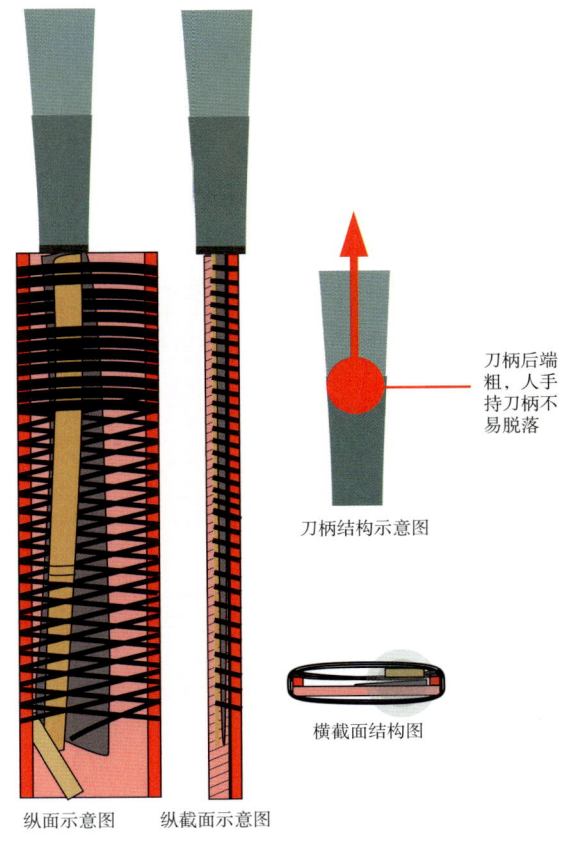

图四　门巴族砍刀设计分析图

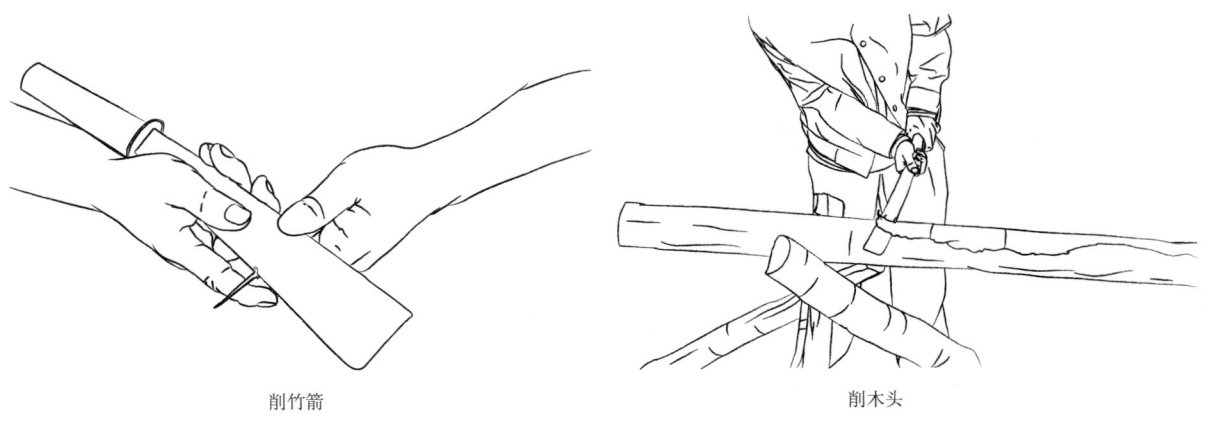

图五　门巴族砍刀操持方式示意图

图六 门巴族砍刀使用情境图

图七 门巴族砍刀佩戴方式图

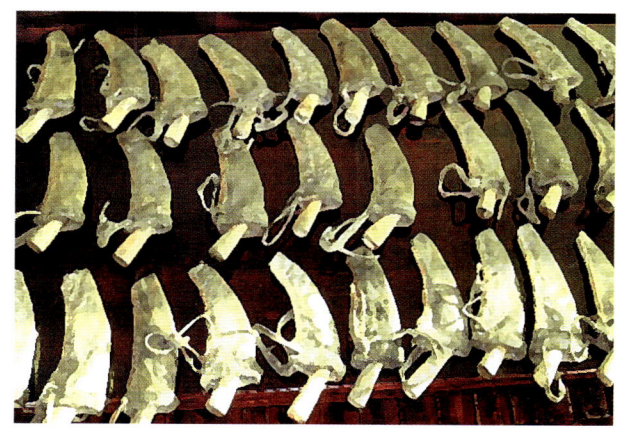
图八 门巴族刀具"有几"（小弯刀）图

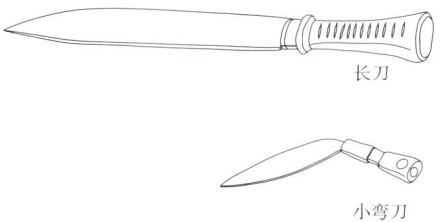
图九 门巴族其他类型的刀具（长刀和小弯刀）图

门巴族农具"如"与"厄"

图一　门巴族农具"如"主图 1

门巴族在 20 世纪 50 年代以前一直保持着原始的耕作方式。虽然现今基本使用铁质劳动工具进行耕作，但仍然保留着一部分木质劳动工具。常见的木质劳动工具有踏犁（"如"）、木犁、木耙、小木锄、木杈等，还有竹制农具竹刮（"厄"）。

门巴族翻地的踏犁（"如"）是由质地坚硬的青冈木制成的，因此也称青冈杈。本案例采选自错那县基巴门巴族乡让村。主要由手柄、脚踏板和犁头组成。类似于中原地区的木锹，只是锹口较尖，多了一个脚踏板。使用时以足用力踏之，达到翻土的效果。因其翻耕效率较低，所以一般都是没有牲畜的农户使用。"如"的主体是一根尖头木棒，长约 170 厘米，最粗部分直径 10 厘米，下端削成正面平滑、背部圆凸起脊的尖锥。距尖端约 60 厘米处，用竹绳缚一段长约 15 厘米的横木，一侧伸出较长，便于脚踏。使用时，双手（右手在上，左手在下）握柄，左脚蹬横木使踏犁与地面呈 60~70 度角向下刺土，一般刺土深 20~30 厘米；随后双手向下猛压柄，把土翻上来。用"如"翻耕土地，通常是两个男子各持一踏犁，"夹掘一穴"，形成一退一进的形式。同时，对面有两个妇女，手执木锄，将翻上来的土块打碎整平。除了四人成组的形式外，也有一人翻土、一人碎土的。门巴族用人力为主的翻耕方式解决了偏远山区地形特殊、畜力不够的困难。

而对于耕种时必要的除草工序，门巴族人制造了名为竹刮（"厄"）的传统农具。竹刮（"厄"）制作方法较为简易，用竹刀把竹子劈成宽 4 厘米，长约 60 厘米的硬竹片，弯曲成环状即可。其主要用途为松土和除草，是门巴族人耕作劳动中不可或缺的工具之一。

门巴族充分利用当地丰富的木材和竹材资源，制作出简便却较为实用的农耕工具。这些农耕用具及相应的耕作方式对于门巴族人文历史的研究有着较为重要的意义。

图片来源

图一、图六　多布杰　摄影

图二　李胜涛　制图

图三、图四、图五、图七　龚滢　制图

图二　门巴族手持农具"如"的门巴族老人图

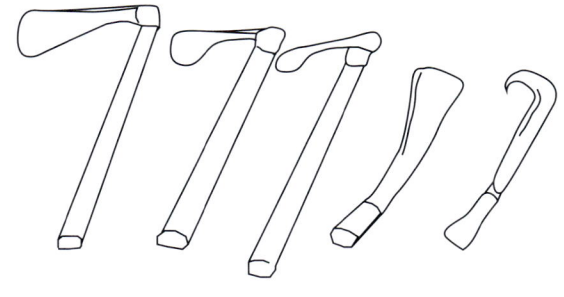

图三　门巴族农具锄线描图

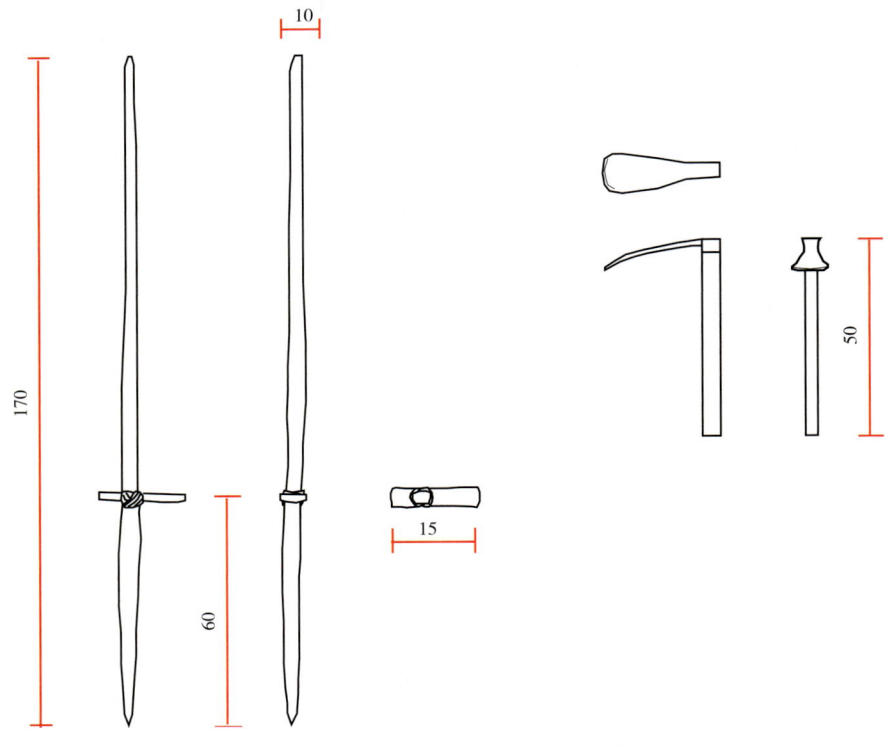

图四 门巴族农具"如"与锄尺寸图（单位：cm）

图五 门巴族农具"如"与锄使用场景图

图六 门巴族农具"厄"主图2

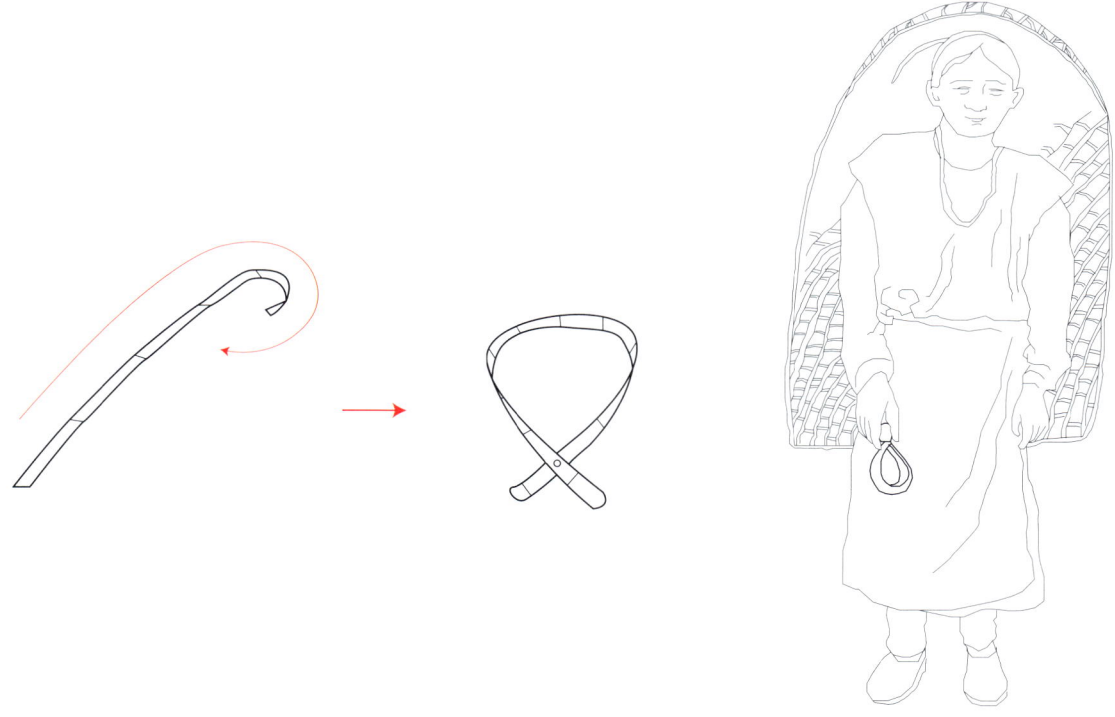

图七 门巴族农具竹刮"厄"制作与使用示意图

第五章 门巴族传统生产工具

135

门巴族木犁"二牛抬杠"

图一　门巴族木犁"二牛抬杠"主图

随着门巴族物质生活的逐渐改善，在耕作劳动中开始使用效率更高的畜力代替人力，其中"二牛抬杠"最为常见。本案例采选自林芝县八一镇尼洋阁博物馆，有别于汉族地区的犁耕方式，其特点是将一根木质横杠的两端分别系在两只牛的牛角上，犁架与横杠连接，以牛角拉犁。这是门巴族人因地制宜而采取的独特的牲畜犁耕方式。

"二牛抬杠"的动力来源主要是牛，耕作的方向则由人来控制。犁多选用质量密度较高的硬质杂木，硬质木决定着犁的使用寿命和耕作质量。木犁多用青冈木做成"人字杈"，犁身长约150厘米，犁铧用乌木支撑。铧宽约15厘米，长约30厘米。纵观犁的整体结构，主要分为几个部分，犁辕——动力牵引件，犁梢——耕作操纵件，犁箭——耕深调节件，犁壁——固定件，犁底——保持耕作平稳件，犁铧——耕作件，犁辕——动力与犁的连接件。这几个部分共同使用，使得木犁结构简单、坚固耐用、操作省力、调节方便、耕作平稳。使用"二牛抬杠"时，由于犁身笨重，犁地时，二牛抬杠，一人驾犁，扶犁者在后方把控犁的耕作深度，牵牛者在前面引导犁工作的方向。没有耕牛则完全由人工耕作，一人扶犁，二人拉犁。

门巴族人选择"二牛抬杠"这种类型的畜力犁，是由当地的土壤条件和地理环境决定的。"二牛抬杠"的耕作方式较为生动地体现了门巴族生产力的提升，说明门巴族的耕作方式进入了由畜力代替人力的新阶段。

图片来源
图一　陶琨、李绮雯　摄影
图二至图四　单芳霞　制图
图五、图六　李胜涛　制图
图七　多布杰　摄影

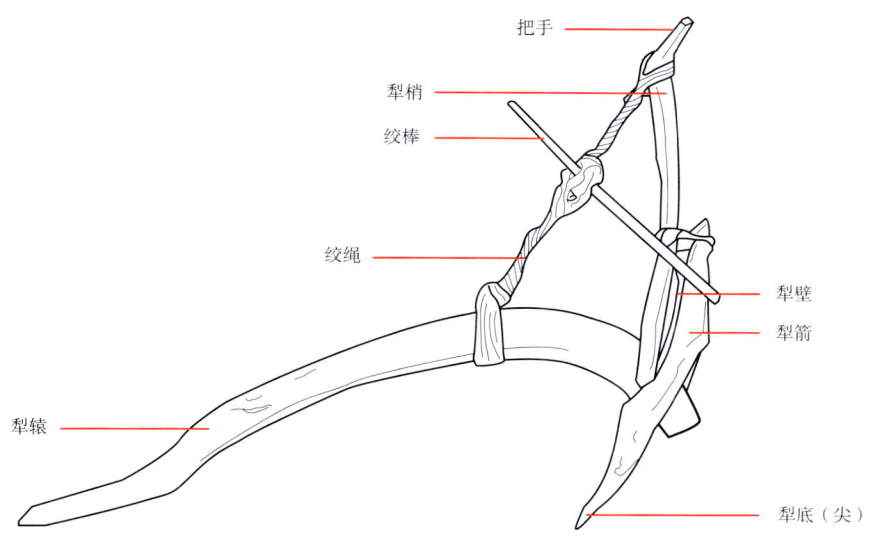

图二　门巴族木犁"二牛抬杠"结构图

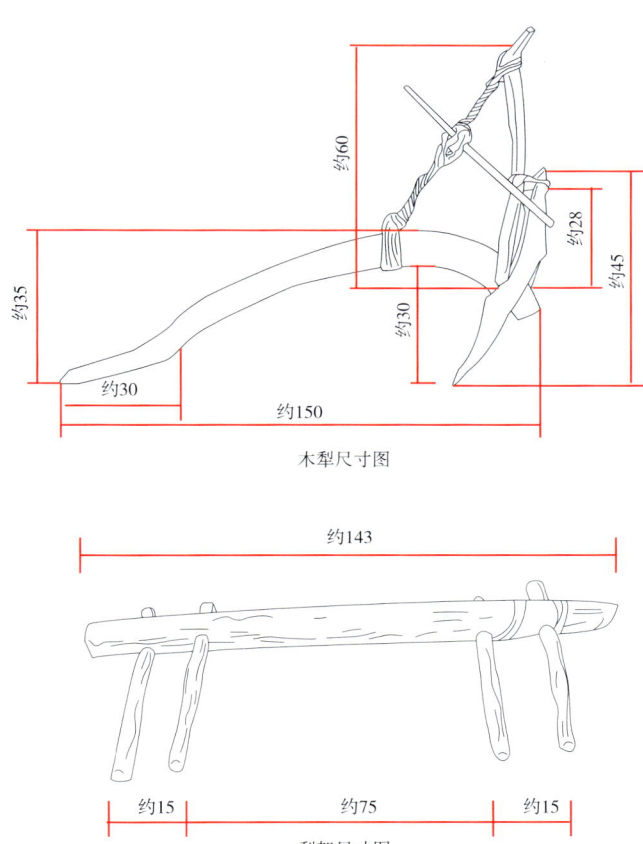

木犁尺寸图

犁架尺寸图

图三　门巴族木犁"二牛抬杠"尺寸图（单位：cm）

图四 门巴族木犁"二牛抬杠"解析图

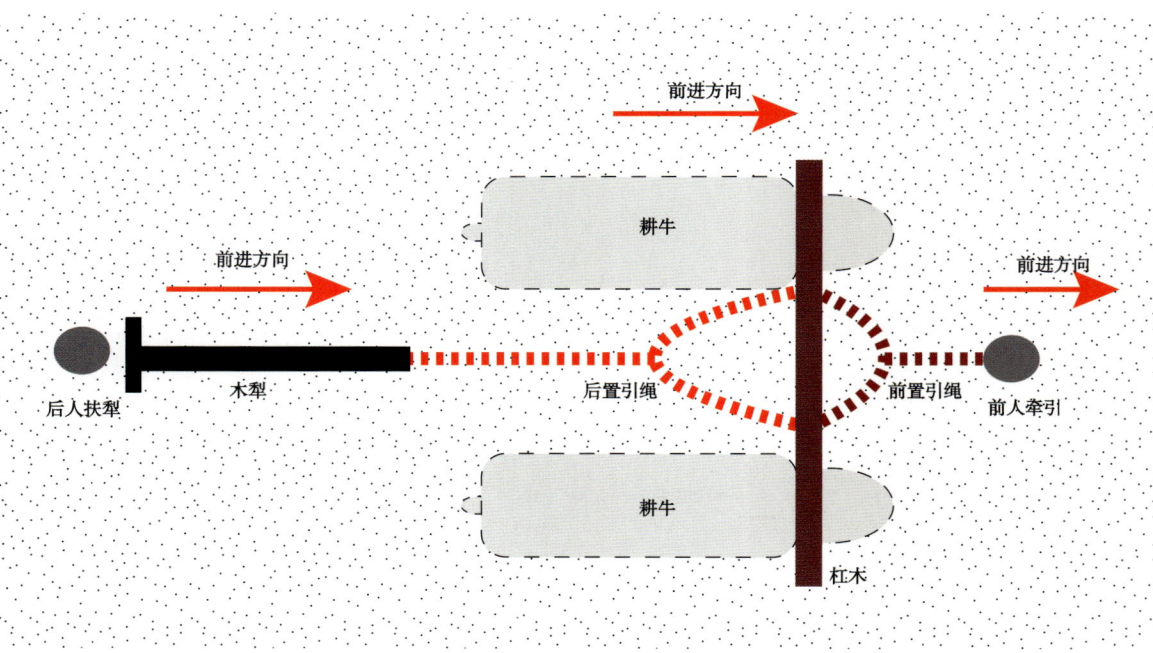

图五 门巴族木犁"二牛抬杠"使用原理图

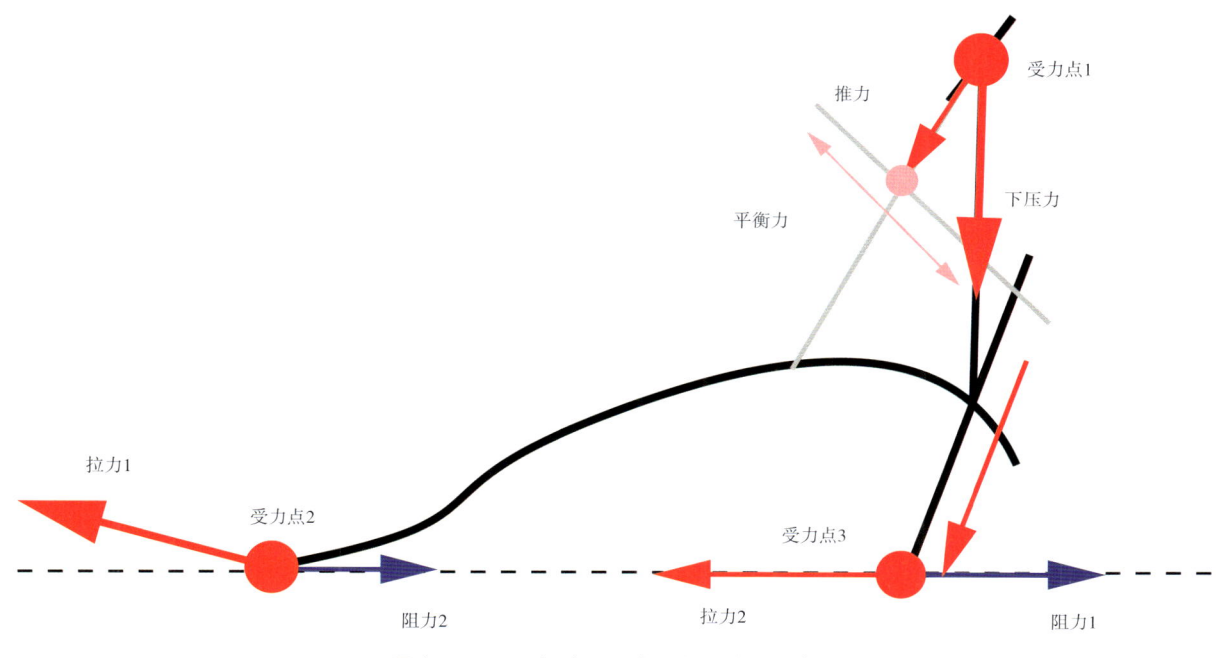

图六 门巴族木犁"二牛抬杠"受力分析图

图七 门巴族木犁"二牛抬杠"耕作情境图

门巴族农具"汪阿"

图一　门巴族"汪阿"主图

门巴族人在农事活动中，使用工具以木制和铁制为主，或者两者结合使用。例如翻地锄"汪阿"、平地锄"玛囊"、铁镰"阿佐尔"等，这类工具都是短木柄铁头的小型农具。其中尤以农具"汪阿"较具代表性。本案例采自错那县基巴乡让村。

"汪阿"结构相对简单，主要由两部分构成，木质手柄和铁质锄头，木柄嵌入锄头顶侧的孔洞中，并插入小块木插梢使木柄与锄头的连接更牢固。木柄是以直径4厘米左右，长约46厘米的木棍削制而成的，铁锄头长度约30厘米。铁锄头与木手柄之夹角约60度，不同于汉族常见的直锄。锄头之所以设计成细长、头尖造型，且具有一定弧度，这与门巴族生活区域的地理特征以及耕作方式相关。门巴族聚居地区山地众多，耕种、收割作业常在坡地进行，这与平原地区的农事劳作明显不同，大型农具无法使用。另外，山坡上土石、杂草多而密，人在坡地上挖掘、翻地，需要以"跪趴"姿势、"点对点"地进行，农具"汪阿"锋利轻巧，携带便捷，非常符合这种耕作方式。

图片来源
图一、图二、图七　多布杰　摄影
图三至图五　单芳霞　制图
图六　张孙晨　制图

图二　门巴族小型锄地农具图

图三 门巴族农具"汪阿"结构图

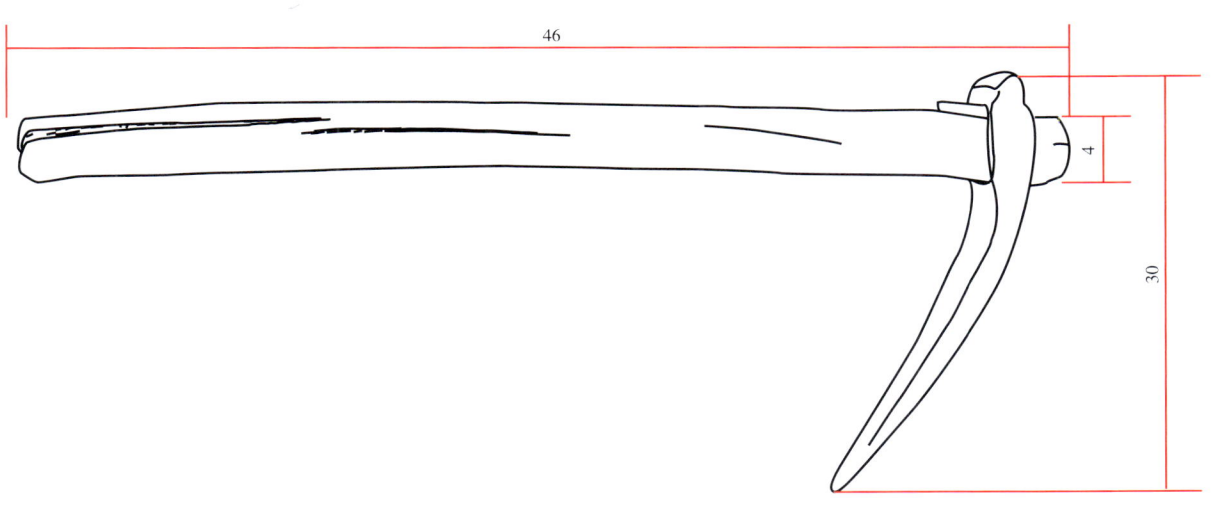

图四 门巴族农具"汪阿"尺寸图（单位：cm）

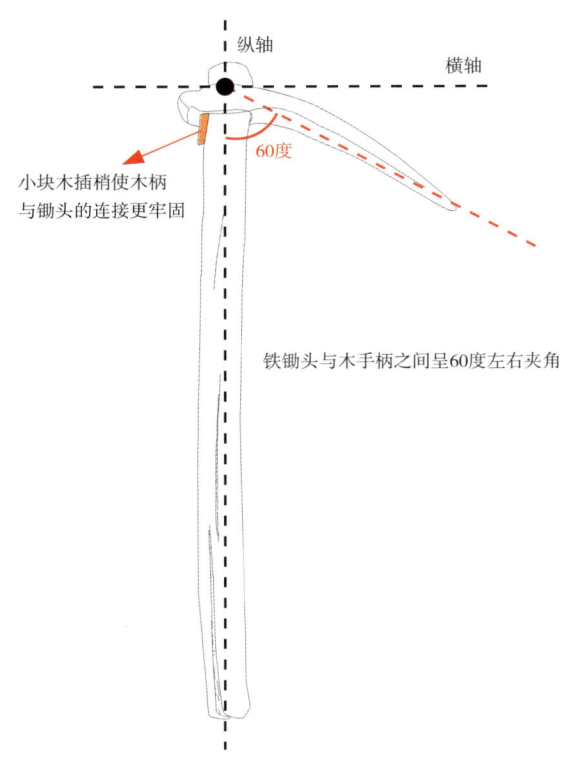

"汪阿"适合在坡地上进行挖掘，人们只需趴在坡地上即可劳作

在平地挖掘需要蹲下，并不方便，所以"汪阿"非常适合在坡地使用

图五　门巴族农具"汪阿"设计分析图

图六　门巴族农具"汪阿"使用情境图

图七　不同类型的门巴族农耕器具图

门巴族木舂臼

图一 门巴族木舂臼主图

木舂臼是门巴族重要的粮食加工器具，每家必备，它可以将稻谷、高粱、小米等少量的粮食加工成米粒或者米粉。

本案例木舂臼采自错那县基巴乡让村，由木臼和木碓构成，均由硬木制作而成。木碓是用一根粗木棒加工而成的，上下两部分是直径约10厘米粗的平滑圆柱，中间部分比较细，底端呈半圆形。中间部分与上下两端连接处呈细漏斗状，方便双手握紧。木臼用来盛放粮食，宽口窄底。使用时木臼底部被埋入土里，以增加稳定性。木臼的高度大约与人的膝盖齐平，容量不是很大，一次性加工粮食的量不多。

木舂臼作为原始的粮食加工器具，操作简单方便，老弱妇孺均可使用，在一定程度上满足了门巴族人自给自足的生活方式。

图片来源
图一　多布杰　摄影
图二、图五至图七　李胜涛　制图
图三至图四　单芳霞　制图

图二　门巴族老人在舂米图

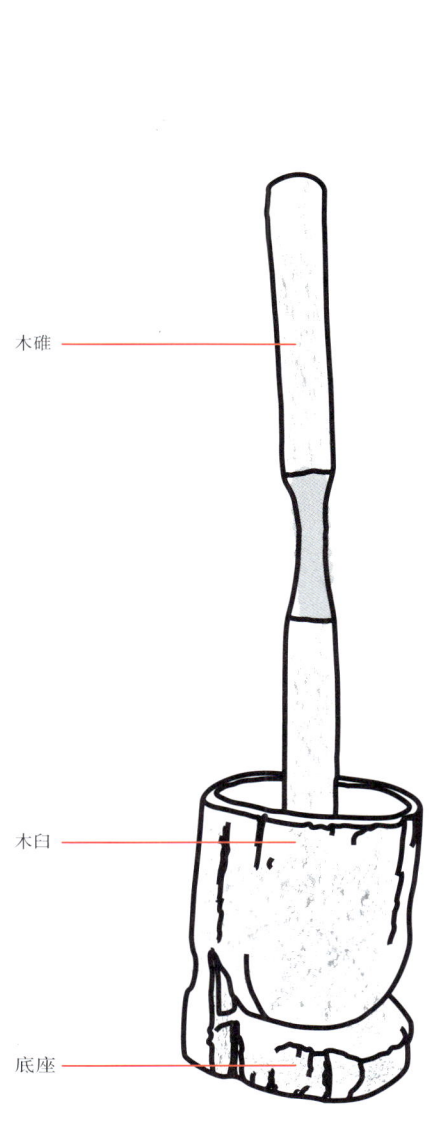

图三 门巴族木舂臼结构图

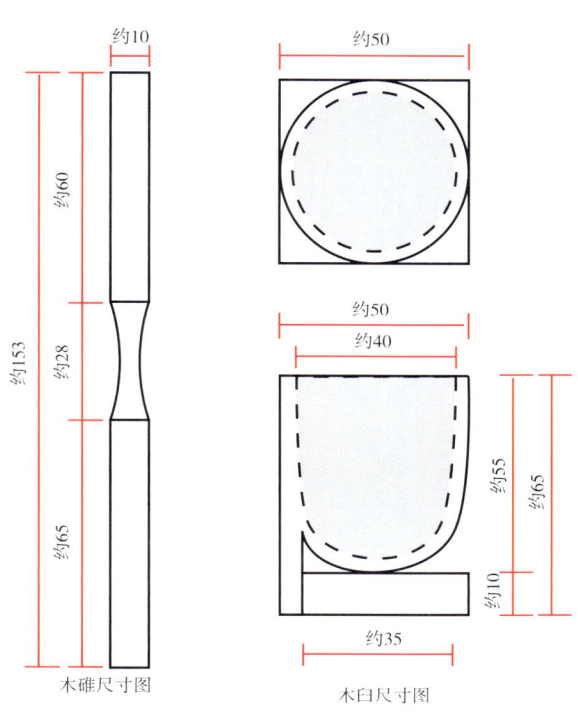

图四 门巴族木舂臼尺寸图（单位：cm）

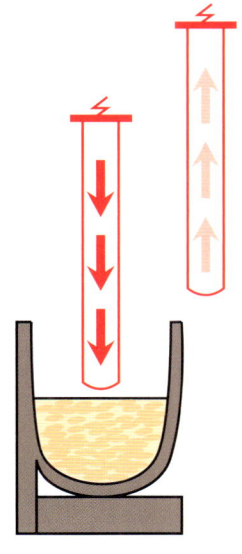
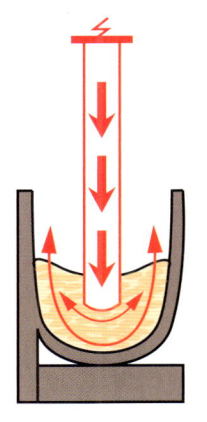

图五 门巴族木舂臼操作原理分析图

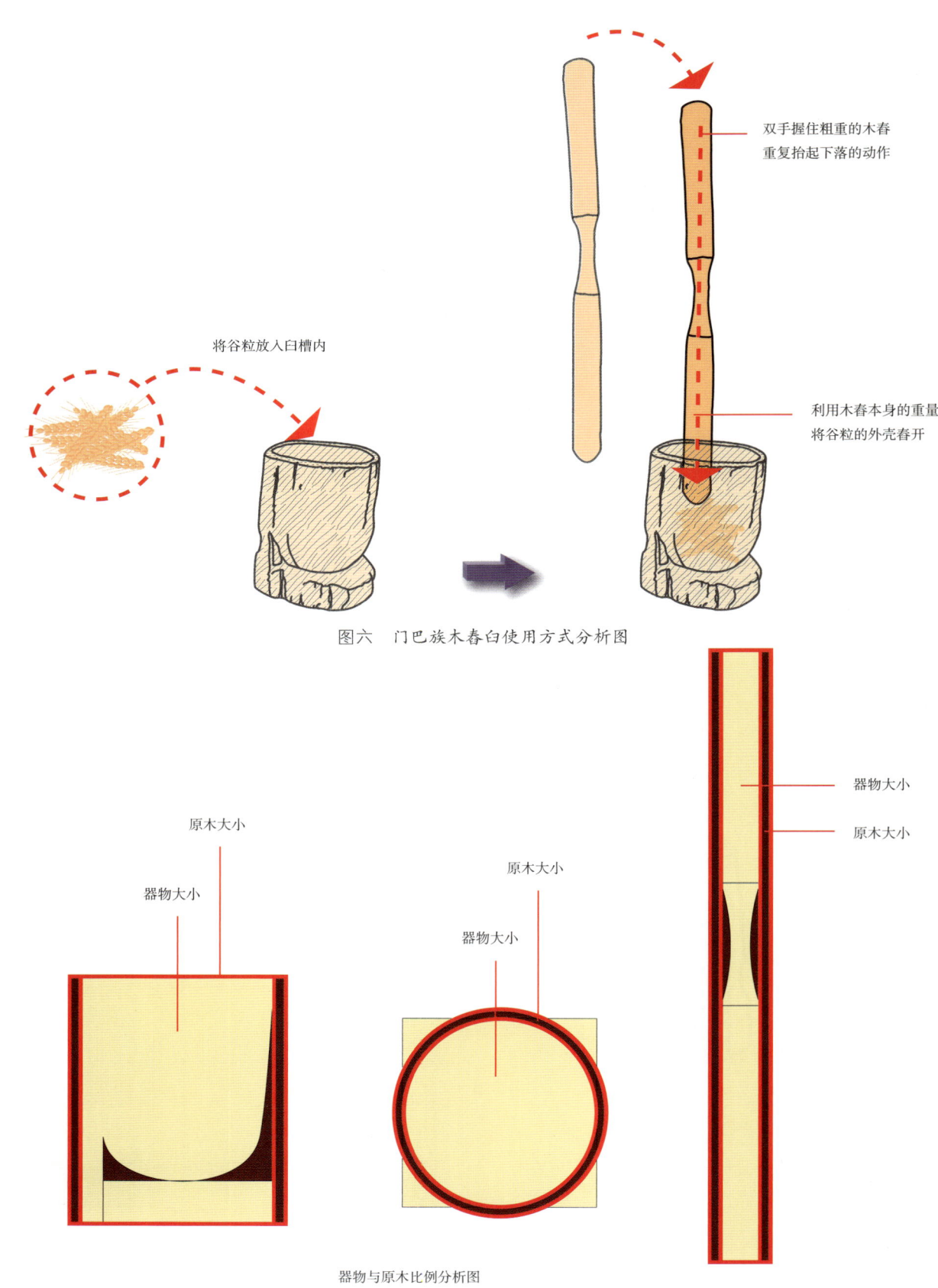

图六　门巴族木舂臼使用方式分析图

器物与原木比例分析图

图七　门巴族木舂臼与原木比例分析图

门巴族手推石磨

图一　门巴族手推石磨主图

门巴族使用的传统粮食加工工具主要有木杵臼和手推石磨，用来研磨米、谷、豆等原料作物，将其制作成粉末状。尽管两者均采用人力操作，但手推石磨的工作效率显然更高一些。

本案例手推石磨采自林芝县八一镇尼洋阁博物馆，结构主要分为三大部分：下方为"X"形木支架、中间为带有弧度的木制凹槽、上方为手推石磨。支架使用原木交叉固定而成，两侧的原木交叉，侧面呈现"X"形结构，中间部分用木板搭接凹槽两侧。整个支撑结构呈现出稳定的三角形结构，并足以支撑起上部带有一定重量的石磨。中间的木制凹槽带有一定弧度，木槽高约20厘米，厚度约为4~6厘米，整块用原木挖凿而成。木槽用粗木头加工成中间向内凹进的形状，研磨成的粉面更加容易集中自然地滑落，利于面粉的收集。木槽上方放置石磨盘。石磨盘一共两扇，上下相对，凿有辐射形磨齿。

上扇磨盘呈环状漏斗形，直径为50厘米，侧面漏斗嘴部分留有木质把手作为上扇磨盘的动力结构。上扇磨盘围绕一个木轴转动，木轴从下磨盘的中心凸出来，高出下扇磨盘些许，上扇磨盘便可安在木轴上面转动了。在偏离磨盘中心处有一个贯通上扇磨盘、直径为4厘米的洞，在此处添加待加工的粮食。磨盘的转动使粮食在上下磨盘之间不断地被碾压，压成面粉后从上下石磨的边缘处挤出，然后落在木槽之上，由于木槽中间低四周高，粉面不断地向下汇集。研磨完成的粉面只需从木槽扫出便可。

门巴族手推石磨采用低速研磨的方式，研磨谷物原料时更精细、均匀，在提高生产效率的同时，达到节省劳动力、减轻劳动量的作用。

图片来源
图一　陶琨、李绮雯　摄影
图二至图四、图八　单芳霞　制图
图五至图七　李胜涛　制图

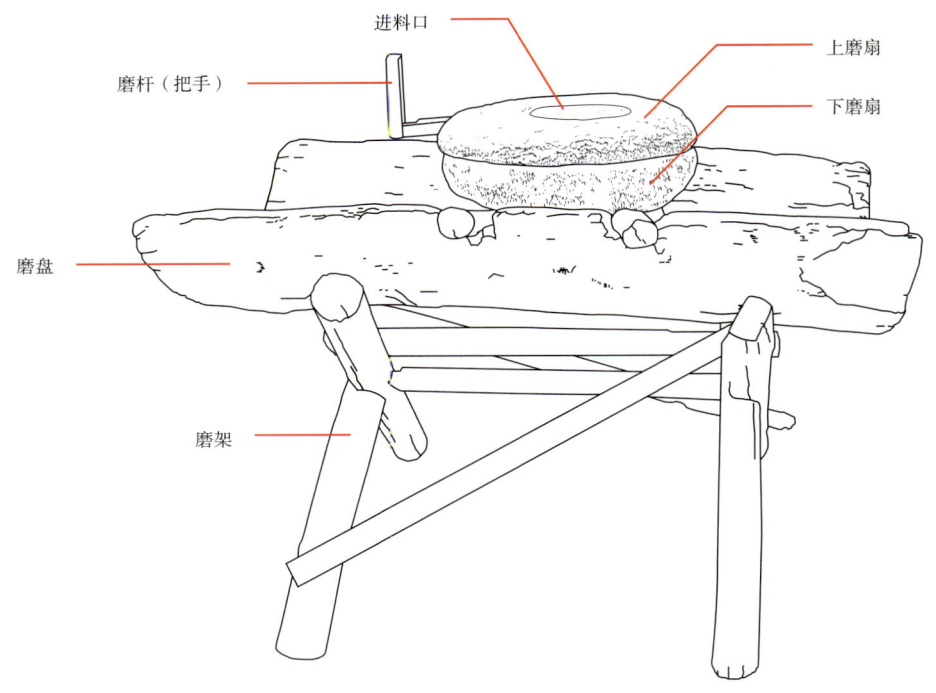

图二 门巴族手推石磨结构图

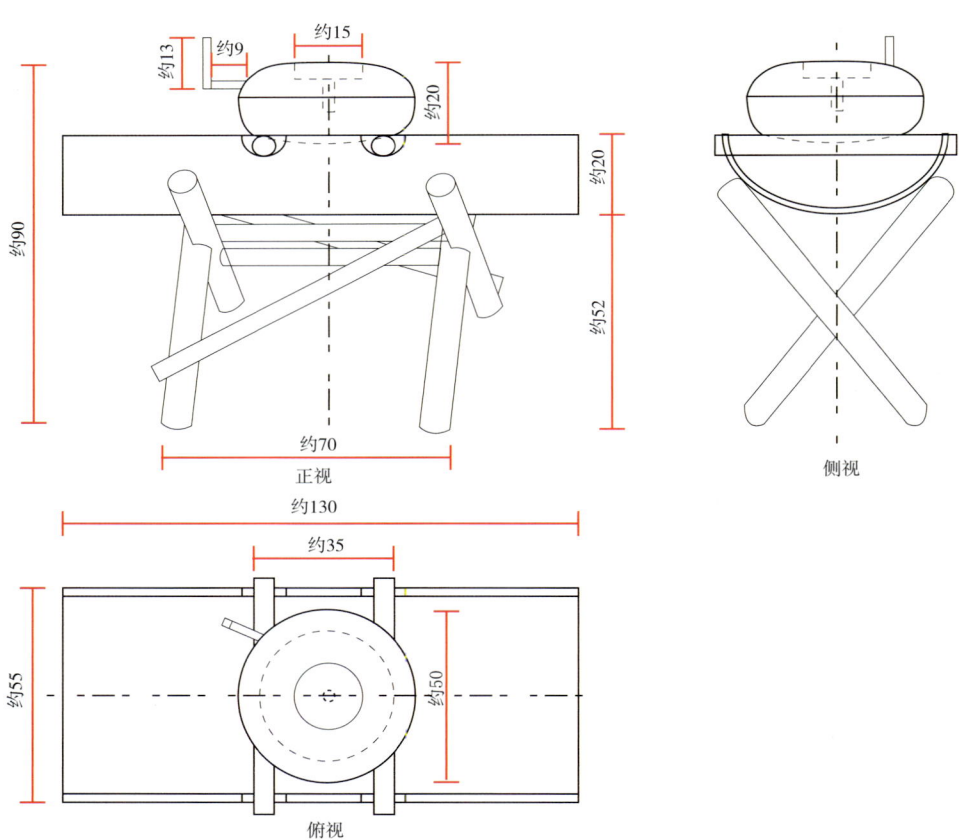

图三 门巴族手推石磨尺寸图（单位：cm）

图四 门巴族手推石磨使用示意图

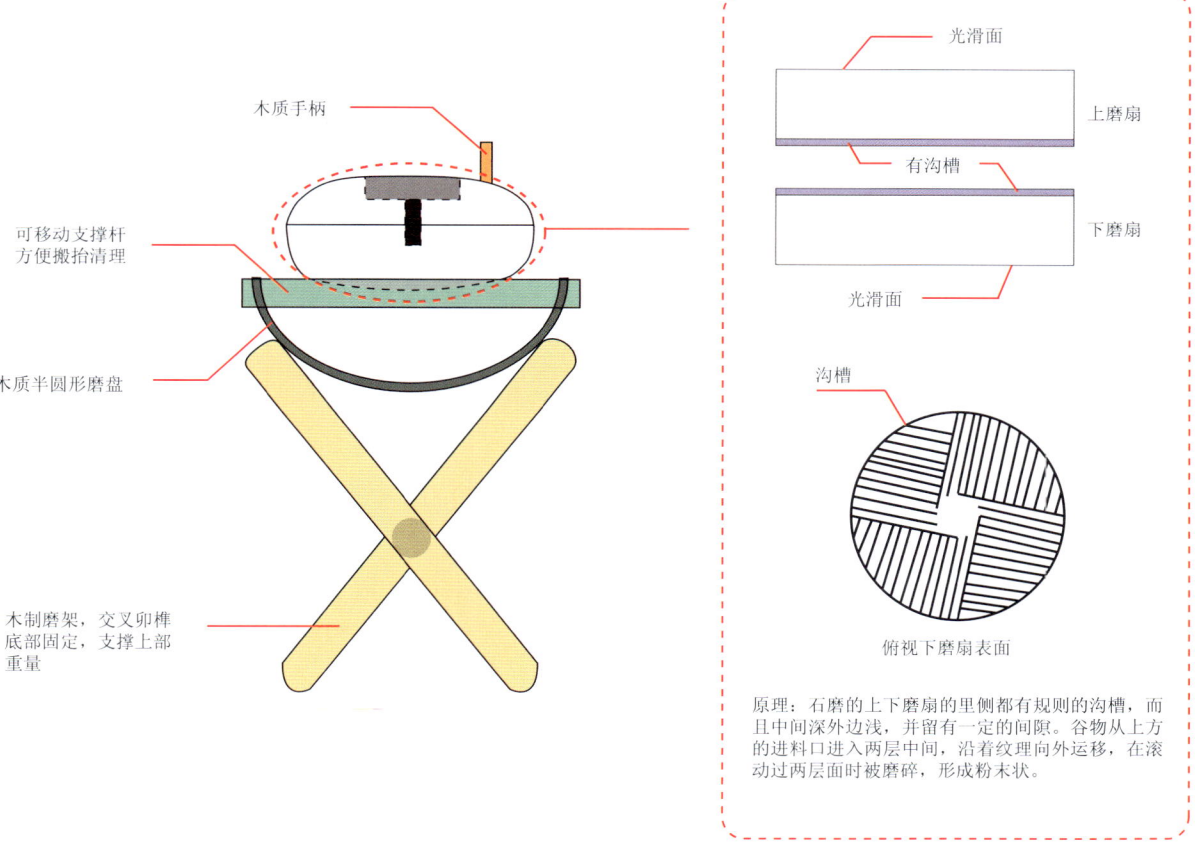

图五 门巴族手推石磨结构图

原理：石磨的上下磨扇的里侧都有规则的沟槽，而且中间深外边浅，并留有一定的间隙。谷物从上方的进料口进入两层中间，沿着纹理向外运移，在滚动过两层面时被磨碎，形成粉末状。

第五章 门巴族传统生产工具

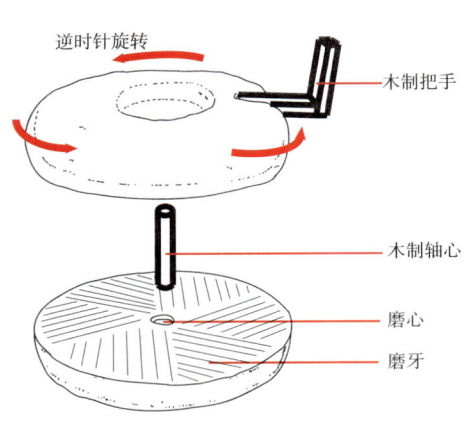

图六 门巴族手推石磨形态分析图

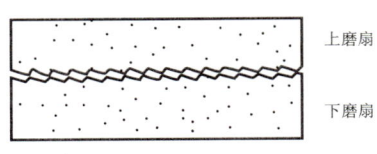

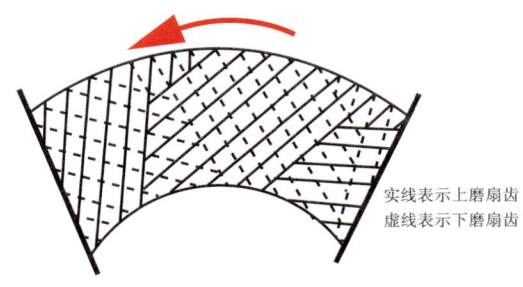

图七 门巴族上下磨齿对物料颗粒的研磨图

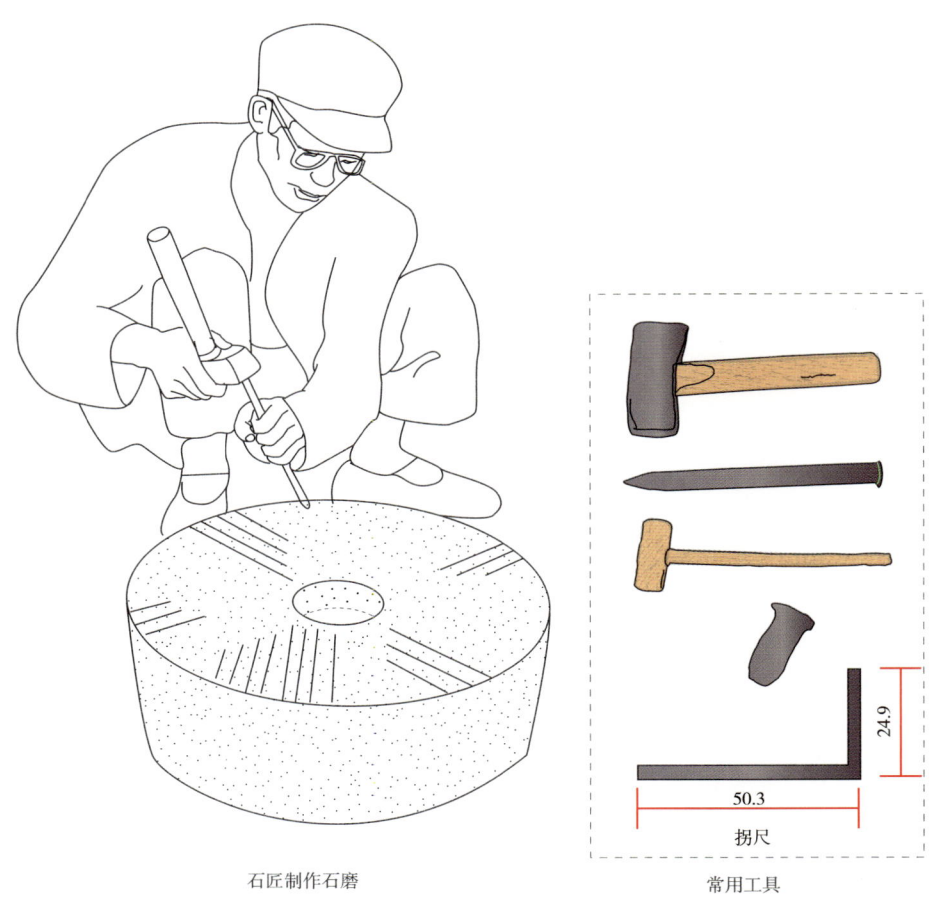

图八 门巴族石匠制作石磨情境图（单位：cm）

门巴族水磨

图一　门巴族水磨主图

　　水磨是一种利用水动力进行工作的粮食加工器具，用以加工麦类、谷类、豆类等粮食，使之研磨成粉面状的机械。门巴族水磨的广泛利用，是建立在门巴族特殊地理位置之上的。

　　本案例根据墨脱县墨脱村水磨制图。水磨坊由磨房和水轮组成。磨房内主要由料斗、磨盘以及开关闸等结构组成。料斗上宽下窄，成方锥型，可容谷物。料斗位于磨盘的上方，有数根绳子系在磨房的顶端，将料斗固定，同时也可牵引料斗左右晃动。料斗上栓有一根短木棍，磨盘在转动时，木棍与上磨盘的边缘摩擦，使料斗产生震动，这样料斗里面的谷物就会持续掉落至磨盘内。磨盘分为上磨盘、下磨盘和磨脐子。上下磨盘为整个磨的主体结构，上磨盘的边缘凹凸不平，上下磨盘相合的面上凿有磨齿，磨齿为扩散状斜齿。

水轮建在磨房下面，与水流直接接触的水轮由一个轴和旋转的叶片组成，轴上端与磨脐子连接，下端则装有叶片，叶片的数量多在10片左右。当水流冲击叶片时，叶片旋转会带动铁轴一起旋转，上面的磨盘在动力的推动下也会跟着旋转。水磨由开关闸控制。当需要磨盘停止工作的时候，只需将闸的一侧用力抬起，此时水轮下方的木棍会随着木棍向上运动，并将底端的叶片抬出水面，水流无法冲击叶片，水磨便停止工作。若要使水磨继续工作，放下闸，水流将重新冲击叶片，水磨则可重新工作。水磨的使用加强了门巴族人对谷物的利用层次，丰富了其饮食文化。

图片来源
图一　李胜涛　制图
图二至图七　单芳霞　制图

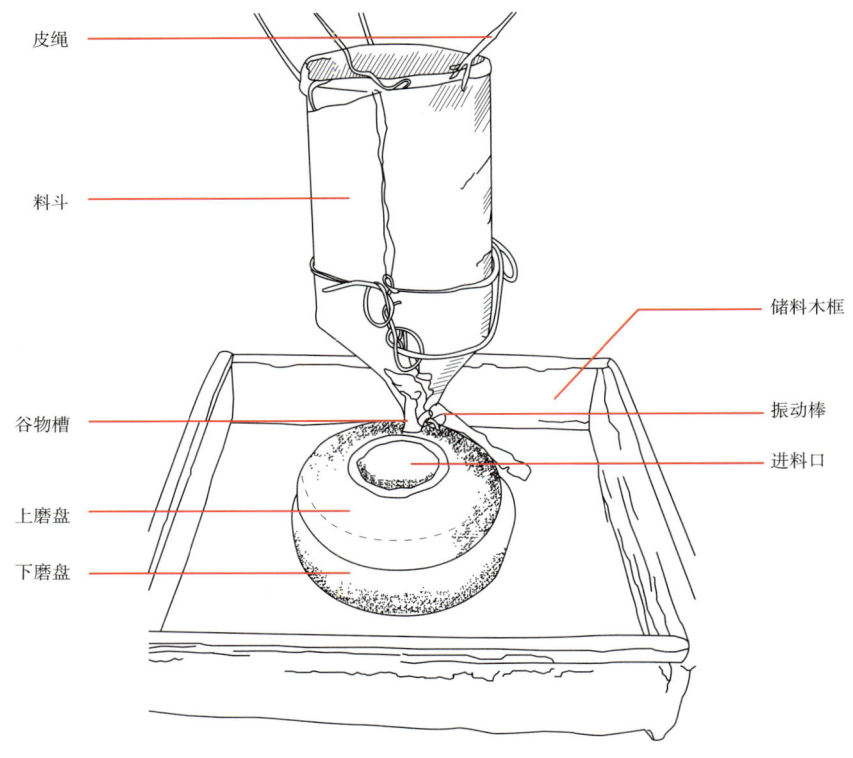

图二　门巴族水磨结构图

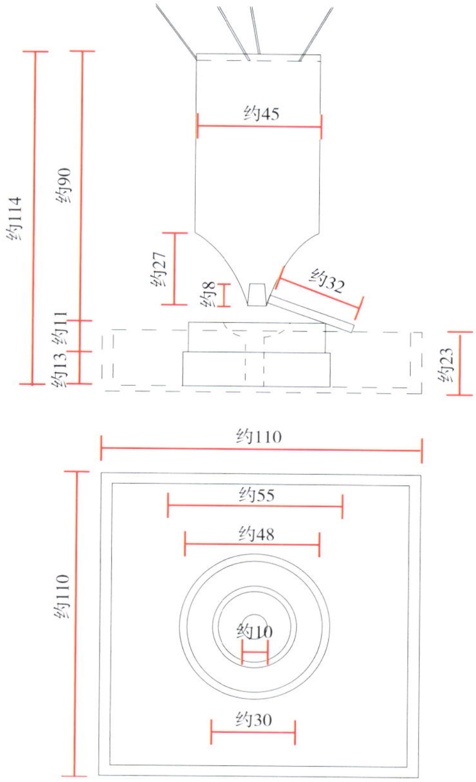

图三　门巴族水磨尺寸图（单位：cm）

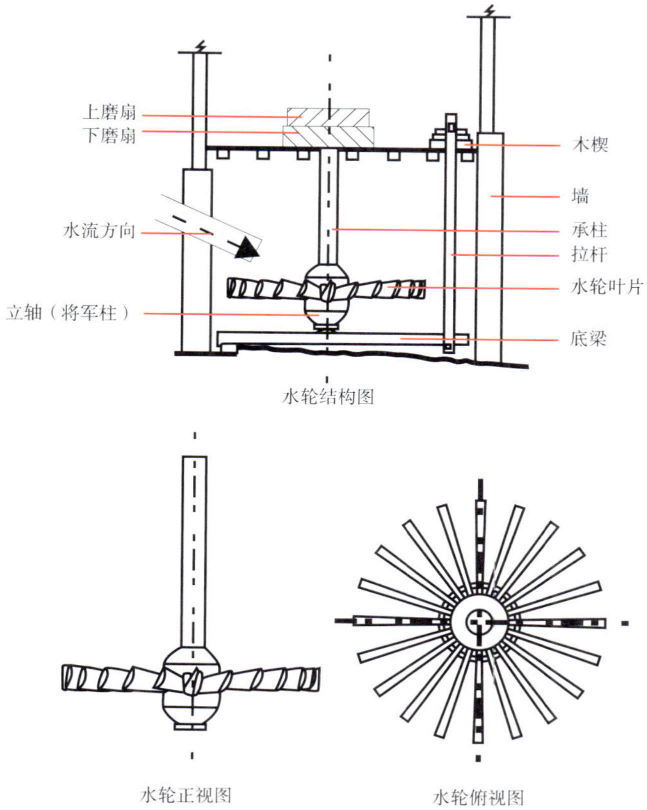

图四　门巴族水磨水轮结构图

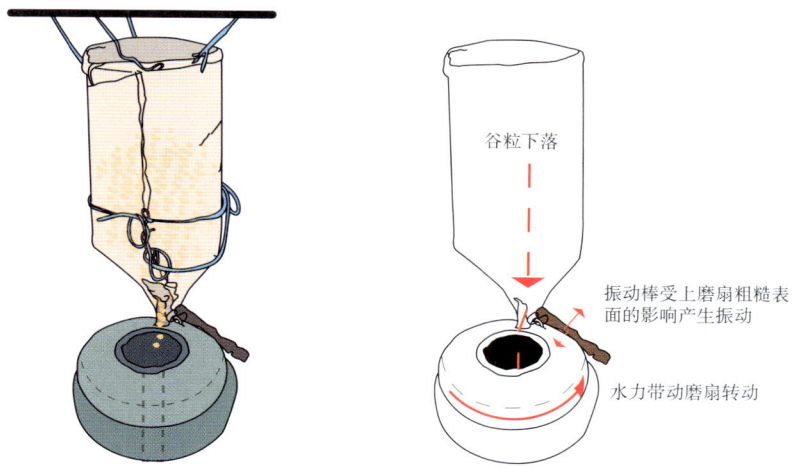

上磨盘表面凹凸不平，料斗上栓有一根短木棍

图五　门巴族水磨上半部分工作原理图

第五章　门巴族传统生产工具

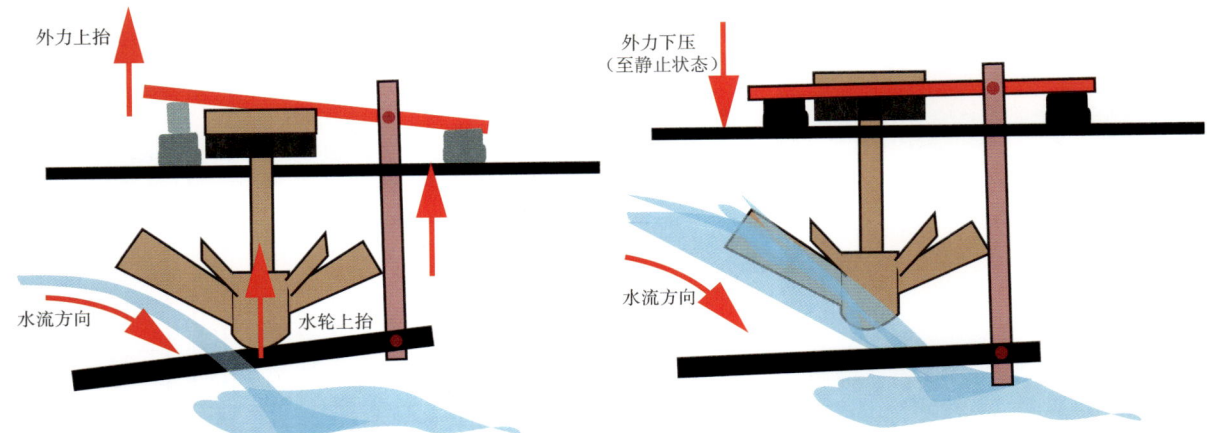

图六　门巴族水磨下半部分工作原理图

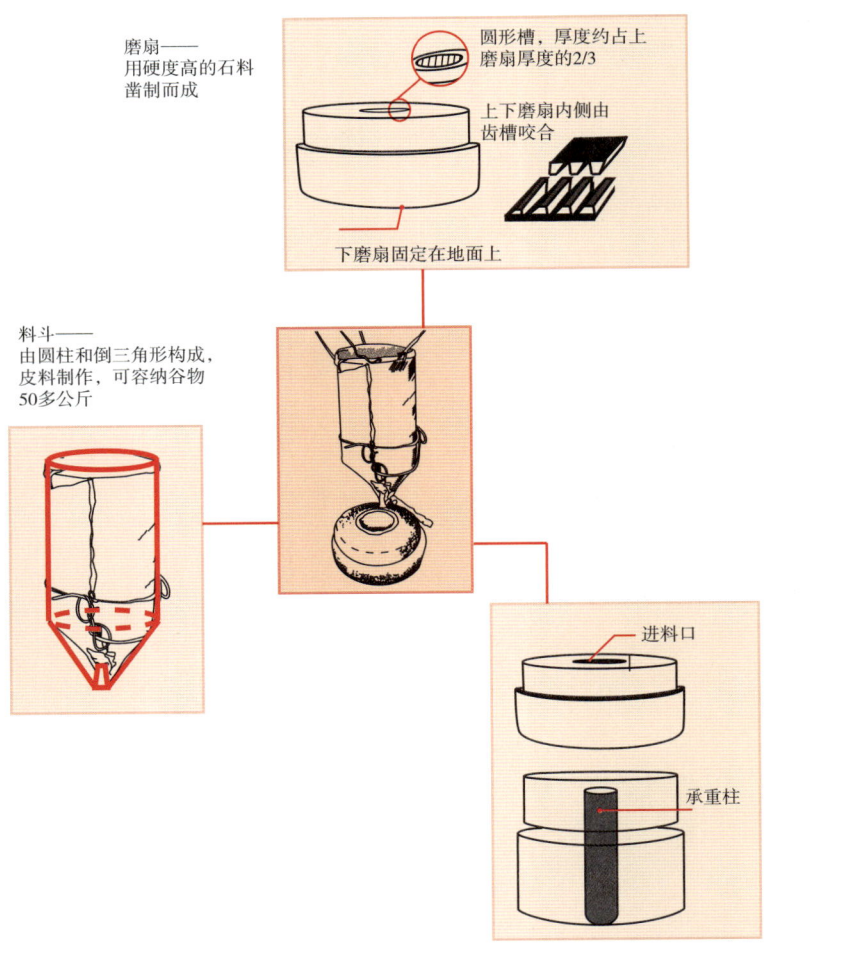

图七　门巴族水磨设计分析图

门巴族弓箭

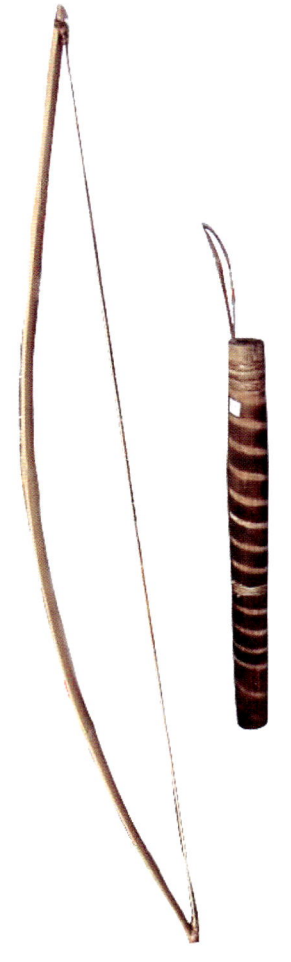

图一　门巴族弓箭主图

门巴族有狩猎的习俗，而且狩猎收入仅次于农业。弓箭是门巴族人必不可少的狩猎基本工具。随着现代生活习惯的改变，弓箭逐渐退出门巴族人的生活，但制作弓身箭仍然是门巴族人手工技艺中重要的一项。

门巴族制箭工艺简单纯熟。首先是弓身的制作，将砍下的竹子削磨成所需要的尺寸，然后用小火慢慢烘烤，修理成形，最后用细绳固定合理弯度。弯度过大容易断裂，弯度过小力度不够。弓体是用长约140厘米、宽约6厘米、厚约0.7厘米的两条竹片胶粘而成的。弓体呈弧形，中轴对称，中间的部分比较宽，两端较窄，弯制竹弓需要将竹板的内面向外，原向阳面内曲。弓弦使用韧度较强的野生植物纤维或野麻搓成的细绳。箭杆的制作工艺比较独特，通常用小竹竿制作或把竹板劈成条削成。箭头包括竹镞和铁镞两种,有菱形、梭镖形、弹头形等形状。一般还分有毒和无毒箭头。有毒的用作狩猎,无毒的大多用做竞赛表演。箭羽多采用竹片和鹰羽做成。箭筒是装箭的器具,多用当地的粗竹筒制作而成,圆柱形,有盖,并用兽皮做成皮索。狩猎时将箭筒斜背于身,需要箭时直接从箭筒内拿出。箭筒一般可以交叉装竹箭,每个箭筒的容量大约为60余支竹箭。

门巴族人制作弓箭的工艺简单,弓箭的造型简洁,狩猎水平的提高在很大程度上满足了门巴族人的需求,也为我们对门巴族造物文化的研究提供了设计学的参考价值。

图片来源
图一　多布杰　摄影
图二至图七　李胜涛　制图

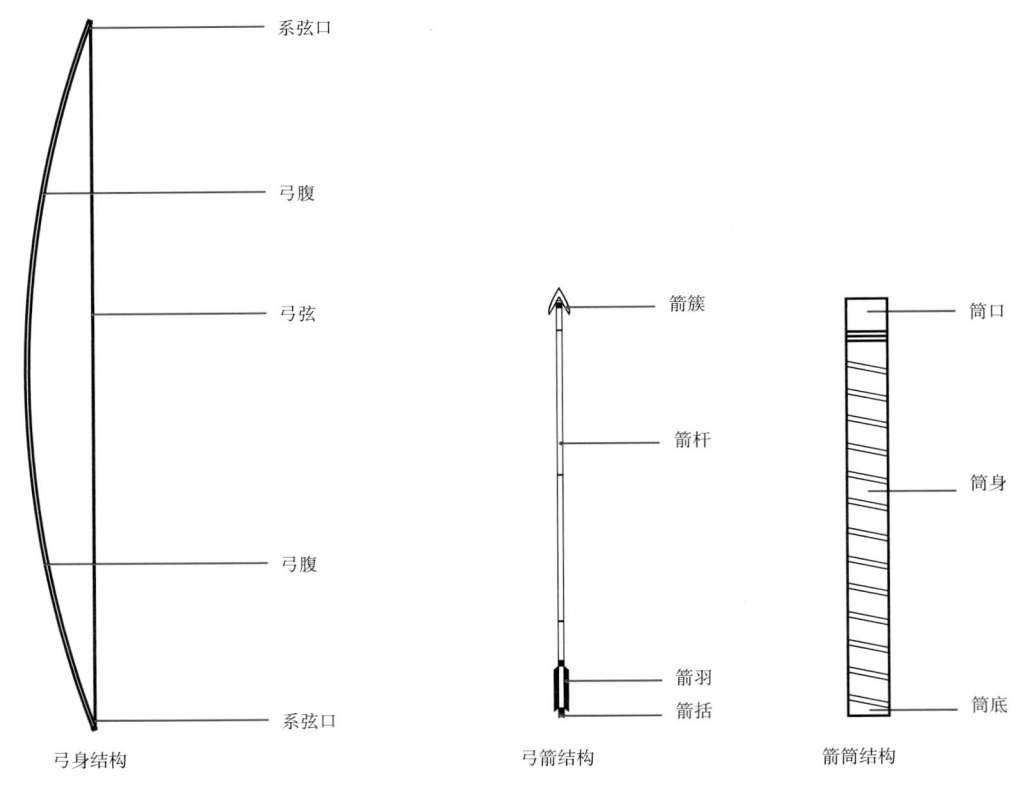

图二　门巴族弓箭结构图

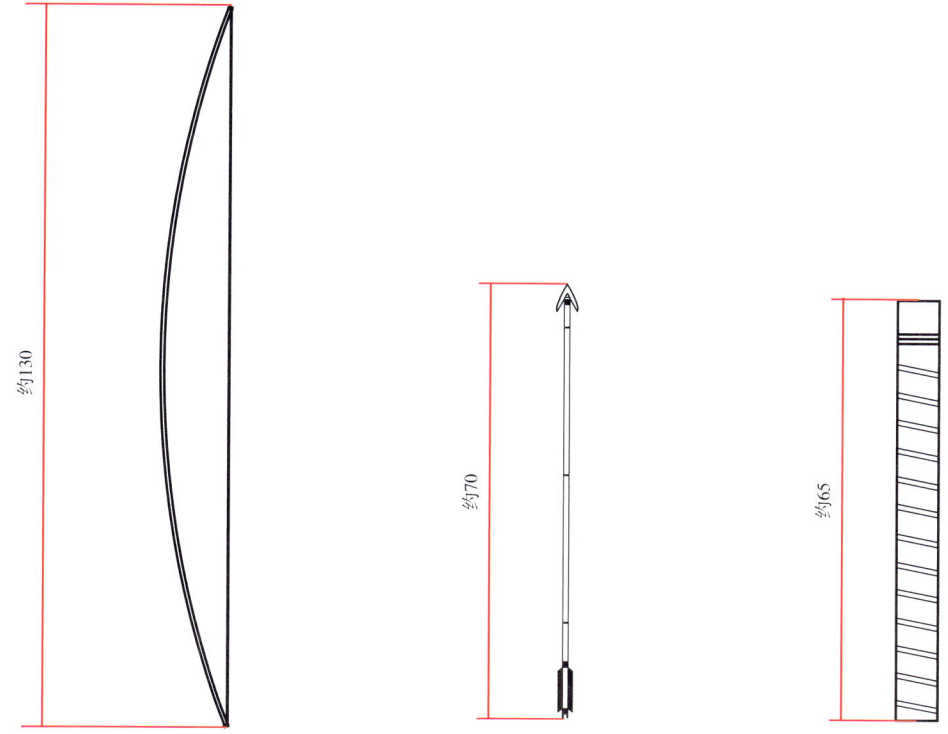

图三 门巴族弓箭尺寸图（单位：cm）

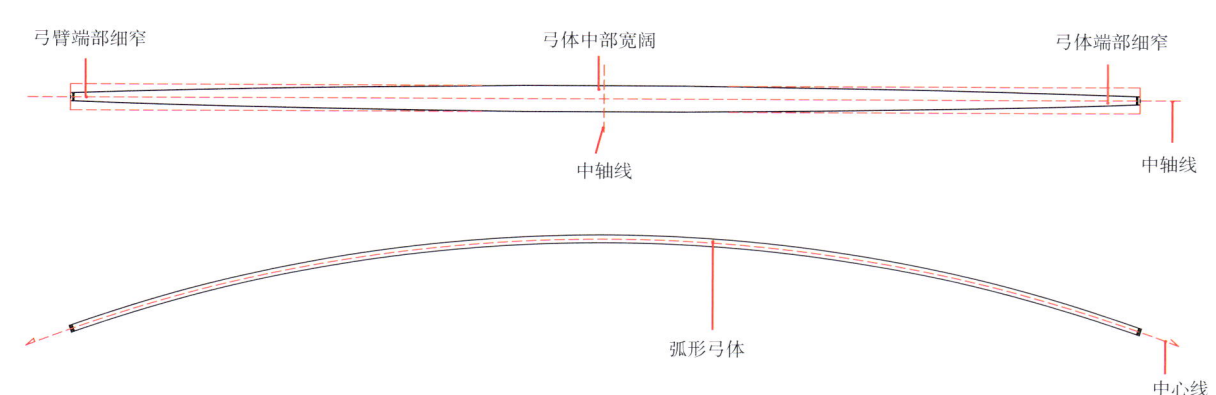

弓体中部宽阔，向两端方向渐趋细窄，且上弦后弓体呈弧形。这种结构有助于力沿着弓臂的纵向均匀分布，减少弓体断裂的概率，提高弓的性能

图四 门巴族弓箭形态分析图

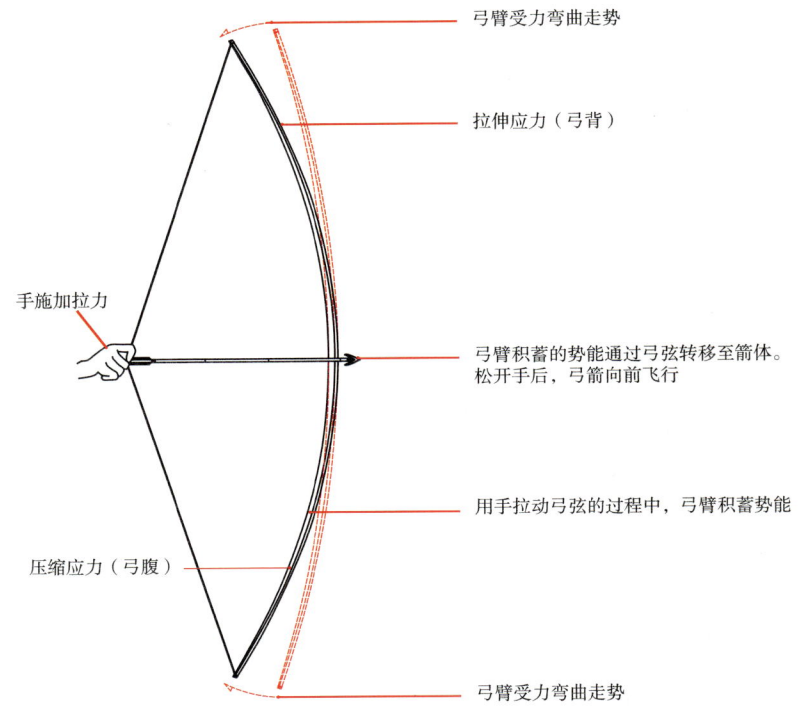

图五　门巴族弓箭受力分析图

图六　门巴族弓箭使用情境图

图七　门巴族男子自制弓箭图

门巴族"呛棕姆"

图一 门巴族"呛棕姆"主图

门巴族人生活的门隅和墨脱地区盛产水稻、玉米、青稞、鸡爪谷等,这些农作物为酿酒提供了上好的原料。门巴族日常饮用酒包括:米酒,稻米酿制,清亮醇香;黄酒,玉米酿制,色泽金黄而酒味浓郁;青稞酒,青稞酿制,酒色黄澈,酒味酸甜;鸡爪谷酒,鸡爪谷酿制,略呈乳白色,酸甜醇厚。本案例酒桶"呛棕姆"采自林芝县更章门巴族乡,主要用于酿制青稞酒。包括三部分:桶身(由柳树板或竹板制作)、竹漏筛(用于盛放发酵后的酒米)、葫芦头木勺(用于砸捣青稞酒曲)。

门巴族酿酒的常用工具还包括大铁盆、巴东、木臼、竹筒等。巴东是门巴族特有的酿酒工具之一,将一节长约40~50厘米,宽约15厘米的竹子截去顶端,底端钻三个小洞,形成三足鼎立之势,之后在其上端两边对称位置钻两个洞,再用铁丝或线栓起,还可以在其上进行彩绘以增加其美感。酒的酿制方法是:先将酿酒原料煮熟,略有余温时,加入酒曲发酵,将发酵后的酒米盛放在特制的竹编酒漏和竹筒里,吊挂在火塘的一侧,酒漏下放一大铜锅，酿好的酒液一滴滴地滴进锅里，然后将酒盛入竹筒内保存。饮酒时，用瓢盛酒，再倒进碗里饮用。

酿酒技术为门巴族人提供了上好的清热解乏之饮品，还可祛湿养身。近些年，外来的酒如啤酒和瓶装白酒也开始走进门巴族村民的家中，但相比之下，门巴族人还是喜好自酿酒。门巴族人民在认识自然和改造自然的实践活动中创造的酿酒技术和工艺，既是门巴族人民的科学创造，也是中华民族传统文化的宝贵财富。

图片来源
图一、图六　多布杰　摄影
图二、图五　曹莉莉　制图
图三　李胜涛　制图
图四　龚滢　制图

图二　门巴族酿酒酒曲图

图三　门巴族人酿酒图

图五　门巴族盛酒器具（竹筒）图

图四　门巴族盛酒用具——巴东图

图六　门巴族自家酿制的酒图

门巴族"邦达"

图一 门巴族"邦达"主图

门巴族人日常生活的衣料大多来源于家庭纺织,基本由门巴族妇女承担。织品是以纺机加工等方式织造而成的,主要用来制作服饰、鞋帽、毯垫等。所需原料大部分源自当地自产的棉花,有时也用麻和羊毛。织品样式主要是用多色纬纱,纺织成红、白、绿等颜色不同、宽度不一的彩色长条。

门巴族传统的纺织工序是:首先是纺线的准备工作。纺线时,利用相应的工具进行,包括手摇纺织机、牛毛线杆、羊毛线杆等,纺制棉线大多使用手摇纺织机进行。纺线结束后,将其放在水中反复蒸煮两次,晾干整理即可。织布环节主要的工具是"赤达"和"邦达"。"赤达"即为脚踏分经织机,将原料用纺锤加工成线,再用简单的纺架手动操作,利用脚踏分经织机织布。"邦达"即为手提分经织机,将原料借助纺车加工成线,然后用梯形木结构纺织机进行纺织。线纺成后上机织布,在以两条竹棍排列的经线和纬线的织机上,手持直径约5厘米的一只竹筒为梭子引线往复穿行。每织出一小段布,即用木质的压板挡紧、拍实。一个技术娴熟的妇女两天内可以捻毛线0.5公斤,一天可织宽50厘米的氆氇两米。这种家庭织布平整挺实,耐穿实用。此外,门巴地区盛产天然的染料,门巴族人对于各种染草的特性有着较深的了解,故利用染织技术给衣服染色,借以美化生活。染色的方法简单易行,只需要将棉、

第五章 门巴族传统生产工具

163

毛织品同染草一同放入锅内煮，再加入一点酒，就能使染制的衣物色泽美观，久不褪色。门巴族生产的纺织品主要有格花布、氆氇、腰带、毛毯等，氆氇材质适合制作袍服、坐垫等，保暖性能良好，且质地厚重，经久耐用。门巴族织品服饰因其美观耐用，保暖性好，所以受到当地群众的喜爱。

纺织成品除供门巴族人自己使用外，还部分用作交换。门巴族独具特色的纺线织布技术及染织技术，是门巴族人在长期纺织实践中重要的经验累积和成果体现。

图片来源
图一、图四　牛或男　制图
图二　陶琨、李绮雯　摄影
图三、图五　多布杰　摄影

图二　门巴族传统织品图案

图三　门巴族妇女在织布图

图四 门巴族"赤达"生产情景图

图五 纺织不同织品图案的门巴族非遗传承人阿尼图

门巴族竹筐

图一　门巴族竹筐主图

　　雅鲁藏布江孕育了门巴族文明，保留了诸多原生态的文化特色，编结工艺就是典型的一类。

　　门巴族人利用其独特的自然环境和资源，制作出了许多独特的竹器和竹藤混编器具。如筐、篓、席、盒、桶，等等。从生活用品到生产工具应有尽有，种类繁多，制作精良。门巴族竹筐为椭圆形，是当地群众外出或者背运物资时盛装物品的篮筐。框身一侧带有两个藤竹篾编织的宽绳可直接系背在身上，也有部分竹筐安装一条背带，使用时直接套在额头，方便携带。

　　门巴族人利用质地柔韧的藤条、竹篾，通过精巧的经、纬线条交叉和叠压编织技术，根据不同的用途，编织成各式各样的藤竹器用具，有的粗疏结实，有的细密美观。各家各户利用农闲和闲暇时间进行各种器具的编制，除了满足自己使用外，还部分用于交换或出售，以获得一定的收入。但在门隅腹心地区达旺一带，也出现了少数家庭作坊，专门编制及出售藤竹器具。

图片来源
图一　李绮雯　摄影
图二至图四　曹莉莉　制图
图五　购自FOTOE网　董力男　摄影
图六　多布杰、李绮雯　摄影
图七　马燕、肖劼　制图

图二 门巴族竹筐线描图

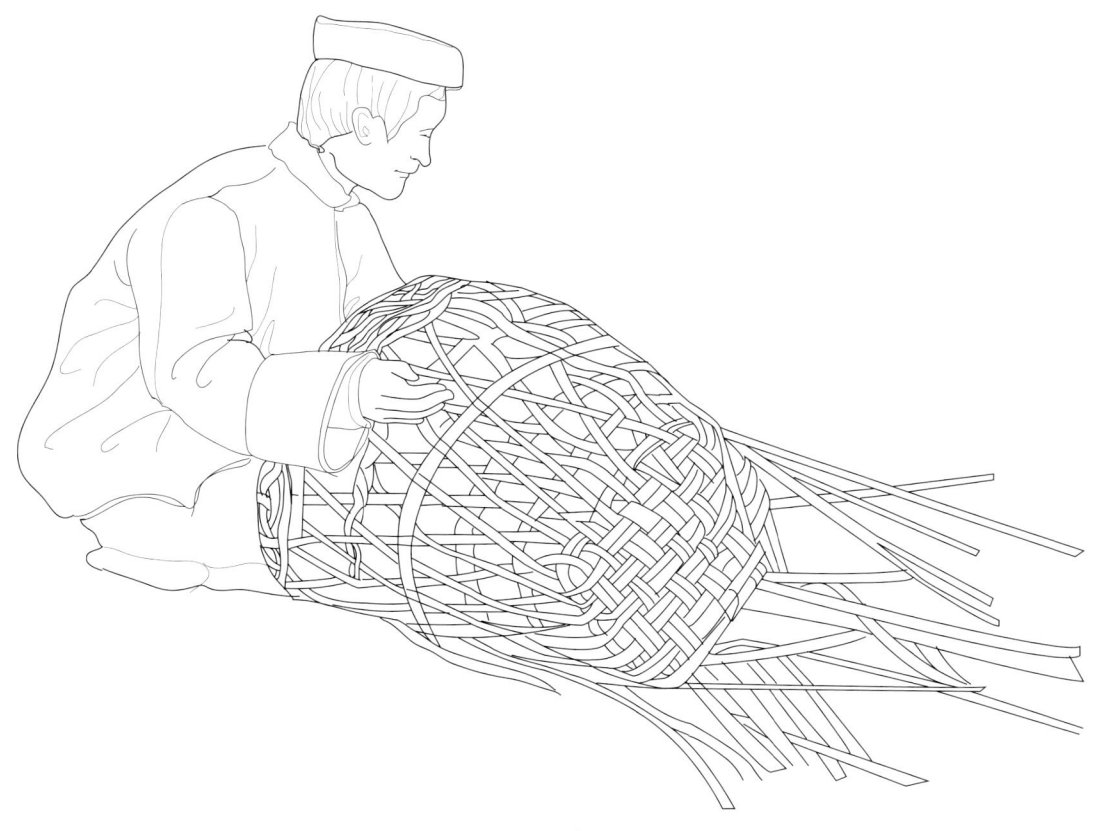

图三 门巴族竹筐编制示意图

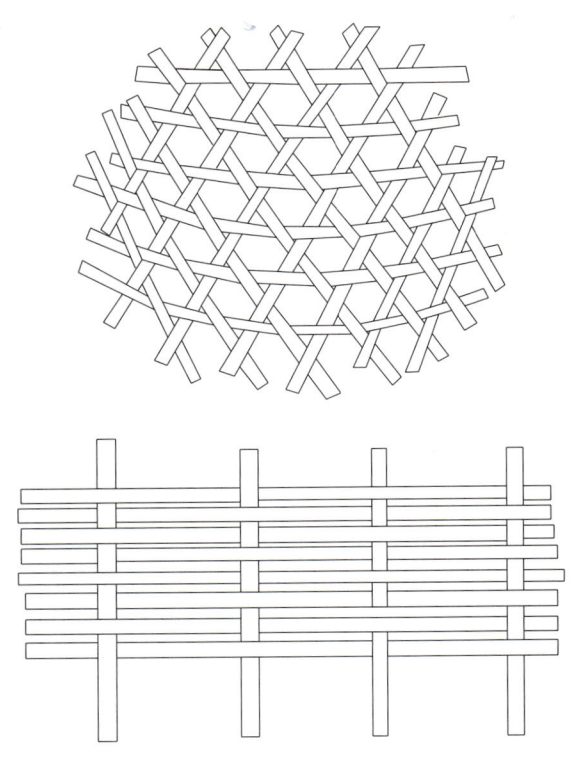

图四 门巴族常用编结方式图

图五 墨脱县城背竹筐的门巴族老汉图

门巴族几种常用编织用具

样图	名称	尺寸	材质及用途
	邦穹	直径约40cm	用竹子编制而成的扁圆形器具；主要用于盛放食物，保温效果甚佳，加之良好的透气性，食物不易变质。
	休斯贡	长、宽约40cm 高约25cm	用竹子或藤竹编制而成的正方形器具；当地群众主要用于盛放水果、干肉等。
	斯扎布杂	高约35cm 口、底部直径约20cm	藤竹编制品，过去门巴族人用于手工榨油。
	恰嘎	长约65cm 宽约50cm	藤竹编制，过去门巴族人用来挡雨的工具。

图六 门巴族几种常用编制用具

图七　门巴族人编制器具情境图

门巴族木桶

图一　门巴族木桶主图

木桶与门巴族人的日常生产、生活密切相关，各式各样的木桶也因其使用功能的差异呈现出不同的结构特点。该木桶由桶身、板箍、提手等部件构成。本案例为门巴族人牧业生产中常用的木桶，采自错那县基巴村。该木桶口径约35厘米，高约20厘米，由软皮带作为提手。桶身由10~12片纵向木板围合而成，木板头部宽底部窄，较窄的一端刻有一条槽沟，木板之间用竹销连接。连接时，先在刨好的板子上钻孔，把竹销贯进孔里，镶紧成形，然后将一整块底板插入桶身木板的槽沟中。桶身完成后，要进行加箍处理，外用宽约10厘米左右的木板箍紧。最后用刨子修整桶身，并将木桶涂上油漆或桐油，进行晾晒，反复几次后，木桶便可达到滴水不漏的效果，且经久耐用。木桶各部件之间连接合理紧凑，比例恰当，充分实现了盛具的实用功能。从选材设计上讲，木桶材质的选择多就地取材，以轻质的木料为主，既减少自重，也便于木作加工。

勤劳、朴实的门巴族人，在特殊的自然环境中，获得了满足本民族生存、发展的各种生活和生产资料，创造了属于本民族典型特色的艺术文化。

图片来源
图一、图五、图六　多布杰　摄影
图二、图四　李胜涛　制图

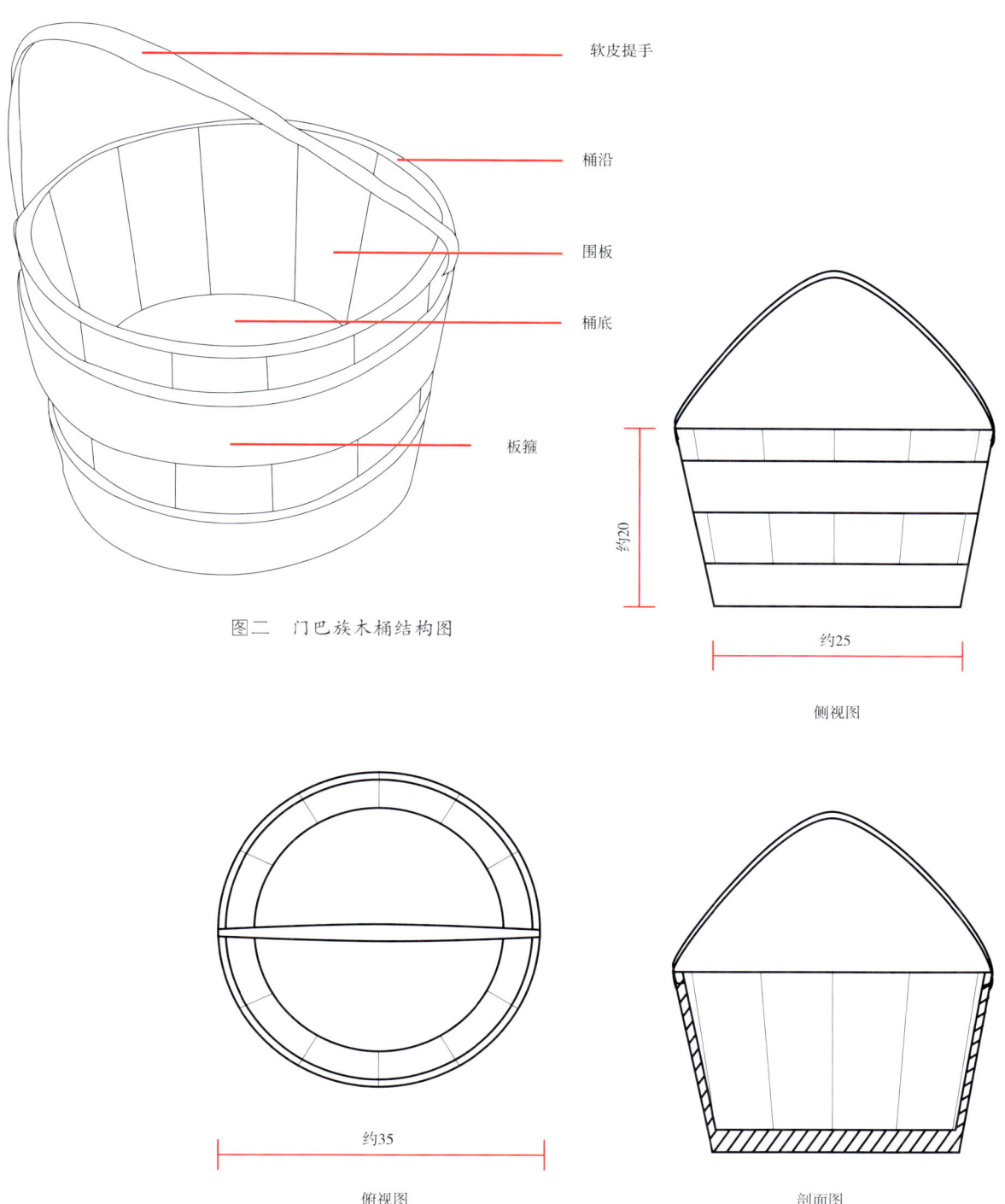

图二　门巴族木桶结构图

图三　门巴族木桶尺寸图（单位：cm）

图四 门巴族木桶解析图

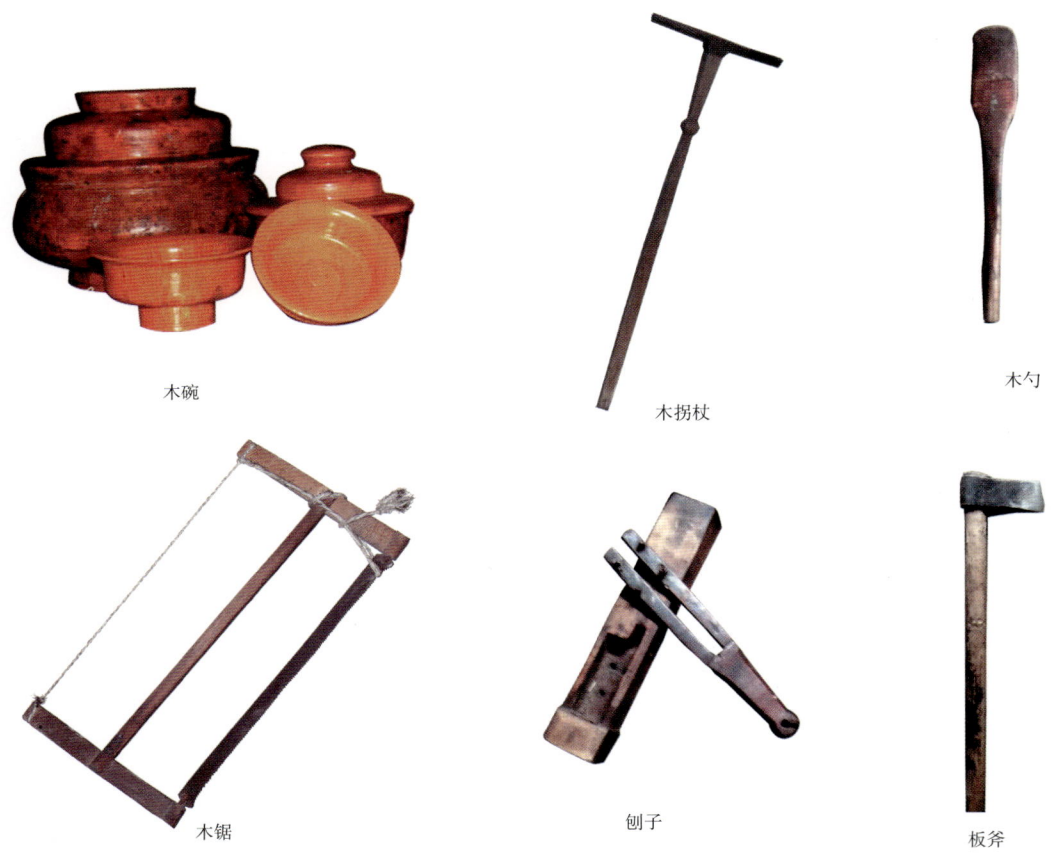

木碗　　　　木拐杖　　　　木勺

木锯　　　　刨子　　　　板斧

图五 门巴族部分传统木作器具及工具图

图六 门巴族部分传统牧业劳作用具图

第六章 门巴族传统民俗和宗教造像

门巴族婚俗

图一　门巴族新婚夫妇主图

门巴族的传统婚姻形式，基本是一夫一妻制，个别还存在着一夫多妻家庭。其中，还有一部分是入赘婚。

婚期确定后，男方需酿酒做饼，杀猪宰牛，筹备婚礼。结婚之日，男方派出迎亲队伍，包括：能言善辩的媒人、伴郎、伴娘，两名亲戚（此两人分工不同，一人迎请新娘的舅舅，一人迎请女方其他客人）。迎亲队伍至女方家，向新娘父母及亲戚献哈达，敬酒，道吉祥，然后催促新娘启程。新娘梳妆打扮，头扎五色彩辫，胸前佩戴"嘎乌"、珍珠、松石等饰品，显得十分端庄美丽。婚礼期间，还有一个特色的"三道迎接酒"习俗。迎亲时，要在迎亲途中摆三次酒迎接新娘及女方客人。"三道酒"，是婚礼的第一关，敬酒人是精挑细选的口才较好、精明能干之人，他们分3至4人一组在途中恭迎客人。第一道酒：摆设在新娘家的村口或靠近新娘家的位置，迎亲队伍至，敬酒人献酒，酒碗边抹有三块象征吉祥的酥油，酒壶上拴有洁白的哈达，热情接待送亲队伍；第二道酒：在中途摆设，由另一批专门选定的人恭迎敬献；第三道酒：在新郎家的村口或靠近新郎家的位置敬献。若"三道酒"都顺利通过，婚礼成功在望。新娘一行人到达新郎家时，伴娘便带新娘入室，"换装"后，重新入座，同时新郎出场同新娘并坐，喝交杯酒。媒人向一对新人敬酒祝福，其他人唱歌祝福。整个婚礼，女方客人享有至高无上的权威，而以新娘舅舅为甚，男方需千般讨好，直至新娘舅舅满意。

在现代文明影响下，门巴族的婚恋观念和礼俗也在不断发生变化，订婚、结婚的礼节基本如旧，但一些烦琐的礼节都趋于简化，只留其象征形式，个别习俗则已逐渐消失。

图片来源

图一至图四　李胜涛　制图
图六　多布杰　摄影

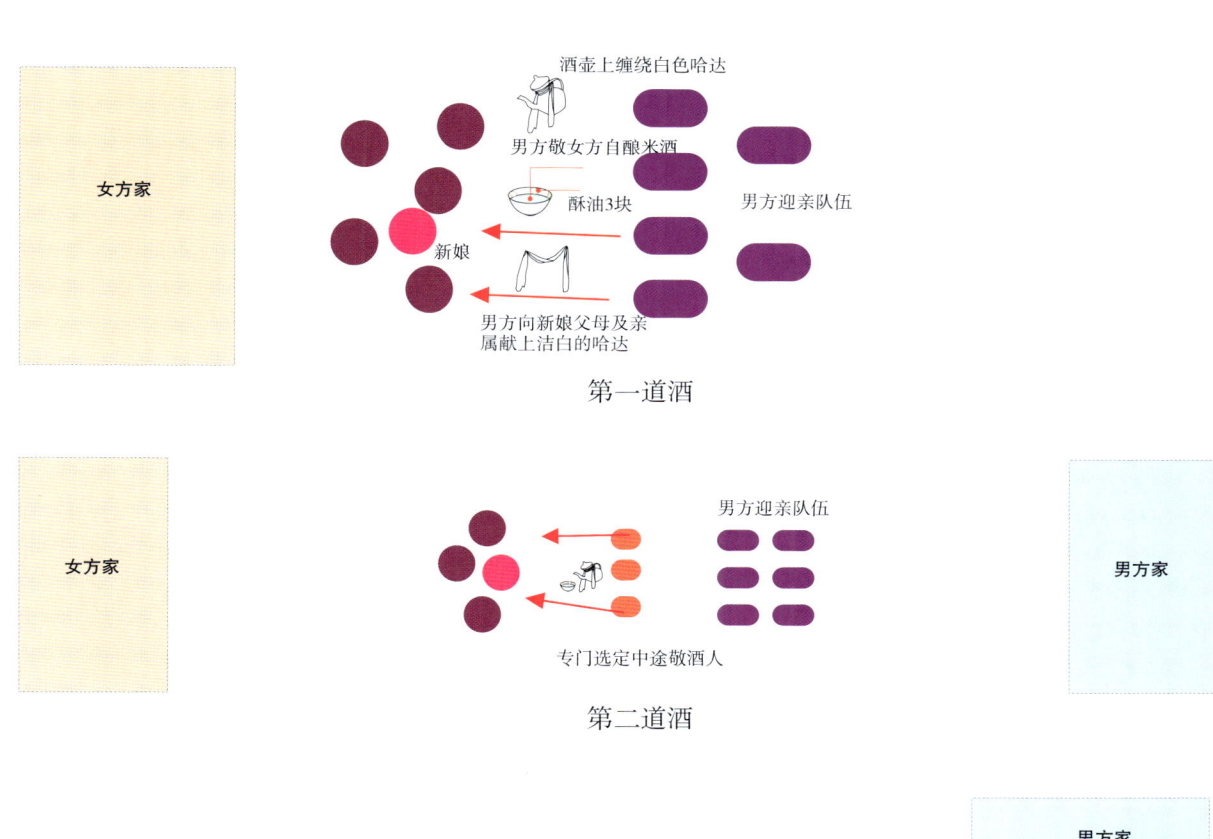

图二　"三道迎接酒"示意图

图三　门巴族为新人作洒酒仪式图

图四　门巴族娘舅闹婚

图五　门巴族新娘"换装"图

图六　门巴族新人结婚三日举行篝火晚会图

门巴族节俗

图一　门巴族藏历新年室内佛龛主图

节日是一个民族在长期的生产和生活中形成的，往往与当地的自然环境和文化环境紧密联系，成为当地民俗风情的重要组成部分。门巴族的传统节日主要有两大类型：一类是年节，如藏历新年；一类是宗教节日，如曲科节、晒佛节等。这些节日大都体现了门巴族尊崇神灵、重视生产、祈获吉祥的民族特点。

藏历新年：门巴语称"洛萨"，从藏历正月初一至十五日为节庆日子。藏历十二月二十九日，即除夕时各家各户均煮一种粥或面疙瘩糊，以示生活富足，来年丰收。同时，用小麦粉在门、墙和椽条上涂画各种吉祥图案，以示新年吉祥如意。大年初一全家老少穿着节日的盛装，欢聚一堂，摆上节日盛宴，按照尊老爱幼的习俗，互敬吉庆酒，共庆佳节。初二开始，走村串户，探亲访友，相互道贺。妇女走在前，并先入室。在年节期间，全村人要在宽敞的地方唱歌跳舞，演唱门巴族戏剧，还会举办多种游艺活动，包括赛马、射箭、拔河、歌舞等。藏历的十五日，全村男女聚在一起，各户带来家里最好的食品让大家品尝。家家房顶上竖立经幡旗杆，悬挂五彩经幡，整个新年节庆就算结束。

曲科节：曲科节流行于农区，没有固定日期，一般在谷物成熟之际，民间约定俗成是在大雁南飞之前。过节时，农民穿戴一新，绕转庄稼之地，祈求上天降幅、保佑丰收。

晒佛节：寺院将平时卷起收藏的巨型布作佛像（做工精致、色泽鲜艳、艺术价值较高）展出，置于寺院附近专门的展台上，或是山坡、石壁之上，供观者瞻仰，故又被称为瞻佛节或浴佛节。此节日大多于每年的二月初、或四月、六月的中旬举行，具体日期则各地各寺院不同。节日期间，成千上万的观者，整装敬礼，瞻仰佛容，场面甚为壮观。

门巴族重要的节庆习俗与藏区其他民族相似，也反映了不同民族间的相互交流产生的影响，以及门巴族人民的宗教信仰和精神寄托。

图片来源
图一　多布杰　摄影
图二至图六　李胜涛　制图

图二　门巴族新年游艺活动——射箭图

图三　门巴族新年游艺活动——赛马图

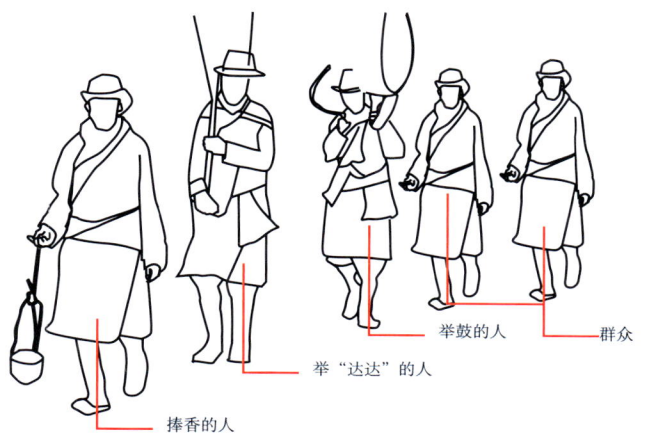

图四　门巴族曲科节转田时的队伍排列次序图

图五　手举青稞谷穗的门巴族人

图六　门巴族晒佛节图

墨脱门巴族转经楼

图一　墨脱门巴族转经楼主图

墨脱地区的门巴族人与西藏其他地区民众的信仰一致，都信仰藏传佛教。虔诚的佛教徒会在空闲时间到寺院里参加祈祷、转经等活动，但是，墨脱门巴族人信教的方式有自己的特点，转经楼就是其中之一。本案例中的转经楼即采自墨脱县墨脱村。

门巴族转经楼一般建在有溪水流淌的山坡上，分木质或石质两种，建筑体量及占地面积通常都不大。转经楼里特殊的装置设计，使得内部不断地传出隆隆的转动声和悦耳的铃声，这是由于高处溪水流动时，冲击转经楼中安装的水轮装置而发出的声音。转经楼的工作原理是以水为动力，溪水从高处流下，产生一定的动力并推动转经楼底部的木制扇叶。扇叶转动，带动一个高约200厘米、直径约100厘米，裹满了各种经文、经幡的竖直木轮，还安装有拨动铜铃的装置。木轮每转动一圈，铜铃叮当响一下。于是，下有水声潺潺，上有铜铃叮当。墨脱地区一座座宗教信仰象征物——转经楼的存在，显现出浓厚的宗教氛围，也是宗教与大自然的一种巧妙结合典范。

墨脱地区的寺院还设置固定的转经筒，内部装有经文，当地人或游者可用手转动，每转一圈，相当于诵经一遍。转动经筒时必须按照顺时针旋转，切记不可将其反方向旋转。随着转经筒的快速旋转，转经人便可快速积累功德。

图片来源

图一　李胜涛　制图
图二至图四　单芳霞　制图
图五　多布杰　摄影

图二　墨脱门巴族转经楼线描图

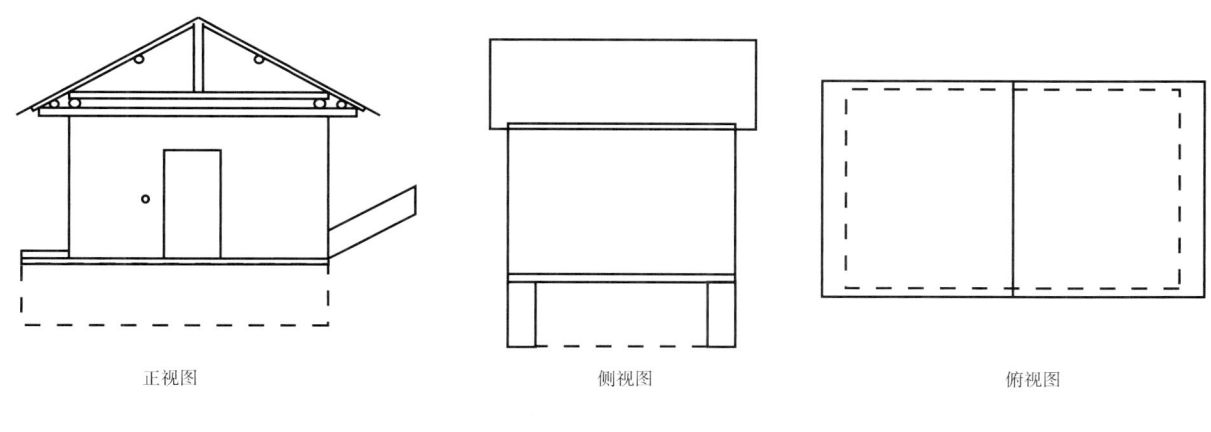

正视图　　　　　侧视图　　　　　俯视图

图三　墨脱门巴族转经楼三视图

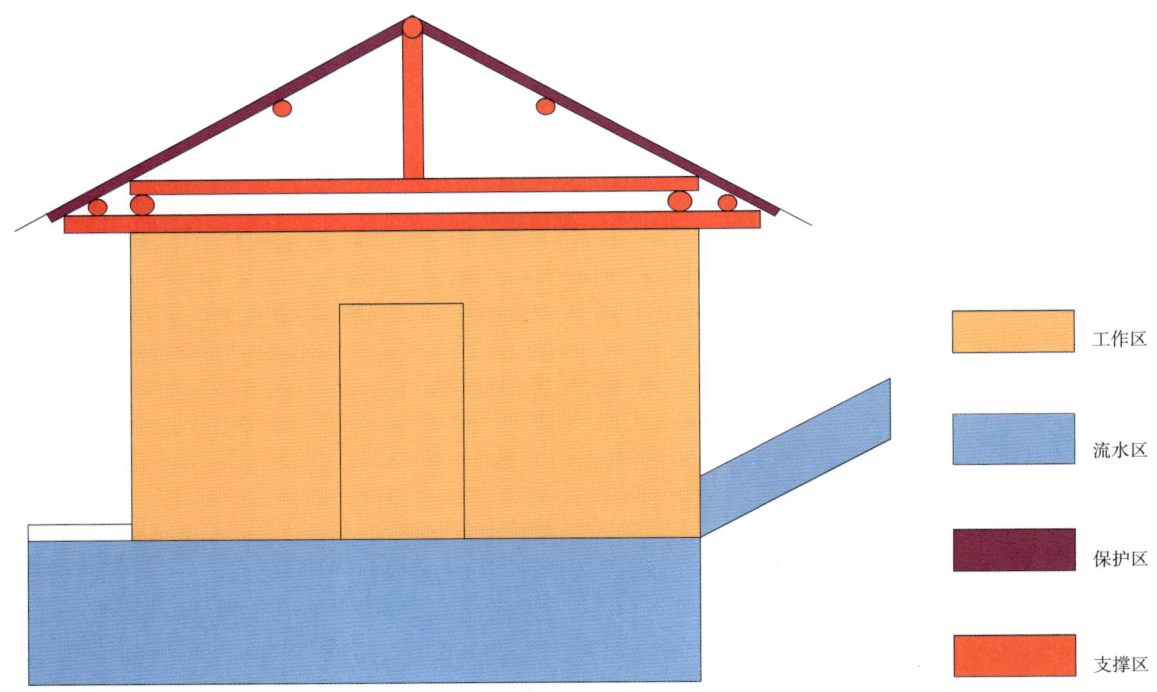

图四　墨脱门巴族转经楼功能分区图

工作区
流水区
保护区
支撑区

图五　门隅麻玛乡门巴族转经楼图

门巴族房脊神"辛基白列"木偶

图一　门巴族房脊神"辛基白列"木偶主图

　　门巴族的生殖崇拜，比较集中地反映在建筑"房脊神"传说及请神仪式上。门隅和墨脱地区的门巴族房屋屋檐下均要悬挂男性生殖器木偶，即"房脊神"（门巴语称"辛基白列"）。本案例房脊神是根据错那县斯木村门巴族"房脊神"绘制的。

　　这种男性生殖器木偶系用松树干砍削而成，悬挂于房屋右侧山墙的"人"字形屋顶之下。老式的门巴族传统房屋悬挂的"辛基白列"较为简单，不漆不染，也少有装饰。而受周边民族建筑习俗的影响，悬挂于新建房屋的"辛基白列"则加以漆染和装饰。

　　一般在新房竣工以后，首先举行祭祀屋脊神的仪式。新房主人穿上节日盛装，背着事先雕刻好的"辛基白列"，女主人手拿祭神供品和青稞酒，由盖房师傅领着，男主人将"辛基白列"运上房梁。向它献哈达、敬酒以后，由女主人将其固定。期间，所有参与建房的人都要念诵、吟唱祝祷词,以示敬意。

据资料介绍,门巴族人在屋檐下悬挂男性生殖器木偶,是古时门巴族人男性崇拜观念的体现,也有传说是为了防止"间"女妖推倒房屋。此说法虽带有迷信色彩,但却是门巴族宗教文化的一部分。至于装饰部分,悬挂食物进行供奉,则是受藏传佛教影响所致。

图片来源
图一至图四　李胜涛　制图

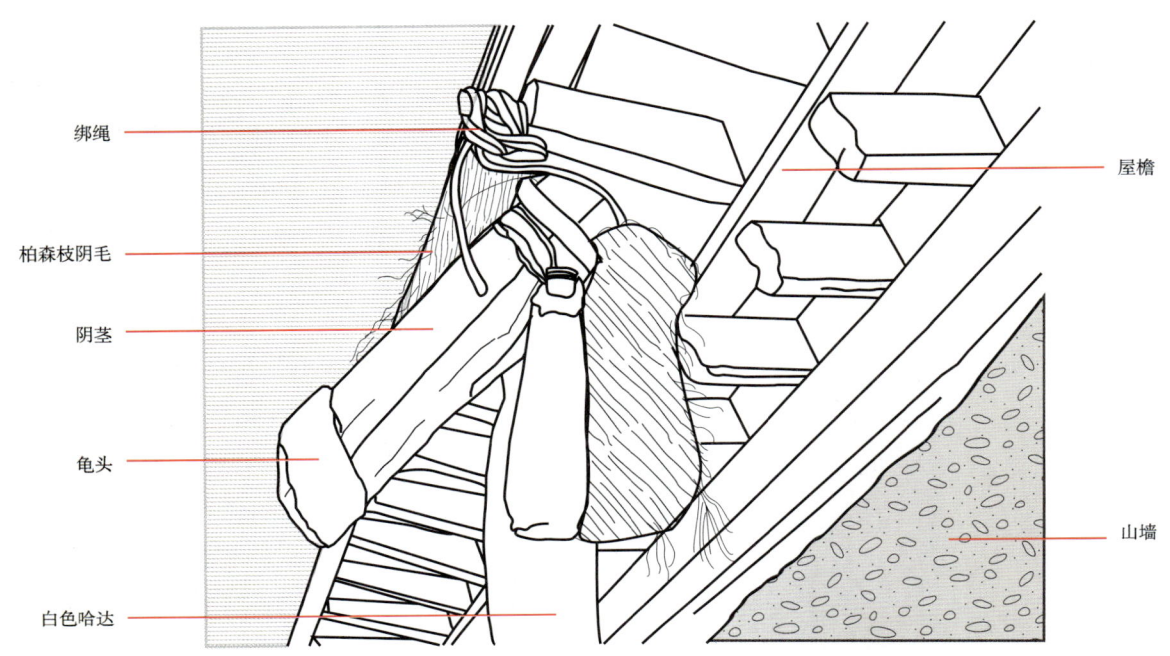

图二　门巴族房脊神"辛基白列"木偶结构图

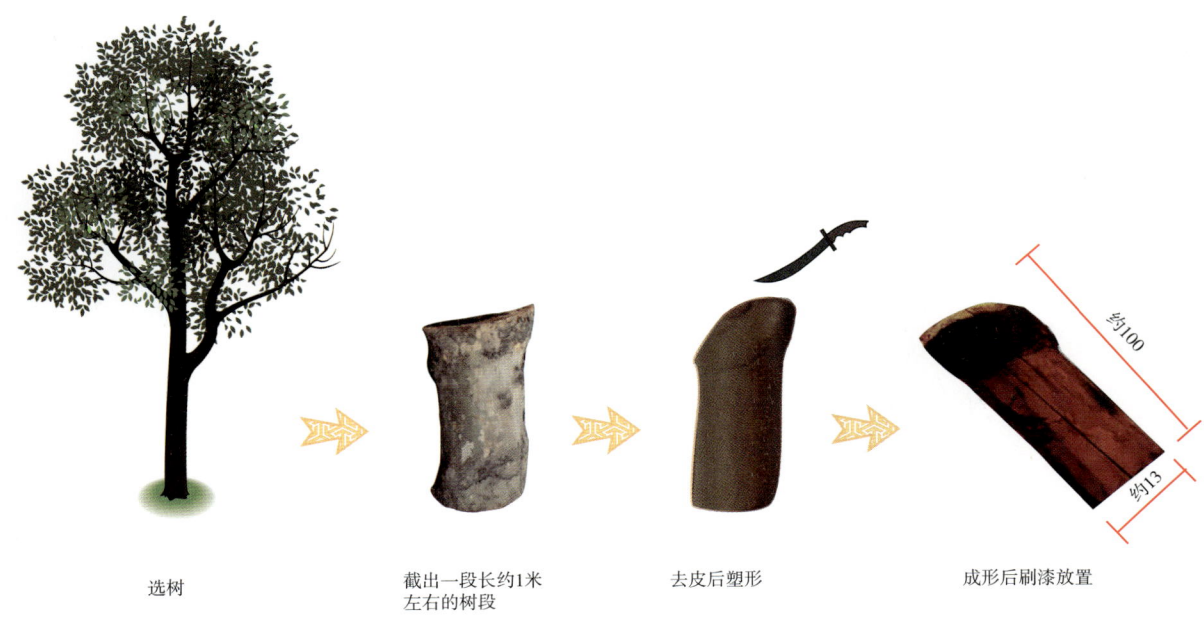

图三　门巴族房脊神"辛基白列"木偶制作流程及尺寸图(单位:cm)

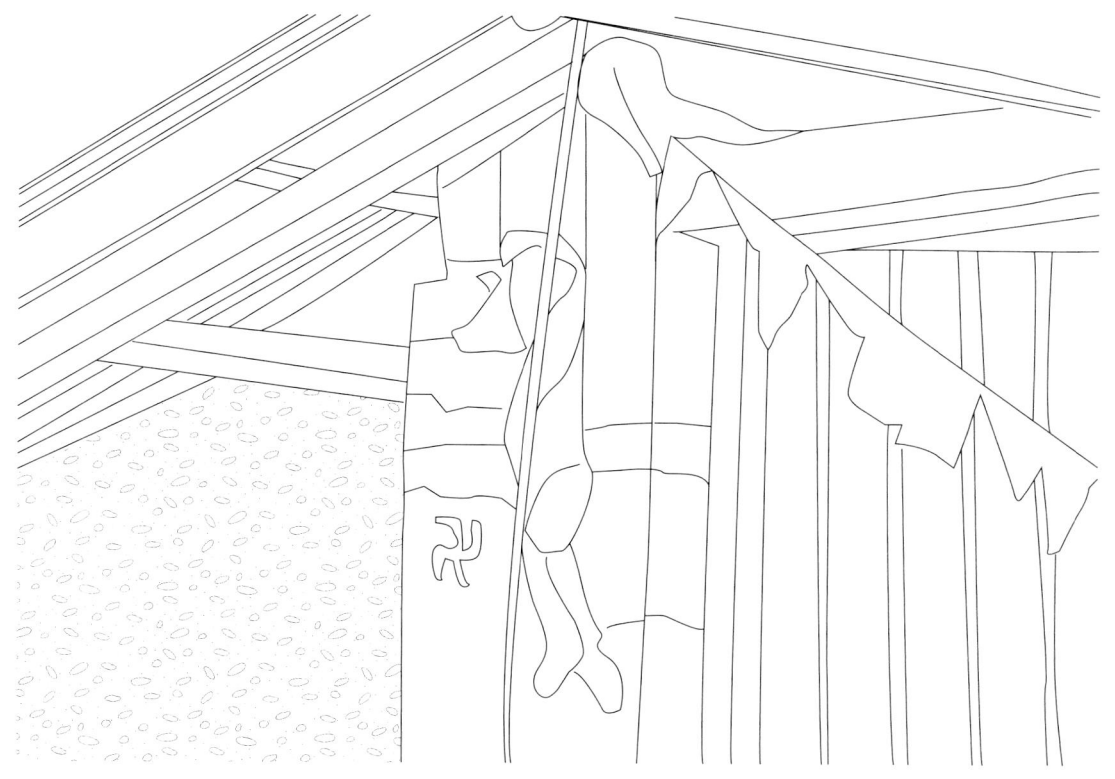

图四　门巴族屋檐下悬挂的"辛基白列"木偶图

错那门巴戏服饰

图一　错那门巴戏服饰——长袍与长裤主图

研究门巴戏对研究门巴族的传统文化和我国民族戏剧的发展有着重要的价值。门巴戏《阿吉拉姆》以其浓郁的民族风格、粗犷古朴的表演形式受到当地人及周边民族的欢迎，被誉为"天外飞来的门巴戏"，使人赞叹不已。门巴戏的服装主要以门巴族生活服装为基础，同时又受到藏族服饰的影响。本案例中的门巴戏服饰主要包括长袍外套及长裤，演唱门巴戏时还会搭配饰品、佩戴面具。本案例门巴戏服饰是根据错那贡日乡门巴服饰绘制的。

深蓝色长袍总长约120厘米，上身至腰处收紧，腰身以下极为宽松，平铺后下摆宽约90厘米，无领无扣，有一蓝色系带。两侧袖口宽大，宽约55厘米。颈部外侧有边长约55厘米的正方形披肩。使用时两角朝两肩，另两角则贴前胸和后背，披肩上绣有植物图案。同样，绛红色长裤腰口收紧，宽约32厘米，裤腿宽松，单条裤脚宽约35厘米，长裤裆口距地面约50厘米。从色彩分析看，长袍以深蓝色为主色调，长裤以绛红色为主色调，两者均配有暗红色、浅蓝色、黄色色块加以点缀，袍身底部镶边，披肩则以黄色作为主色调，和暗红色边线构成图案。

门巴戏袍服配上相应的面具，带有浓厚的宗教祈神色彩，使得门巴戏更具有原始风貌。同时，门巴族群众靠自发组织的戏剧演出队、歌舞队巡回在各门巴民族乡之间演出，相互交流、相互学习，丰富了门巴族的精神文化生活。如今，门隅门巴族戏剧已被列入我国首批非物质文化遗产名录，得以传承和有效保护。

图片来源
图一至图六　单芳霞　制图
图七　李胜涛　制图

图二 错那门巴戏服饰穿戴氛围图

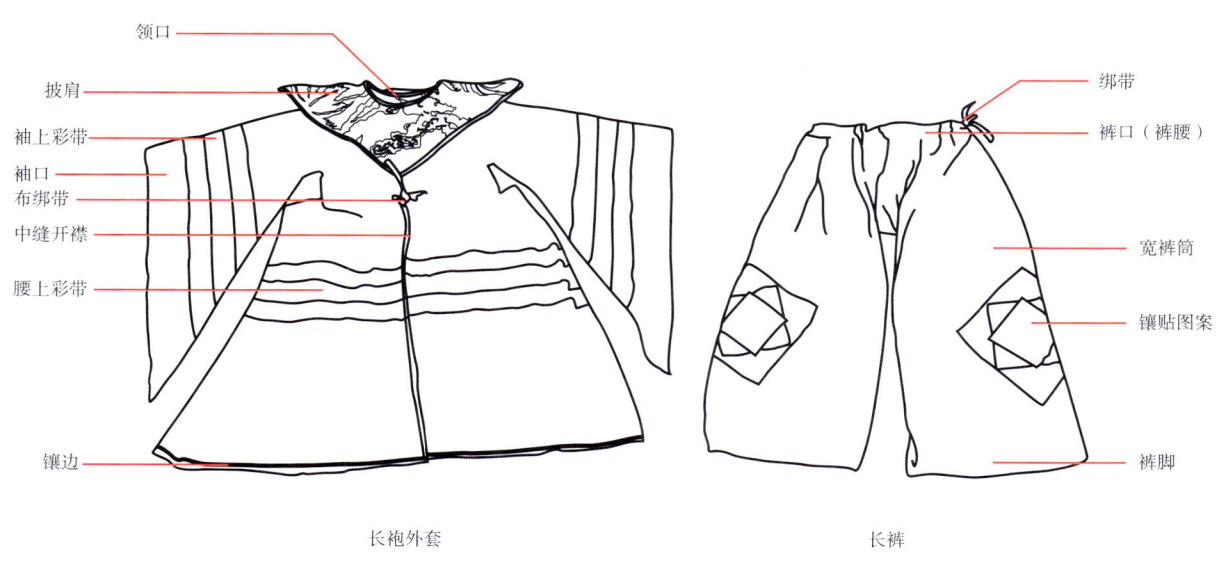

长袍外套　　　　　　　　　　　　　　长裤

图三 错那门巴戏服饰结构图

第六章 门巴族传统民俗和宗教造像

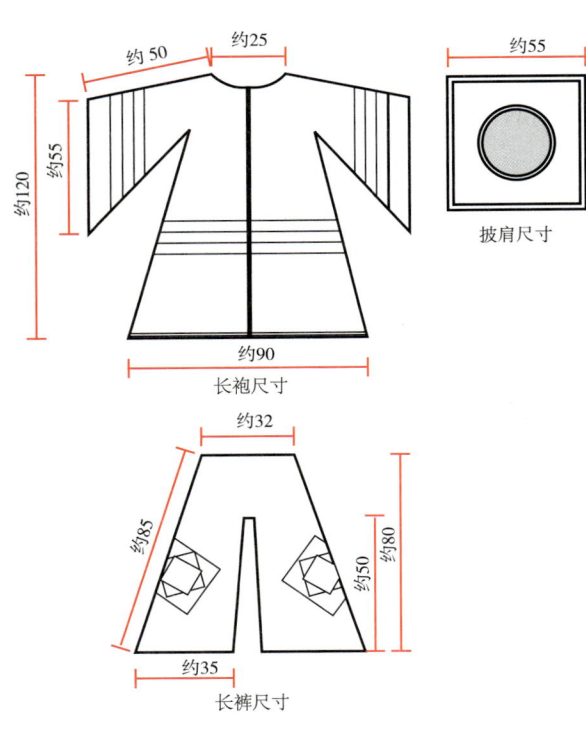

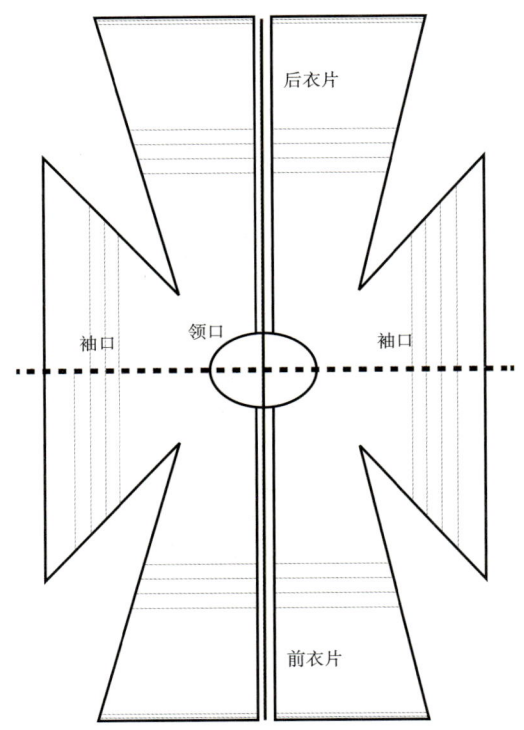

图四　错那门巴戏服饰尺寸图（单位：cm）

图六　错那门巴戏长袍裁剪示意图

长袍色彩分析图

- C:95% M:89% Y:57% K:33%
- C:19% M:0% Y:95% K:0%
- C:0% M:91% Y:98% K:0%
- C:45% M:0% Y:0% K:0%
- C:52% M:100% Y:91% K:36%
- C:92% M:75% Y:0% K:0%

长裤色彩分析图

- C:52% M:100% Y:91% K:36%
- C:19% M:0% Y:95% K:0%
- C:45% M:0% Y:0% K:0%
- C:0% M:91% Y:98% K:0%

图五　门巴戏服饰色彩分析图

图七　门巴族人演唱门巴戏

门巴戏之牛头面具

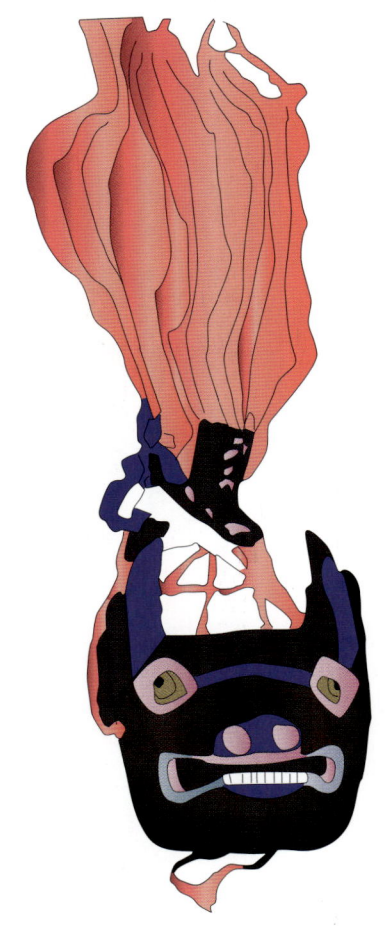

图一 门巴戏之牛头面具主图

门巴族人表演门巴戏时,脸部通常戴上木刻面具。藏戏的任何流派和剧目表演都离不开模仿动物,作为藏戏的一个分支,这也使得门巴戏面具同藏戏面具一样,产生了众多不同动物形象的面具。这些动物大都被赋予神的色彩,某种意义上也是一种图腾崇拜。门巴戏的基本表演动作组合是19个,不同的动作中,有很多模仿动物的动作组合。而这些动作设计,都是门巴族居住地自然环境中野生动物动作的再现。

本案例中的门巴戏牛头面具采自林芝县更章村。牛头面具为木质,面具大小与常人脸部大小相仿,主要由面部结构和顶部红色须毛组成。面具依据牛头形象为原型进行雕刻,鼻子和嘴的部位向前凸起,整个面具仅有嘴部为镂空雕刻,眼部、鼻子均是半镂空形式,内部涂有粉红色彩。就这点而言,与其他少数民族的面具便区分开来。大多数民族面具的雕刻眼部均为镂空形式，以方便使用者观察事物。而本案例面具仅有口部镂空，因此，使用者的视线、呼吸均依靠面具口部缝隙进行感知和判断。面具眼睛两侧凿有细小孔洞，以方便系绳。面具的制作为原木雕刻，完成后上漆涂饰。

门巴戏喜剧表演不多，表演和舞蹈也有某种程式的固定节拍和一鼓一钹的伴奏。门巴戏反映了门巴族丰富的神话传说、民间歌舞和宗教跳神，同时又吸取了藏传佛教中神秘的宗教艺术元素。作为中国第一批国家级非物质文化遗产，门巴戏面具与藏戏面具相仿，但是种类相对较少。

图片来源

图一　单芳霞　制图

图二　多布杰　摄影

图三至图五　李胜涛　制图

图二　门巴戏面具（不同动物）

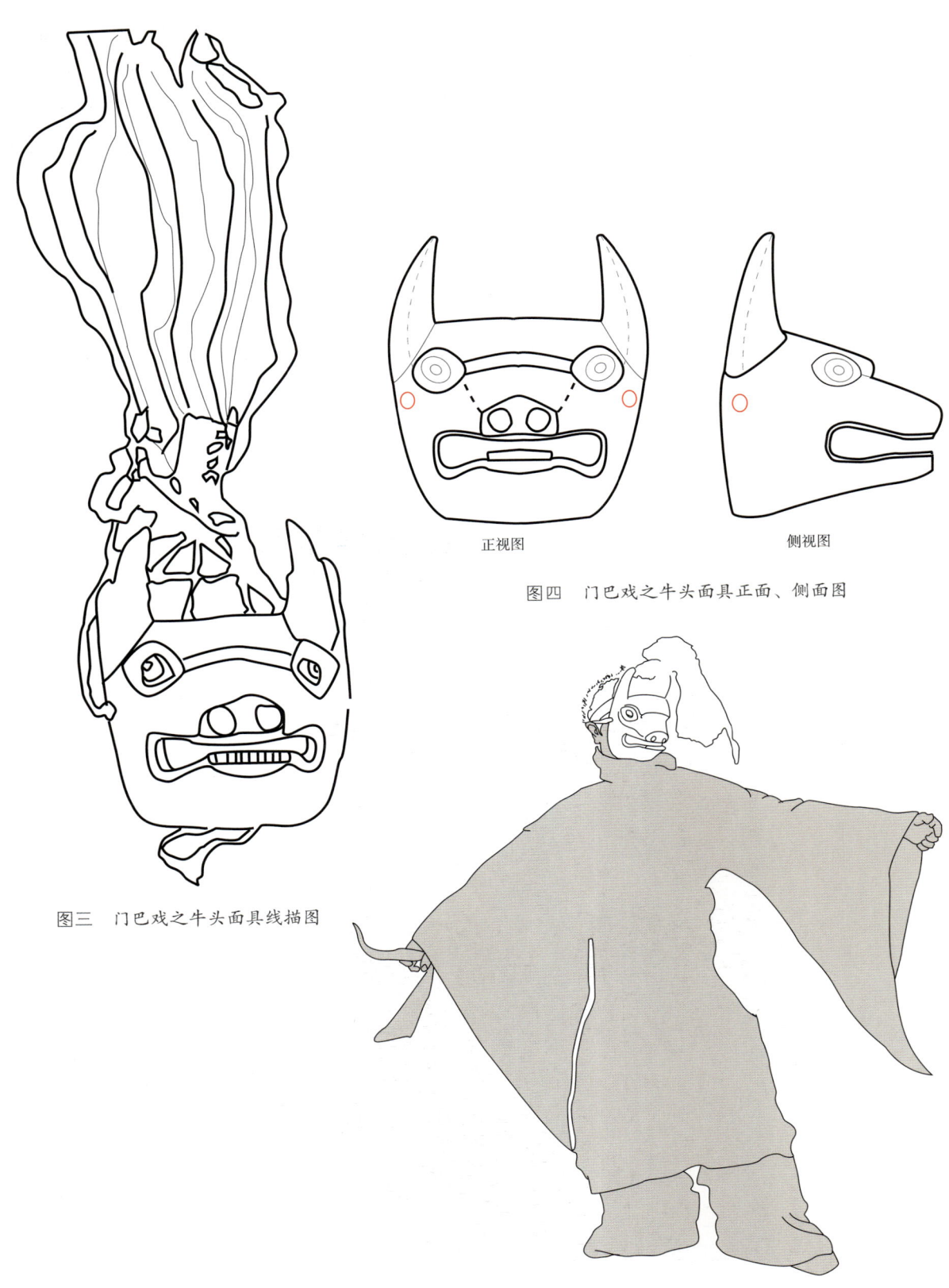

图三 门巴戏之牛头面具线描图

图四 门巴戏之牛头面具正面、侧面图

图五 门巴戏之牛头面具佩戴示意图

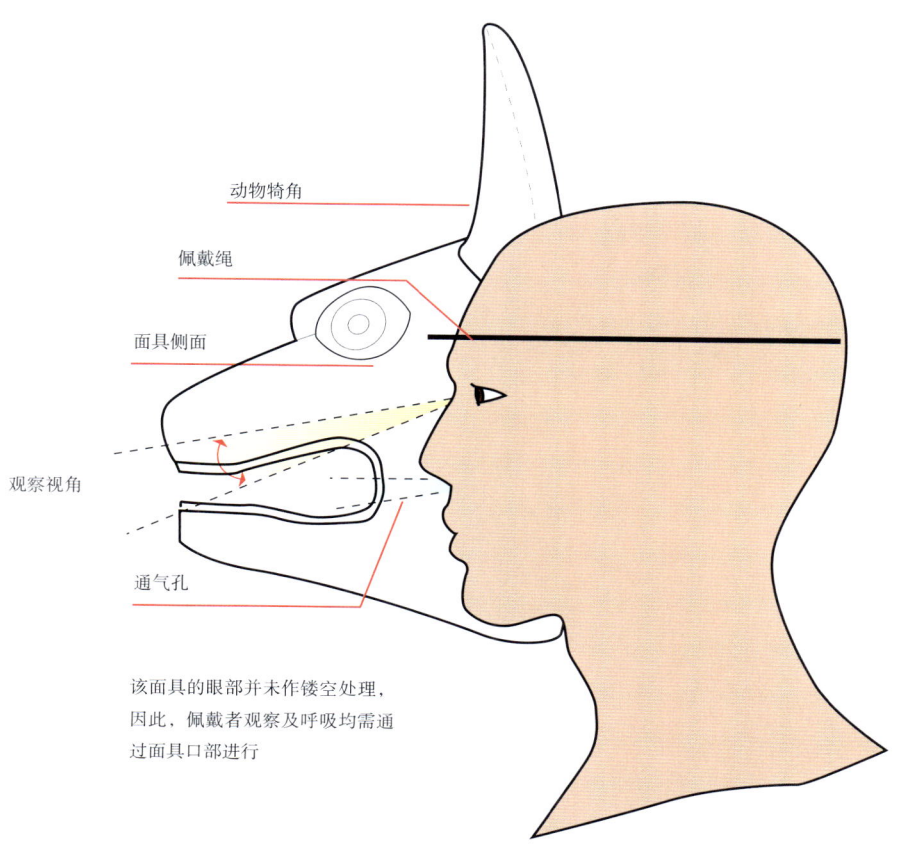

图六　门巴戏之牛头面具设计分析图

图七　不同类型的门巴族阿吉拉姆戏面具图

第六章　门巴族传统民俗和宗教造像

门巴戏之乐器"拔羌"与"额"

图一　门巴戏之乐器"拔羌"与"额"主图

　　门巴戏也称"门巴拉姆",是门巴族戏曲剧种。拔羌舞最初是寺院祭祀的舞蹈,门巴戏只有六个演员和一个司鼓钹的伴奏员。鼓钹师所使用的乐器则是"拔羌"和"额"(鼓),鼓需由另一人操持或将其固定在某个地方,拔羌由鼓钹师一人掌握。本案例中的"拔羌"与"额"是根据西藏卫视播出的视频资料绘制而成的。"拔羌"是将钹和鼓槌一体化设计,这样由鼓钹师操作时一次动作,便可同步产生钹相互撞击的声音以及鼓的声音,且铿锵有力,音频同步。其工作原理是当鼓钹师向上提拉"拔羌"时,通过连带作用,鼓槌离鼓面稍远;而当鼓钹师向下压击"拔羌"时,上、下两片钹相互碰撞发出声响。与此同时,上方的鼓槌与鼓面撞击,也会同步发出鼓声,两者结合在一起,发出的乐声便成为拔羌舞最有力的伴奏。一鼓一钹的伴奏使得表演和舞蹈有着程式化的固定节拍。

　　门巴族群众以本民族的歌舞说唱进行表演,门巴戏由于源自宗教仪式,戴面具演出者在"拔羌"和"额"的伴奏下,说、唱、舞错落穿插，交替配合，常常会产生令人震撼的艺术效果。门巴戏虽然受到藏戏的影响，但并未照搬藏戏的模式，而是把藏戏根据本民族的审美需要和审美心理进行消化和吸收，使之成为门巴族传统文化的重要组成部分。

图片来源

图一至图三　单芳霞　制图
图四　李胜涛　制图
图五、图六　多布杰　摄影

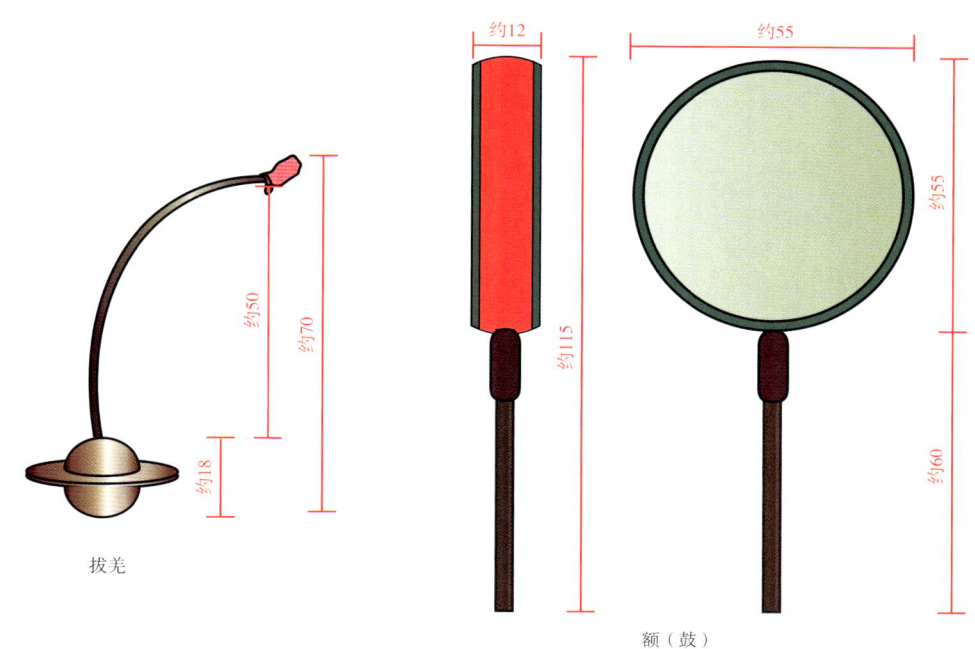

图二　门巴戏乐器"拔羌"与"额"的尺寸图（单位：cm）

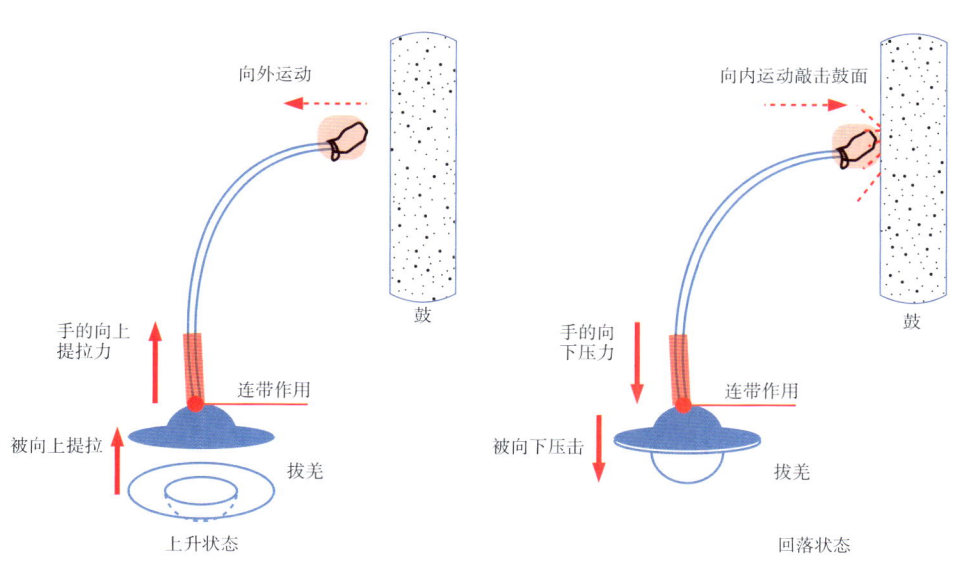

图三　门巴戏乐器"拔羌"与"额"的工作原理图

图四　演唱门巴戏舞者佩戴的面具

图五　不同种类的门巴戏乐器

图六　门隅门巴族"打奔"表演剧目

后记

　　门巴族人在长期的农事劳动中，逐渐总结自然规律，形成了门巴族生产、生活造物特有的形式，以满足日常需要。由于门巴族居住地并不十分集中，各类传统造物种类繁多，本卷所涉案例为其中的很少一部分，这也不断地鼓舞我们对门巴族的造物传统进行更为深入的探索和研究。

　　本卷编撰工作的顺利完成，离不开全体参编人员的共同努力和付出。他们在前期投入时间和精力，克服重重困难，做出大量的考察、研究工作，并进行编绘。在此感谢所有参加本书的撰写、绘图和提供实物图片的老师和同学们。他们认真、严谨的态度值得称赞。感谢江南大学设计学院刘佳老师，及其建筑艺术遗产保护与再生团队进行实地调研及案例分析工作，为本卷的编撰奠定了重要的前期基础。江南大学设计学院张明山老师、济宁学院司继琳老师、门巴族研究学者多布杰老师等，在深入考察、资料提供和编撰工作方面都给予鼎力支持！感谢林芝县八一镇尼洋阁博物馆、错那县、墨脱县、FOTOE网、微图网等单位和图片作者个人向本卷提供了部分案例图片的使用权。本卷参阅并引用了有关单位和专家的学术成果和图片资料，在此谨表谢忱！感谢《中国少数民族设计全集》总主编王琥教授，对本卷编撰工作的悉心指导和全力支持，以及不断鞭策与鼓励！感谢出版社的领导们，给予我们研究团队参与编撰本卷的机会！最后，还要感谢我们的家人，编撰工作开展以来，是他们的包容和支持，才能使我们无虞地全身心投入工作！

　　最后，本卷涉及面较广，虽然我们已竭尽全力，如履薄冰，但是囿于专业学识和能力的有限，书中难免有缺漏甚至错误之处，在此恳请各位专家、读者批评指正！

著者

2015年4月15日

声 明

本书编写时收入的个别图片，因条件所限，未能同相关著作权人取得联系，获得授权，敬请谅解。请相关著作权人及时与编者联系，以便奉上稿酬。谢谢！

5·3天天练
进步看得见

这是一本有用的书,更是一本有爱的书

从爱出发,培育希望花种;从爱出发,汇聚智慧花海;
从爱出发,方显教育之本;从爱出发,我们帮你成长——

1 掌握知识技能 语言积累是提高语文能力的基础

2 培养思考能力 阅读能力是语文综合能力的体现

3 增强应用意识 写作能力是语文综合素养的体现

4 发展创新意识 思维能力是语文学习的储备能量

5 掌握学习方法 科学方法是语文学习的万能钥匙

小学作者招募

让每一位学生分享高品质教育,我们诚邀更多优秀老师的参与!
如果您对教育教学深有心得,想让更多学生受益,希望您加入我们!
如果您对教辅读物建议良多,想让产品更加多样,希望您告诉我们!
让我们一起帮助学生更好地学习,学习得更好!

✓ 来信请寄:北京市大兴区亦庄镇吉成庄5号　小学编辑部收

✓ 邮箱:xiaoxue@quyixian.com　　✓ 电话:010-87619153

教育部中国教育科学研究院基础教育课程研究中心审定

2019 秋季

5·3天天练

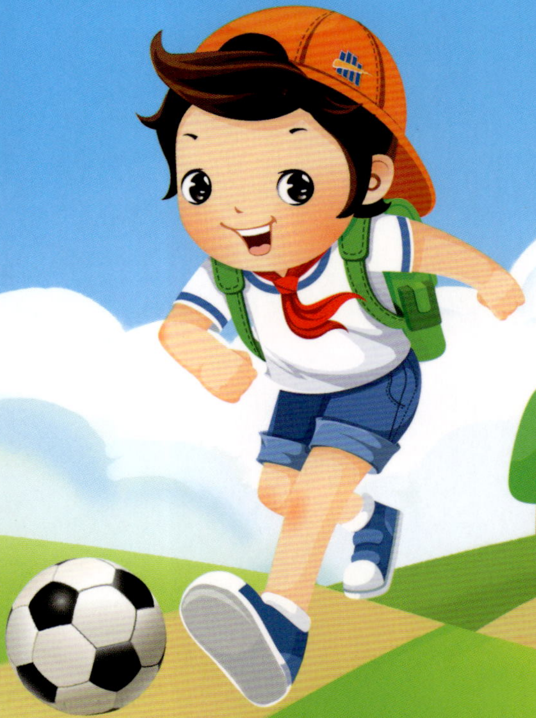

小学语文
二年级 上册 RJ

含 答案全解全析 课堂笔记
赠 测评卷

根据最新统编教材编写

教育部中国教育科学研究院基础教育课程研究中心审定

2019 秋季

5·3 天天练

小学语文
二年级 上册 RJ

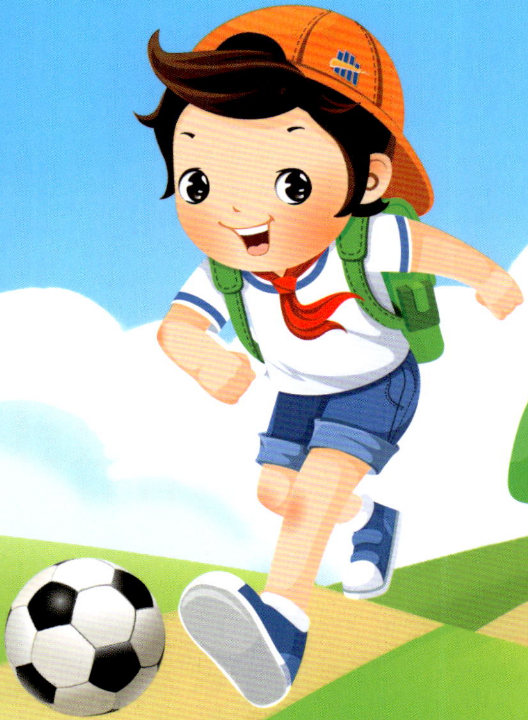

含 答案全解全析 课堂笔记
赠 测评卷

根据最新统编教材编写

5·3天天练
进步看得见

这是一本有用的书，更是一本有爱的书

从爱出发，培育希望花种；从爱出发，汇聚智慧花海；
从爱出发，方显教育之本；从爱出发，我们帮你成长——

1 掌握知识技能　语言积累是提高语文能力的基础

2 培养思考能力 　阅读能力是语文综合能力的体现

3 增强应用意识 　写作能力是语文综合素养的体现

4 发展创新意识 　思维能力是语文学习的储备能量

5 掌握学习方法 　科学方法是语文学习的万能钥匙

小学作者招募

让每一位学生分享高品质教育，我们诚邀更多优秀老师的参与！
如果您对教育教学深有心得，想让更多学生受益，希望您加入我们！
如果您对教辅读物建议良多，想让产品更加多样，希望您告诉我们！
让我们一起帮助学生更好地学习，学习得更好！

☑ 来信请寄：北京市大兴区亦庄镇吉成庄5号　小学编辑部收
☑ 邮箱：xiaoxue@quyixian.com　　☑ 电话：010-87619153